Erleuchteter Alltag

Das Buch

Jeder Bereich unseres täglichen Lebens bietet unbegrenzte Möglichkeiten des geistigen Wachstums. Der Weg zur Selbstentfaltung beginnt also nicht erst nach Feierabend auf dem Meditationskissen, sondern läßt sich zu jeder Zeit bewußt begehen: indem wir harmonische Beziehungen leben, liebevolle Eltern sind, mit den Anforderungen von Arbeit und Beruf umzugehen lernen.

In seiner klaren und überzeugenden Sprache erschließt Dan Millman die fundamentalen Dimensionen persönlicher Weiterentwicklung. Schritt für Schritt steigen wir mit ihm auf die Stufen spiritueller Selbstverwirklichung – bis zur Meisterschaft des Lebens.

Der Autor

Dan Millman arbeitet seit über 25 Jahren als Sportlehrer und Trainer. Er unterrichtet Tanz, Yoga, Kampfkünste und andere Formen des geistig-körperlichen Trainings. Alle seine bisherigen Werke um den «friedvollen Krieger» sind wahre Kultbücher geworden. Mehr über Dan Millman finden Sie unter www.danmillman.com.

Von Dan Millman ist in unserem Hause außerdem erschienen: *Die Kraft des friedvollen Krieges.*

Dan Millman

Erleuchteter Alltag

Die 12 Entwicklungsschritte des friedvollen Kriegers

Aus dem Englischen von
Marion Zerbst

Econ Taschenbuch

Dieses Buch ist euch gewidmet, liebe Leser,
die ihr meinen Worten in eurem Leben
einen neuen Sinn gebt.

Umwelthinweis:
Dieses Buch wurde auf chlor- und säurefreiem Papier gedruckt.

Besuchen Sie uns im Internet:
www.econ-taschenbuch.de

Econ Verlag
Econ ist ein Verlag des Verlagshauses Ullstein Heyne List GmbH & Co. KG.
2. Auflage 2002

Published by arrangement with Linda Michaels Limited,
International Literary Agents
Titel der amerikanischen Originalausgabe: Everyday Enlightenment.
The Twelve Gateways to Personal Growth (Warner Books, Inc., New York, USA)
Übersetzung: Marion Zerbst

Umschlagkonzept: HildenDesign, München – Stefan Hilden
Umschlaggestaltung: HildenDesign, München – Tracey Bushman
Titelabbildung: John Foxx Images, Amsterdam
Druck und Bindearbeiten: Clausen & Bosse, Leck
Printed in Germany
ISBN 3-548-74041-3

Der Weg unseres inneren Wachstums
führt nach oben,
über die Hürden
der menschlichen Erfahrung
zu den Gipfeln der Möglichkeiten,
die in jedem von uns stecken.
Auf dieser Reise
müssen wir zwölf Tore durchschreiten.
Ihr Sinn liegt darin,
daß wir uns weiterentwickeln.
Ihr Schauplatz ist das tägliche Leben.
Ihr Geheimnis lautet: Handeln.
Und zwar jetzt.

Dan Millman

Es ist gut, ein Ziel zu haben,
das man auf seiner Reise verfolgen kann;
doch letzten Endes ist es die Reise, die zählt.

Ursula K. LeGuin

Inhalt

Vorbereitung:

Die Treppe zu deiner Seele

Viele Männer gehen ihr Leben lang fischen,
ohne zu wissen,
daß sie in Wirklichkeit gar nicht auf Fische aus sind.

Henry David Thoreau

Ein Lichtblitz der Erkenntnis

Eines Nachts vor vielen Jahren versank ich in abgrundtiefe Verzweiflung wegen einer Frau, die ich liebte und zu verlieren drohte. Wir waren seit sechs Jahren verheiratet und wohnten auf dem Campus der Stanford University, wo wir ein Studentenwohnheim leiteten. Meine Frau hatte sich in einen gutaussehenden Tennisspieler verliebt. Wenn er auf einen Sprung bei uns hereinschaute, um sich mit ihr zu unterhalten, wie die Studenten es manchmal taten, funkelten ihre Augen so, wie sie für mich schon lange nicht mehr gefunkelt hatten. Die beiden plauderten und lachten bis spät in die Nacht hinein, ganz in ihr Gespräch vertieft.

Ich ging ins Bett, schlief aber sehr unruhig, denn ich wartete darauf, daß sie endlich zu mir kam. Als ich um zwei Uhr nachts aufwachte, war sie immer noch nicht da. Da konnte ich nicht mehr schlafen. Niedergeschlagen stand ich auf, schlüpfte in Hemd und Hose und ging zur Haustür. Die beiden saßen immer noch auf der Couch.

«Ich gehe noch ein bißchen nach draußen», murmelte ich und griff nach dem Autoschlüssel. Insgeheim hoffte ich, daß meine Frau sich besorgt zeigen und den Tennisspieler vielleicht sogar bitten würde, nach Hause zu gehen. Aber sie sagte nichts. Als ich ins Auto stieg, tobte ein wilder Aufruhr von Gefühlen in mir: Ich fühlte mich zurückgestoßen und wertlos, war voller Eifersucht und

Schmerz über den Verlust meiner Frau und vor allem voller Selbstmitleid. Gleichzeitig fühlte ich mich schwach und kam mir wie ein Idiot vor. Warum hatte ich dem Mann nicht gesagt, daß es höchste Zeit war heimzugehen? Warum hatte ich meine Frau nicht bei den Schultern gepackt und gerufen: «Jetzt reicht's! Das ist nicht richtig!» Aber wie kann man die Gefühle eines anderen Menschen unter seine Kontrolle bringen?

In dieser trostlosen Stimmung – noch nie war ich dem Selbstmord so nahe gewesen – fuhr ich ziellos durch die Nacht und landete schließlich in einem kleinen Wald. Ich hielt an und starrte aus dem Autofenster auf den matschigen Waldboden und die Pfützen. Aus dem Wasser blickte mir kein Spiegelbild entgegen, nur undurchdringliche Schwärze. Ich hatte keine Ahnung, wo ich hingehen und was ich tun sollte.

Da geschah es.

Plötzlich wandelte sich mein Bewußtsein, und zwar ganz von selbst. Was ich damals erlebte, läßt sich mit Worten kaum beschreiben; doch genau in dem Augenblick, in dem ich den Schmerz nicht mehr ertragen konnte, explodierte mein Bewußtsein, kämpfte sich frei, und Gott berührte meine Seele.

Der Schmerz – und das ist sehr wichtig – war nicht verschwunden. Meine Ehe und meine Lebensumstände waren immer noch dieselben; nur meine Einstellung dazu hatte sich verändert. Plötzlich *spielte es gar keine Rolle mehr,* was in meinem Kopf vor sich ging oder welche Gefühle mich bewegten. Das Gefühl des Verletztseins war zwar immer noch da, aber es gab kein «Ich» mehr, das darunter litt. Meine Gedanken und Gefühle schienen nichts mehr zu *bedeuten.* Sie hatten keinerlei Wichtigkeit, keine Macht und keinen Einfluß. Ich war *frei* – frei von der Zeit – und existierte nicht mehr *im* Augenblick, sondern *als* Augenblick. In diesem Zustand der Gnade, diesem neuen Bewußtsein, das über die Grenzen meiner persönlichen Empfindungen hinausgewachsen war, dachte ich an meine Frau und ihren Freund, und plötzlich überwältigte mich Mitgefühl mit ihnen beiden und mit allen Lebewesen. Nein, es war mehr als Mitgefühl: Es war ein alles überstrahlendes Einfühlungsvermögen, ein Gefühl der Einheit. Ich existierte nicht mehr getrennt von ihnen, sondern war eins mit ihnen – und auch mit den Bäumen und den Sternen.

Da begann ich laut und schallend zu lachen, als sei das Leben ein kosmischer Scherz, dessen Pointe ich soeben begriffen hatte. Hätte mich in jener Nacht im Wald jemand beobachtet, so hätte er mich wahrscheinlich für verrückt gehalten. Aber das Paradoxe daran war, daß ich zum erstenmal in meinem Leben das Gefühl hatte, völlig normal zu sein. Ich sah mich um – die Nacht schien von Licht erfüllt. Sie spiegelte das Licht in meinem eigenen Inneren wider.

Schließlich verblaßte das Licht wieder, und der Augenblick der Erkenntnis ging vorbei, so wie alles vorübergeht. In den folgenden Monaten und Jahren versuchte ich immer wieder, dieses Gefühl der Einheit und göttlichen Vollkommenheit wiederzuerlangen. Ich sehnte mich nach dem Licht, so wie man sich nach einer Geliebten sehnt. Ich versuchte es mit Meditation und Visualisierungen, Seminaren und intensiver Selbsterforschung. Dabei hatte ich viele Einsichten und Erlebnisse, aber nichts, was jenem schlichten Augenblick der Erleuchtung damals im Wald gleichkam.

Dennoch hatte mir diese Erfahrung gezeigt, was alles möglich ist, und ich glaube, sie hat mir auch einen kleinen Vorgeschmack der kollektiven Bestimmung der Menschheit gegeben. Außerdem diente sie als Katalysator in meinem Leben und weckte in mir den Wunsch, das, was ich damals gelernt hatte, an andere Menschen weiterzugeben. Der Schwerpunkt meiner Suche begann sich zu verlagern: Es ging mir nicht mehr so sehr darum, was ich bekommen, sondern mehr darum, was ich geben konnte. Ich wußte, daß die alten philosophischen Schulen und religiösen Traditionen die verschiedensten Methoden zu persönlichem und spirituellem Wachstum entwickelt hatten – von Yoga und Meditation bis hin zum Gebet –, also reiste und las und studierte ich, nicht für mich selbst, sondern um die Schätze, die ich dabei sammelte, mit anderen Menschen zu teilen. Und schließlich fand ich die Antworten, nach denen ich suchte, nicht in den Tempeln des Ostens oder den Schulen des Westens, sondern jetzt und hier, im täglichen Leben.

Die wichtigste Erkenntnis, die sich aus meiner Erfahrung in jener Nacht im Wald herauskristallisierte, war, daß solche Höhepunkterlebnisse rasch verblassen. Wenn ich wirklich etwas auf der Welt bewirken wollte, mußte ich einen Weg finden, der für alle Menschen zugänglich war – frei von allen Dogmen und jedem kulturellen

Hintergrund. Einen Weg, der weniger spektakulär, aber dafür beständiger war als die Erfahrung, die ich damals gemacht hatte. Alles deutete darauf hin, daß das tägliche Leben dieser spirituelle Weg und dieses spirituelle Übungsfeld sein könnte – und es schien auch alles auf die zwölf Tore zu verweisen.

Die Begriffe «persönliche Weiterentwicklung» und «spirituelles Wachstum» sind für mich austauschbar, denn schließlich sind wir sowohl spirituelle als auch physische Geschöpfe, und in dem Maße, in dem wir an den Herausforderungen des Alltags innerlich wachsen und reifen, entwickeln wir auch ein tieferes Bewußtsein für die spirituellen Aspekte unseres Wesens.

Zwölf Tore zu spirituellem Wachstum

Wenn wir noch niemals einen Schmerz oder Verlust erlitten hätten – und wenn uns der Tod nicht bevorstünde –, hätten wir es vielleicht gar nicht nötig, nach höheren Erkenntnissen zu streben. Wir würden uns nie fragen, ob es eine Seele und ein Jenseits gibt und was für einen Sinn das Leben hat. Aber das Leben ist kurz – nur ein Lichtblitz, ein Fingerschnippen der Ewigkeit. Deshalb fragen wir uns nach dem Warum. Zwar streben wir auch nach einer erfolgreichen Position in der materiellen Welt, doch letzten Endes führt unser Weg uns auf den Schauplatz inneren Wachstums und spiritueller Entdeckungen. Manchmal suchen wir den GEIST in Kirchen, Tempeln oder bei einer Sekte, doch nicht immer finden wir ihn dort. Manche Menschen suchen ihn auch in einer Flasche oder bei einer Droge; aber das führt entweder zu einem frühen Tod oder zu einem Leben im Nebel ewiger Unbewußtheit. Andere suchen ihre Inspiration im Sport oder in sexuellen Beziehungen. Und dabei wartet der GEIST die ganze Zeit auf uns und ruft nach uns – und zwar jetzt und hier, im täglichen Leben.

Ein Mann schrieb mir einmal: «Ich würde ja gern mehr Zeit für spirituelle Praktiken aufbringen, aber ich habe eine Frau, drei Kinder und einen Beruf, der mich acht Stunden am Tag ausfüllt.» Dieser Mann hatte nicht begriffen, daß seine Frau, seine Kinder und seine Arbeit seine spirituelle Übung sind – eine Übung, die viel mehr Herausforderungen und Belohnungen in sich birgt, als wenn er meditierend in einer Höhle säße. Ich weiß das, denn ich habe beides praktiziert. Das Alltagsleben ist unsere spirituelle Schule. Je klarer du dein eigenes Abbild im Spiegel des täglichen Lebens siehst, um so besser wirst du dich selbst kennenlernen und dich bedingungsloser akzeptieren als je zuvor. Wenn du aus den natürlichen Konsequenzen deiner Handlungen lernst, wirst du die Weisheit finden, die du brauchst, um auf deinem Weg des persönlichen und spirituellen Wachstums voranzuschreiten.

Als Sportler und Trainer habe ich gelernt, Ziele in klare, überschaubare Schritte zu unterteilen. Zuerst wandte ich diese Methode an, um herauszufinden, welche Eigenschaften sportliche Begabung ausmachen. Dann begann ich zu untersuchen, was für Eigenschaften man braucht, um eine Begabung fürs Leben zu besitzen. Dabei verschmolz ich Elemente aus Psychologie und Ethik, spirituelle Prinzipien und praktische Lebensweisheit zu einer Einheit und entdeckte eine komplette «Landkarte» jenes Terrains, auf dem unsere persönliche Weiterentwicklung und die Erleuchtungen des täglichen Lebens stattfinden.

Ich gehe in diesem Buch von der Prämisse aus, daß alle Menschen im Laufe ihrer Entwicklung – gleichgültig, ob wir sie nun persönliches oder spirituelles Wachstum nennen wollen – zwölf Tore durchschreiten müssen. Es ist wie eine Schulausbildung, die wir absolvieren, indem wir Prüfungen in zwölf Hauptfächern bestehen. Die Zahl Zwölf scheint eine besondere Bedeutung zu haben: Der Tag hat zwölf Stunden, das Jahr zwölf Monate, es gibt zwölf Sternzeichen, Zwölf-Schritte-Programme, die zwölf Arbeiten des Herkules und zwölf Geschworene im Gerichtssaal. Das Volk Israel bestand aus zwölf Stämmen, die Stadt Jerusalem hatte zwölf Tore, und Jesus hatte zwölf Jünger. In manchen spirituellen Kreisen sind diese zwölf Jünger ein Symbol für die zwölf Disziplinen des Lebens, die ich in diesem Buch beschreibe.

Durch nach innen gerichtete spirituelle Praktiken wie Meditation, Atemtechniken und Selbstanalyse kann man Erkenntnisse gewinnen und sich auch in bestimmten Fähigkeiten vervollkommnen. Aber es kann weitaus nützlicher und sinnvoller sein zu lernen, in einer harmonischen, dauerhaften Beziehung zu leben, ein guter Vater oder eine gute Mutter zu sein oder mit den verschiedenen Anforderungen des Alltagslebens zurechtzukommen. Spirituelle Praktiken beginnen hier unten auf der Erde, nicht hoch oben in der Luft. Die zwölf Tore bilden die Treppe zu unserer Seele.

Wenn Menschen mir abstrakte Fragen über Zeit und Raum oder Reinkarnation stellen, konfrontiere ich sie häufig erst einmal mit der Gegenfrage, ob sie sich eigentlich regelmäßig bewegen und gesund ernähren, genügend schlafen, freundlich mit ihren Mitmenschen umgehen und daran denken, hin und wieder einmal ganz langsam und tief durchzuatmen. Ich finde es wichtig, die spirituelle Suche auf die Erde herunterzuholen. Natürlich ist es kein Fehler, sich Gedanken über philosophische Themen zu machen. Aber wir sollten solche theoretischen Spekulationen nicht mit der spirituellen Übung des täglichen Lebens verwechseln. Was nützt es uns schon zu wissen, ob Engel Ohrringe tragen, wenn wir es nie lange in einem Beruf oder einer Partnerbeziehung aushalten? Was hilft es uns, zu beten wie ein Heiliger oder zu meditieren wie ein Yogi, wenn wir die Augen hinterher nicht als neuer Mensch aufschlagen? Wozu gehen wir samstags oder sonntags in die Kirche oder in einen Tempel, wenn wir am Montag kein Mitgefühl mit anderen Menschen haben?

Das wurde mir eines frühen Morgens vor fünfundzwanzig Jahren klar, als ich in friedlicher Meditation versunken dasaß und plötzlich meine dreijährige Tochter Holly an meinem Hosenbein zupfte, um meine Aufmerksamkeit auf sich zu lenken. «Stör mich nicht! Ich *meditiere!*» zischte ich ihr wütend zu. Doch schon im nächsten Augenblick begriff ich, daß der wahre Sinn spiritueller Praxis völlig an mir vorübergegangen war: In diesem Augenblick wäre es eine wichtigere spirituelle Übung für mich gewesen, meine kleine Tochter auf den Arm zu nehmen, als mein Mantra vor mich hin zu singen.

Der höhere Sinn der zwölf Tore: Befreie deine Aufmerksamkeit

Die meisten Menschen erleben Gott oder den GEIST (diese beiden Begriffe sind für mich austauschbar) als *Inspiration*. Immer wenn wir uns inspiriert und innerlich aufgebaut fühlen, berührt uns der GEIST. Eigentlich umgibt und durchdringt er uns ständig. Der

GEIST ist *immer* gegenwärtig, genau wie über den Wolken immer die Sonne scheint. Wenn es uns an Inspiration fehlt, liegt das nicht daran, daß der GEIST in unserem Leben nicht gegenwärtig ist, sondern eher an unserem mangelnden Gewahrsein.

Vom konventionellen Standpunkt aus betrachtet, ist dieses Buch eine Hilfe dazu, dir ein glücklicheres, erfüllteres Leben aufzubauen. Das Bewußtsein, das es in dir weckt, wird deinen Willen stärken, dir zu mehr Vitalität und Gesundheit und auch zu gesicherten finanziellen Verhältnissen verhelfen. Du wirst mehr Mitgefühl und Humor entwickeln und das Leben aus einer höheren, umfassenderen Perspektive betrachten, und dadurch werden auch alle deine Beziehungen liebevoller und glücklicher werden. Außerdem wirst du dich auch nicht mehr (oder jedenfalls nicht mehr so oft) selbst sabotieren, wenn du dieses Bewußtsein erlangt hast. Aber glaubst du wirklich, daß eine befriedigende Beziehung, Geld auf der Bank oder Gesundheit *an sich* schon der höchste Sinn des Lebens sind? Oder gibt es vielleicht noch etwas anderes?

Ich bin der Meinung, daß dieses «andere» der spirituelle rote Faden ist, der sich durch dein ganzes Leben hindurchzieht – deine innere Weiterentwicklung, bei der du nacheinander die zwölf Tore durchschreitest. Der Psychologe Abraham Maslow hat festgestellt, daß wir erst einmal unsere niedrigeren, grundlegenden Bedürfnisse befriedigen müssen, ehe wir uns höheren Dingen widmen können. Die Erfüllung dieser höheren Bedürfnisse führt schließlich zu dem Zustand, den Maslow als «Selbstverwirklichung» bezeichnet. Mit anderen Worten: Solange wir uns nicht um unser Überleben und unsere Sicherheit gekümmert haben, können wir weder Energie noch Aufmerksamkeit für höhere soziale oder spirituelle Belange aufbringen. *Dadurch, daß du nacheinander die Probleme der zwölf Tore löst, setzt du jene Aufmerksamkeit frei, die vorher mit der Lösung dieser Probleme beschäftigt war.* Und sobald deine Aufmerksamkeit frei ist, steigt sie wie ein Ballon zu höheren Ebenen der Erfahrung auf. Die Herausforderungen des Lebens bleiben bestehen, aber deine Wahrnehmung und dein Bewußtsein werden hell und klar.

Der höhere Sinn der zwölf Tore besteht also darin, deine Aufmerksamkeit zu befreien, damit du überall den GEIST sehen kannst – jeden Tag, in allen Menschen und Dingen. Auf diese Weise übst du und erlebst du die Erleuchtung im Alltag.

Durch mangelnde Aufmerksamkeit verleugnen wir das Leben –
sei es beim Fensterputzen oder bei dem Versuch,
ein Meisterwerk zu schreiben.

Nadia Boulanger

Stell dir vor, daß du einen Berg hinaufsteigst. Der Gipfel symbolisiert die höchsten Möglichkeiten, die in dir stecken. Du trittst deine Wanderung mit einem Rucksack an, in dem zwölf schwere Steine stecken. Nacheinander durchschreitest du dann die zwölf Tore und meisterst die mit ihnen verbundenen Schwierigkeiten und Herausforderungen – Geldsorgen, gesundheitliche Probleme, Beziehungskonflikte und so weiter. Und jedesmal wirst du einen dieser schweren Steine los, so daß dir der Aufstieg mit der Zeit immer leichter fällt. Natürlich ist das Klettern schwierig, doch je höher du emporsteigst, um so herrlicher ist der Ausblick, denn jetzt siehst du die größeren Zusammenhänge. Du beginnst die strahlende Realität des Hier und Jetzt wahrzunehmen und schätzen zu lernen – dieselbe wunderbare Welt, die du gestern noch als Kind mit großen Augen bestaunt hast, als du das Geheimnis der Seele des Lebens erblicktest. Während dein Gewahrsein auf dieser Treppe zu deiner Seele allmählich immer höher aufsteigt, werden die sogenannten mystischen Erlebnisse sich ganz von selbst einstellen.

Durch die zwölf Tore zur Erleuchtung im Alltag

Im letzten Teil dieses Buches beschreibe ich die Übungen, mit denen man zur Erleuchtung im Alltag gelangen kann – den Kern und Höhepunkt meiner Arbeit und Lehre. Wahrscheinlich würdest du jetzt am liebsten gleich ein paar Kapitel überspringen und an dieser Stelle oder bei dem Tor weiterlesen, das dir für dein Leben im Augenblick am wichtigsten erscheint. Das ist ganz normal. Schließlich ergeben sich im Alltag ja auch von Tag zu Tag und von Sekunde zu Sekunde andere Probleme in völlig willkürlicher Reihenfolge. Doch die Folge der Tore in diesem Buch ist nicht beliebig oder willkürlich gewählt, und deshalb rate ich dir dringend, sie genau in der beschriebenen Reihenfolge zu erforschen; denn jedes Tor bereitet dich auf die nächsten vor. Das erste Tor, *Erkenne deinen eigenen Wert*, öffnet dich innerlich, so daß du die anderen elf Tore voll und ganz nutzen kannst. *Erobere dir deinen Willen zurück* gibt dir die Werkzeuge in die Hand, die du brauchst, um alles, was du lernst, in die Tat umzusetzen. Erst dann kannst du die Prinzipien anwenden, die ich in dem Kapitel *Schenke deinem Körper neue Energie* beschreibe, und das ist wiederum die Basis für den nächsten Schritt – das Kapitel *Der richtige Umgang mit Geld*, in dem du lernst, wie man seine finanzielle Existenz sichert. Dadurch wird noch ein größerer Teil deiner Aufmerksamkeit frei, so daß du nun deinen Geist beobachten und unter Kontrolle bringen kannst – das ist das Thema des nächsten Kapitels: *Bezähme deinen Geist*. Sobald du das Wesen deines Geistes begreifst, öffnest du dich für deine innere Vision: *Vertraue auf deine Intuition*, das sechste Tor, ist der nächste folgerichtige Schritt. Das hilft dir wiederum, *deine Gefühle zu akzeptieren*, so daß du deine Partnerbeziehungen harmonischer gestalten kannst. Dadurch gewinnst du gleichzeitig auch die Kraft, *deinen Ängsten ins Auge zu sehen*. Und sobald du das Geheimnis des Mutes entdeckt hast, kannst du die nächste Stufe der Treppe zu deiner Seele erklimmen: Das Kapitel *Erleuchte deinen Schatten* zeigt dir, wie du die verleugneten Seiten deiner Persönlichkeit wieder in dein Selbstbild integrieren kannst. Dadurch befreist du jene Energie und Aufmerksamkeit, die du bisher benötigt hattest, um dein Selbstbild zu verteidigen. In dem Kapitel *Öffne dich für deine Sexualität* erfährst du, wie du intensiveren Genuß und tiefere Intimität in der Partnerschaft erleben kannst, indem du beide Extreme überwindest, zu denen wir Menschen in sexuellen Beziehungen manchmal neigen: Maßlosigkeit und Selbstverleugnung. Der Weg führt dich weiter hinauf zu den nächsten beiden Stufen: In *Erwecke dein Herz* setzt du Liebe in Handeln um und *dienst deiner Welt*. Damit vollendet sich der Kreislauf des Lebens.

Jedes Kapitel beginnt mit einem kurzen Überblick über den Weg, der vor dir liegt – das ist gewissermaßen die «Landkarte». Doch statt einfach nur nach dem Baukastenprinzip ein Argument auf dem anderen aufzubauen, habe ich ein Geflecht aus verschiedenen Themen und Gegenthemen geschaffen, die sich durch sämtliche Kapitel hindurchziehen und ebenfalls aufeinander aufbauen – das heißt, ich bin eher wie beim Komponieren einer Sinfonie vorgegangen als wie beim Bau eines Hauses. Auf den ersten Blick wird deine linke Gehirnhälfte das vielleicht verwirrend finden, aber dafür hat es eine seltsam stimulierende Wirkung auf die rechte Gehirnhälfte – und schließlich wird sich das Ganze für dich hoffentlich zu einer fast vollkommen harmonischen Sinfonie verdichten.

Da die zwölf Tore dir zeigen, wie du ein normales, gesundes, ausgewogenes, produktives Leben führen kannst, sind sie durchaus mit religiösen Lehren vereinbar. Dennoch werden einige Ideen in meinem Buch vielleicht Anlaß zu Kontroversen, ja sogar zu Meinungsverschiedenheiten geben. Das ist ganz normal und in Ordnung so, denn es gibt keine spirituelle Praxis, die für alle Menschen richtig ist. Suche dir einfach das heraus, was dir nützlich erscheint, und ignoriere den Rest. Lies dieses Buch mit einer gesunden Skepsis. Überprüfe die Ideen anhand deiner eigenen Erfahrungen. Mir liegt nichts daran, daß du mir vertraust, sondern daß du Vertrauen zu dir selbst und dem Entfaltungsprozeß deines Lebens hast.

Das Zwölf-Wochen-Programm zur Erleuchtung im Alltag: Wir lernen am besten, wenn wir uns immer nur auf ein einziges Element konzentrieren. Wenn du dieses Prinzip auf dein Leben anwendest, kannst du ganz ohne fremde Hilfe ein Zwölf-Wochen-Programm absolvieren: Konzentriere dich einfach jede Woche auf eines der zwölf Tore, und widme dich dabei wie gewohnt deinem Alltagsleben. Betrachte jeden Tag dieser Woche aus der Sicht des betreffenden Tores. Lies das dazugehörige Kapitel noch einmal und mache die Übungen. Wende die Prinzipien an, die dich besonders ansprechen. Führe ein Tagebuch, in dem du dir jeden Abend deine wichtigsten Erlebnisse und Erfahrungen notierst. Nach zwölf Wochen – das entspricht der Dauer einer der vier Jahreszeiten – hast du alle Tore hinter dir und hast gleichzeitig dein Leben vollkommen neu gestaltet. Wenn du diesen Zyklus wiederholst, wirst du feststellen, daß dir beim Tagebuchschreiben ganz neue Einsichten kommen: Du dringst immer tiefer vor und wirst immer neue Veränderungen an dir beobachten.

Selbst wenn du kein derartig intensives Übungsprogramm absolvieren möchtest, wird dieses Buch einen Lernprozeß in dir anregen, der sich nicht wieder rückgängig machen läßt. Während du die Kapitel über die einzelnen Tore liest, wird das Licht des Gewahrseins eine alchimistische Wandlung in deiner Psyche in Gang setzen. Wie ein Leuchtfeuer in der Dunkelheit wird dieses Gewahrsein dir all das offenbaren, was schon immer da war – du hast es nur nicht bemerkt. Es wird Klarheit, Energie und Erleuchtung in dein Leben bringen. Das Alltagsleben wird dir seine Geheimnisse enthüllen, denn du wirst alles mit ganz neuen Augen sehen.

Diese Tore kann jeder Mensch durchschreiten. Trotz aller Unterschiede in unserem Aussehen, unserem kulturellen Hintergrund und unserem Glauben haben wir Menschen doch alle eines gemeinsam: die Suche nach einem Sinn. Diese Suche vereint uns. Insgesamt bieten die zwölf Tore dir einen direkten Zugang zu den Möglichkeiten, die in dir stecken. Sie eröffnen dir einen Weg, der dich wieder mit den tiefsten Sehnsüchten deiner Seele in Kontakt bringt. Auf deiner Reise durch die Seiten dieses Buches wirst du ein tieferes Gespür für den Sinn und das Ziel deines Lebens entwickeln: Es wird dich zum Gipfel menschlicher Erfahrung hinführen, wo du die spirituellen Wahrheiten, die deiner Existenz zugrunde liegen, tatsächlich *leben* kannst. Diese Reise bietet dir Gelegenheit, über deine Vergangenheit und deine Zukunft nachzudenken und dabei doch ganz in der Gegenwart zu leben.

Willkommen auf dem Pfad des friedvollen Kriegers, wo das tägliche Leben deine Reise und dein Abenteuer ist! Der Weg steht dir offen. Dein Schicksal ruft nach dir. Und der GEIST erwartet dich mit unendlicher Geduld.

Dan Millman
San Rafael, Kalifornien
Frühjahr 1997

Das erste Tor

Entdecke deinen eigenen Wert

So intelligent, attraktiv oder begabt du auch sein magst –
je mehr du an deinem eigenen Wert zweifelst,
um so eher neigst du dazu, deine Bemühungen zu sabotieren
und deine Beziehungen zu anderen Menschen zu untergraben.
Das Leben ist voller Geschenke und Chancen;
sobald du beginnst, deinen angeborenen Wert
schätzen zu lernen und dir selbst das gleiche Mitgefühl
und den gleichen Respekt entgegenzubringen wie anderen Menschen,
wirst du dich innerlich immer weiter für diese Gaben öffnen.
Indem du deinen eigenen Wert entdeckst,
befreist du deinen Geist.

Öffne dich dem Leben

Das ist das Seltsame am Leben: Wenn man sich weigert,
irgend etwas anderes zu akzeptieren als das Beste,
bekommt man es häufig auch.

W. Somerset Maugham

Landkarte: Der Schlüssel zur inneren Wandlung

Die Geschwister Aaron und Charlotte wachsen in einem Mittelklassehaushalt in geordneten Verhältnissen auf. Beide Eltern haben eine gute Ausbildung genossen, sind fleißig und sehr liebevoll zu ihren Kindern, haben keine Alkoholprobleme und auch keine anderen heimlichen Laster. Aaron entwickelt sich gut – er bekommt gute Zeugnisse, gewinnt einen Preis in einem Jugendschachwettbewerb, treibt Sport und verdient später genügend Geld, um eine Familie zu ernähren. Charlotte ist in der Schule nur mittelmäßig. Außerdem hat sie keine glückliche Hand bei der Wahl ihrer Freunde: Sie gerät in einen Freundeskreis, der einen schlechten Einfluß auf sie ausübt, beginnt, sich Heroin zu spritzen und auch noch andere Drogen zu nehmen. Das Geld dafür beschafft sie sich durch Diebstahl und Prostitution. Schließlich landet sie im Gefängnis und durchlebt die Qualen des Drogenentzugs.

Nicht alle Geschwister sind so verschieden wie Charlotte und Aaron, aber im Grunde ist es doch überall so: Manche Menschen erreichen mehr im Leben, andere weniger. In allen Familien der Welt wachsen Kinder unterschiedlich auf, treffen andere Entscheidungen, führen andere Leben.

Viele verschiedene Faktoren prägen unser Leben: zum Beispiel unser Glaube, unser Umfeld, unsere Motivation, unsere Partnerbeziehungen und Familienverhältnisse und unser Schicksal oder Karma. Doch die wichtigste Voraussetzung, auf der das erste Tor basiert, lautet, daß es hauptsächlich von unserem Selbstwertgefühl abhängt, wieviel Gesundheit, Reichtum und Freude wir in unser Leben hereinlassen. Aarons Verhalten beweist, daß er ein ausgeprägteres Selbstwertgefühl besaß als Charlotte. Aber die Geschichte geht noch weiter.

Charlotte, die schon immer sehr kinderlieb gewesen war, fand später einen neuen Sinn, ein neues Ziel und Gelegenheit zum Dienst an anderen Menschen in ihrer Rolle als aufopfernde Mutter zweier kleiner Kinder. Mit ihren Kindern wuchs auch ihr Selbstwertgefühl. Charlotte bekam ihr Leben in den Griff, und es geht ihr immer besser.

Nicht alle Geschichten enden so glücklich. Tausende, ja Millionen von Menschen aus allen sozialen Schichten und Berufsgruppen treffen selbstzerstörerische Entscheidungen, weil sie den inneren Kontakt zu ihrem eigenen Wert verloren haben – den Glauben daran, daß sie es verdient haben, die Geschenke des Lebens zu empfangen.

Entdecke deinen eigenen Wert ist nicht wichtiger oder weniger wichtig als die anderen Tore. Dennoch steht es ganz am Anfang, denn nur wenn du deinen Wert als Mensch bedingungslos akzeptierst, kannst du die Prinzipien der folgenden Tore richtig anwenden und Nutzen daraus ziehen. Die Entdeckung deines eigenen Werts ist das Fundament, auf dem du dir Tor für Tor eine neue Lebensweise aufbauen kannst – dein erster Schritt zur Erleuchtung im Alltag.

Bei der Reise durch dieses Tor wirst du

- dein jetziges Selbstwertgefühl einschätzen lernen;
- dir über die willkürlichen Faktoren klarwerden, die zu diesem Selbstwertgefühl beigetragen haben;
- begreifen, warum ein geringes Selbstwertgefühl zu (hauptsächlich unterbewußten) selbstzerstörerischen Verhaltensweisen führen kann
- und lernen, dir selbst nicht mehr im Weg zu stehen und ein erfüllteres Leben zu führen, das dir viel mehr Möglichkeiten bietet.

Du wirst erfahren, worin der Unterschied zwischen Selbstwertgefühl und Selbstbewußtsein besteht und wie dein Selbstwertgefühl sich auf deine Entscheidungen auswirkt. Außerdem wirst du drei Methoden kennenlernen, mit denen du dir über dein eigenes (größtenteils unterbewußten) Selbstwertgefühl klarwerden kannst. Du wirst Ursachen und Mechanismen der Eigensabotage erkennen und lernen, wie man solche destruktiven Verhaltensweisen überwinden kann. Und schließlich und endlich werde ich dir zeigen, wie du lernen kannst, deinen eigenen Wert uneingeschränkt zu akzeptieren.

Zunächst einmal solltest du dir folgende Punkte vor Augen halten:

Kein anderer Mensch kann dein Selbstwertgefühl stärken. Selbstwertgefühl rührt daher, daß man wertvolle Dinge tut. Oder wie der Talmud-Gelehrte Abraham Heschel einmal gesagt hat: «Selbstachtung ist die Frucht der Disziplin.»

Bei diesem Tor geht es nicht darum, deinen Wert zu erhöhen, sondern ihn zu entdecken. Das Schicksal oder deine Lebensumstände haben deinen angeborenen Wert niemals verringert, in Gefahr gebracht oder auch nur im geringsten beeinflußt. Dieser Wert ist eine Tatsache; er existiert einfach, so wie die Luft und die Bäume. Du brauchst ihn nicht zu steigern oder wiederzubeleben und mußt ihn dir auch nicht erst verdienen.

Das Problem ist nicht dein tatsächlicher Wert, sondern deine Sicht dieses Wertes. Fast alle Menschen haben den Kontakt zu ihrer eigenen angeborenen Güte verloren – sie haben sie von der Erinnerung an tausend wirkliche oder nur in ihrer Einbildung begangene Missetaten überwuchern lassen, und deshalb haben sie jetzt das Gefühl, die Segnungen dieses Lebens nur *teilweise* zu verdienen.

Die nächsten Tore werden dir noch weitere Möglichkeiten zur Lösung und Überwindung dieses wichtigen Selbstwertproblems erschließen; und das zwölfte Tor liefert dir den letzten Schlüssel dazu. Doch zunächst einmal wollen wir klären, was Selbstwertgefühl eigentlich ist, wie es sich von Selbstbewußtsein unterscheidet und welche Auswirkungen es auf die Qualität deines täglichen Lebens hat.

Was ist Selbstwertgefühl?

Im Grunde kannst du den Grad deines Selbstwertgefühls ermessen, indem du dir innerlich nur eine einzige Frage stellst: «Was habe ich im Leben verdient?» Oder um die Frage direkter zu formulieren und mehr auf dein tägliches Leben zu beziehen: «Wieviel Glück kann ich im Augenblick verkraften?» Wenn du dein Leben genau beobachtest, wirst du feststellen, daß du nicht unbedingt immer das bekommst, was du verdient hast. Tatsächlich bekommst du nicht mehr und nicht weniger als das, was du verdient zu haben *glaubst*. Dein Unterbewußtsein öffnet sich nur so weit für die Fülle des Lebens, wie du deinen angeborenen Wert als Mensch akzeptierst. Erfolg erfordert Begabung, Anstrengung und Kreativität, doch zuallererst einmal die Bereitschaft zu empfangen; oder wie Ram Dass es vor vielen Jahren in einer Rede einmal so schön ausgedrückt hat: Es kann in Strömen regnen, aber wenn du nur einen Fingerhut aufstellst, wirst du auch nur einen Fingerhut voll Wasser bekommen.

Was tust du, wenn sich das Fenster einer neuen Chance vor dir auftut? Ziehst du dann die Jalousien herunter? Jeder Mensch hat ein inneres Maß an Freude, das ihm angemessen erscheint und bei dem er sich wohl fühlt. Sobald dieses Maß überschritten wird, bekommen wir Angst.

In einem meiner Seminare forderte ich die Teilnehmer auf, die anderen um stehende Ovationen zu bitten. Als sie nacheinander vortraten, beobachtete ich, wie unterschiedlich sie auf den begeisterten Applaus reagierten. Einige breiteten die Arme weit aus, lachten und hüpften sogar auf und ab. Andere konnten den Beifall nur ein paar Sekunden lang ertragen, dann hoben sie die Hand und sagten: «Jetzt reicht's. Hört bitte auf. Die Sache fängt an, mir peinlich zu werden.»

Selbstbewußtsein und Selbstwertgefühl

Da viele Menschen glauben, daß Selbstbewußtsein und Selbstwertgefühl das gleiche bedeuten, erscheint es mir wichtig, zunächst einmal die Unterschiede zwischen den beiden zu erläutern, ehe ich näher auf das Thema Selbstwertgefühl eingehe und erkläre, wie es sich auf deine Entscheidungen auswirkt.

Selbstwertgefühl hängt eng mit Selbstachtung zusammen und bezieht sich darauf, was du deiner Meinung nach wert bist, ob du dich für einen guten Menschen hältst und was du meinst, im Leben verdient zu haben. Je nachdem, wie du dich verhältst, kann dein Selbstwertgefühl sich im Lauf der Zeit auch verändern. Mein Selbstwertgefühl ist zum Beispiel im Laufe der Jahre gestiegen, als ich allmählich lernte, ein verantwortungsbewußter, liebevoller Vater und Ehemann zu sein, und anderen Menschen durch meine Bücher und Seminare half.

Selbstbewußtsein hängt eng mit Selbstvertrauen zusammen und bedeutet, daß man sich selbst, sein Aussehen oder seine Fähigkeiten mag beziehungsweise gut findet. Je nach deiner momentanen äußeren Erscheinung, dem Stand deiner Fähigkeiten oder der Situation kann dein Selbstbewußtsein sich von Sekunde zu Sekunde verändern. Ich zum Beispiel hatte als erfahrener Sportler in der Turnhalle stets großes Selbstbewußtsein (Selbstvertrauen), bei Partys und anderen sozialen Anlässen dagegen weniger.

Viele Bücher bieten Ratschläge an, wie man selbstbewußter wird und eine höhere Meinung von sich entwickelt. In diesem Kapitel geht es, wie du noch sehen wirst, um ein Problem von viel größerer Tragweite: nämlich darum, wie du deinen eigenen Wert, deine Güte als Mensch und dein moralisches Verhalten innerlich einschätzt – und was dir deiner Ansicht nach im Leben zusteht. Sobald du deine Reise durch die zwölf Tore hinter dir hast, wirst du wissen, wie man Probleme mit seinem Selbstbewußtsein und Selbstwertgefühl in den Griff bekommt. Doch vorerst wollen wir uns ganz auf das Selbstwertgefühl konzentrieren und untersuchen, wie es sich auf deine Lebensentscheidungen auswirkt.

Dein Selbstwertgefühl beeinflußt deine Entscheidungen

Beim ersten Tor geht es vor allem darum, *daß du unterbewußt genau die Erlebnisse auswählst oder anziehst, die dem entsprechen, was du deiner Ansicht nach verdienst.* Dem Schmerz kann im täglichen Leben niemand entgehen, aber leiden muß man nicht unbedingt – Leid ist ein Nebenprodukt falscher Entscheidungen.

Dein Selbstwertgefühl bestimmt dein Leben, indem es bestimmte *Neigungen* in dir erzeugt.

Wenn du von deinem eigenen Wert und Verdienst überzeugt bist, neigst du dazu, konstruktive Entscheidungen zu treffen. («Was kostet die Welt?»)

Wenn du dich dagegen wertlos und unwürdig fühlst, neigst du eher dazu, destruktive Entscheidungen zu treffen – oder solche, die dich einschränken. («Man muß sich nach der Decke strecken.»)

An jedem Scheideweg deines Lebens steht es dir frei, den höchsten Weg zu wählen – indem du gut zu deinen Mitmenschen bist, hart arbeitest, Lebenspartner findest, die dich unterstützen, und gute Vorbilder wählst. Du kannst dich aber auch für den niedrigeren Weg entscheiden – alle Brücken hinter dir abbrechen, Drogen nehmen, deine privaten und beruflichen Beziehungen sabotieren oder dir einen Lebenspartner aussuchen, der nicht gut für dich ist. Es hängt in hohem Maße von deinem Selbstwertgefühl ab, ob du leichte oder schwere Lebenslektionen wählst, ob du strebst oder kämpfst, bei Schwierigkeiten kapitulierst oder dich über sie erhebst.

Solche Entscheidungen bestimmen deinen Ausbildungsgrad und dein Einkommen, deine gesunde oder weniger gesunde Lebensweise – ja sogar deine Lebenserwartung. Menschen mit hohem Selbstwertgefühl geraten nicht so leicht in den Sog destruktiver Lebensgewohnheiten wie Rauchen, Trinken, Drogensucht oder Eßstörungen.

Wenn du deinen eigenen Wert schätzen lernst, kannst du deine Lebensumstände entscheidend verbessern; denn dadurch verändern sich deine Entscheidungen und auch dein Verhalten. Sobald du beginnst, dich selbst respektvoller zu behandeln, werden die anderen Menschen das gleiche tun; denn unbewußt signalisieren wir unseren Mitmenschen durch unsere Körpersprache, unsere Stimme und andere subtile Hinweise, wie sie mit uns umgehen sollen. Wenn du deinen angeborenen inneren Wert erkennst und dein Leben darauf gründest, wirst du konstruktivere Entscheidungen treffen und nicht mehr die niedrigen, sondern die höheren Wege des Lebens wählen.

Da du dich mit diesem Tor beschäftigst, ist jetzt vielleicht der Zeitpunkt für dich gekommen, eine Bestandsaufnahme zu machen, über deine Lebensumstände und dein Selbstwertgefühl nachzudenken und dich zu fragen, ob dein Leben wirklich so gut funktioniert, wie du es dir eigentlich wünschst. Stehst du jetzt in diesem Augenblick da, wo du gern stehen möchtest?

Ein Weckruf für dein Selbstwertgefühl

Wir geraten leicht in Gefahr, das Thema Selbstwertgefühl aus der Ferne zu betrachten – so wie manche Menschen Afrika von einem klimatisierten Reisebus aus erforschen. Das Thema aus sicherer Entfernung zu untersuchen, ist zwar bequemer, aber dafür auch weniger hilfreich, als wenn du die Auswirkungen deines Selbstwertgefühls auf *dein* Leben *jetzt in diesem Augenblick* spürst.

Da dein Selbstwertgefühl und deine Neigung zur Eigensabotage dir normalerweise nicht bewußt sind, *ist das Erkennen des Problems schon die halbe Lösung*. Ich möchte dir hier drei einander ergänzende Methoden vorstellen, wie du dir über dein Selbstwertgefühl klarwerden kannst.

Eine Bestandsaufnahme deines Lebens: Wie schätzt du deinen eigenen Wert ein?

Denke daran, daß dein Selbstwertgefühl eng damit zusammenhängt, als wie wertvoll oder gut du dich selbst empfindest. Welchen Platz nimmst du nach deiner tiefen inneren Überzeugung auf der Skala zwischen einem «hundertprozentig guten Menschen» und einem «hundertprozentig schlechten Menschen» ein? Nimm dir ein paar Minuten Zeit für eine intuitive Bestandsaufnahme deines Lebens: deiner Beziehung zu deinen Eltern, deinen Geschwistern und anderen Menschen in der Schule, zu Hause und bei der Arbeit. Wie oft warst du gut, höflich, hilfsbereit und großzügig zu anderen Menschen; wann hast du dich weniger gut verhalten? Das heißt nicht, daß du dich jetzt an bestimmte Ereignisse erinnern sollst; es geht eher um eine intuitive Einschätzung deines Lebens als Ganzes. Stufe dann dein Selbstwertgefühl anhand einer Punkteskala von eins bis hundert ein. Ein wie guter Mensch bist du auf dieser Skala? 100 Punkte würden bedeuten, daß du fest davon überzeugt bist, durch und durch gut zu sein und deshalb auch ein Leben voller schöner Dinge verdient zu haben – Liebe, Freude, Gesundheit, Erfolg und

Erfüllung. Ein Punkt würde bedeuten, daß du dich für abgrundtief schlecht hältst und eigentlich verdient hättest, im Abgrund der Hölle vor dich hin zu schmoren. Die meisten Menschen liegen irgendwo in der Mitte zwischen diesen beiden extremen Einschätzungen.

Lies erst weiter, wenn du dich selbst bewertet hast.

Bei dieser Selbsteinschätzung geht es nicht um deinen tatsächlichen inneren Wert, sondern um den Wert, den du wahrnimmst. Es fällt auf, daß gerade die sensibelsten Menschen, die die intensivste Selbsterforschung betreiben – die Menschen mit den höchsten Visionen, Idealen und Wertmaßstäben –, oft das geringste Selbstwertgefühl haben, da sie ihren eigenen idealistischen Maßstäben nie gerecht werden. Vielleicht hat George Bernard Shaw deshalb einmal gesagt: «Die Unwissenden sind sich ihrer Sache immer sicher. Nur intelligente Menschen haben Zweifel.»

Ob du dich nun bewußt an frühere Verhaltensweisen erinnerst oder nicht – die Tatsache, daß dir überhaupt eine Punktzahl für deine eigene Bewertung eingefallen ist, beweist, daß dein Unterbewußtsein stets «mitgezählt» hat. Meine Seminarteilnehmer, denen ich diese Aufgabe stellte, haben sich selbst die unterschiedlichsten Punktzahlen gegeben. Normalerweise bewegen sie sich zwischen 45 und 95; die meisten liegen zwischen 60 und 80. Wenn du dir weniger als 100 Punkte gegeben hast, dann hast du auf jeden Fall Probleme mit deinem Selbstwertgefühl, die du angehen mußt. Willkommen am ersten Tor!

Test: Wie ausgeprägt ist dein Selbstwertgefühl?

Um ein besseres Gespür dafür zu bekommen, wie dein Selbstwertgefühl sich auf bestimmte Bereiche deines Lebens auswirkt, denke einmal über folgende Fragen nach und beantworte sie entweder mit «Ja», «Nein» und «Manchmal».

- Wenn das Schicksal dir zulächelt, denkst du dann: «Dieses Glück ist bestimmt nicht von Dauer»?
- Fällt es dir leichter, zu geben als zu nehmen?
- Hast du das Gefühl, daß dein Leben aus lauter Problemen besteht?

- Leidest du an Geldmangel, oder fällt es dir schwer, zu Geld zu kommen?
- Empfindest du deine Arbeit als unbefriedigend?
- Empfindest du deine Beziehung(en) als wirklich erfreulich und befriedigend?
- Arbeitest du sehr viel und hast deshalb nicht viel Zeit für die schönen Dinge des Lebens?
- Ärgerst du dich über Menschen, die oft Urlaub machen, oder beneidest du sie?
- Hast du das Gefühl, daß andere Menschen mehr Spaß am Leben haben als du?
- Spürst du den Drang, mehr zu arbeiten, mehr zu tun, mehr zu *sein* als andere Menschen?
- Ißt du zuviel, rauchst du, trinkst du jeden Tag Alkohol, oder nimmst du irgendwelche anderen Drogen?
- Ist dir unwohl zumute, wenn man dich lobt, dir applaudiert oder dir viel Beachtung schenkt, wenn du etwas geschenkt bekommst oder etwas Schönes erlebst?
- Hast du in deiner Ausbildung, bei deiner Arbeit oder in deinen persönlichen Beziehungen schon einmal Chancen versäumt oder ausgeschlagen und es hinterher bereut?
- Wirst du öfter krank, oder verletzt du dich häufiger als andere Menschen?
- Wenn dich jemand fragt, was deine Dienstleistungen kosten, nennst du dann einen niedrigeren Preis als andere Mitbewerber in deiner Branche?

Wenn du mehr als die Hälfte dieser Fragen mit «Ja» oder «Manchmal» beantwortet hast, wirst du von deiner Reise durch das erste Tor sicherlich einiges profitieren.

Ein Blick in den Spiegel des täglichen Lebens

Beobachte einfach einmal dein Leben, so wie es jetzt ist. Das ist wahrscheinlich die realistischste Methode, um herauszufinden, was dir deiner Meinung nach im Leben zusteht. In deinen Partnerbeziehungen, deinem Berufsleben, deinen Finanzen, deiner Ausbildung und deiner Lebensweise spiegelt sich deine eigene Sicht deines

Wertes wider – daran erkennst du, wieviel Glück du momentan verkraften kannst. Natürlich hat nicht jeder Mensch, der in Armut lebt, nur deshalb kein Geld, weil es ihm an Selbstwertgefühl mangelt. Es gibt auch Lebensumstände, auf die man wenig oder gar keinen Einfluß hat – zum Beispiel das Land oder die Familie, wo man geboren wurde oder aufgewachsen ist. Doch wie man auf seine Lebenssituation *reagiert*, entscheidet man selbst. Diese Reaktionen spiegeln dein Selbstwertgefühl wider und prägen es gleichzeitig.

Dein Selbstwertgefühl und deine Finanzen

Die Einschätzung deines eigenen Wertes gehört mit zu den Faktoren, die bestimmen, ob du dich überhaupt für würdig hältst, Fülle zu erleben. Geldmangel hängt häufig mit einem geringen Selbstwertgefühl und der daraus resultierenden Sabotage eigener Bemühungen zusammen. Menschen, die im Lotto gewonnen haben oder auf irgendeine andere Weise plötzlich zu viel Geld (oder Ruhm) gekommen sind, geraten manchmal in Schwierigkeiten (die sie sich in Wirklichkeit selbst schaffen) – und zwar dann, wenn sie das Gefühl haben, dieses Glück, das ihnen gewissermaßen in den Schoß gefallen ist, nicht zu verdienen. Zur Veranschaulichung möchte ich folgende Geschichte erzählen, die ich vor ein paar Jahren von einem Rabbi gehört habe:

> Ein armer Schneider fristete in einer schmuddeligen Mietskaserne im Mittelwesten ein kärgliches Dasein. Aber jedes Jahr gönnte er sich das Vergnügen, einem Traum nachzujagen: Er kaufte sich ein Lotterielos.
>
> So ging sein Leben fünfzehn Jahre lang weiter, bis eines Tages zwei Männer vor seiner Tür standen und ihm lächelnd verkündeten, er habe im Lotto gewonnen – 1 250 000 Dollar. Das war damals ein Vermögen.
>
> Der Schneider traute seinen Ohren nicht. Er war ein reicher Mann! Jetzt brauchte er nicht mehr bis in die Nacht hinein Kleidungsstücke zu ändern, Röcke zu säumen und Hosenaufschläge zu nähen. Jetzt konnte er endlich leben! Er schloß seine Werkstatt ab, warf den Schlüssel weg und kleidete sich ein wie ein König. Noch am selben Tag kaufte er sich eine Luxuslimousine, enga-

gierte einen Chauffeur und reservierte Suiten in den besten Hotels von New York. Bald sah man ihn in Begleitung verschiedener attraktiver junger Frauen. Er feierte jede Nacht Partys und gab sein Geld mit vollen Händen aus, als glaube er, daß es ewig reichen würde.

Aber das tat es natürlich nicht. Bald war der Mann nicht nur sein ganzes Vermögen los, sondern hatte obendrein auch noch seine Gesundheit ruiniert. Erschöpft, krank und einsam kehrte er in seine kleine Werkstatt zurück und nahm sein früheres Leben wieder auf. Alles ging wieder seinen normalen Gang; aus alter Gewohnheit kaufte er sich von seinen kärglichen Ersparnissen sogar wieder jedes Jahr ein Lotterielos.

Zwei Jahre später standen die beiden Männer wieder vor seiner Tür. «Das ist in der Geschichte dieser Lotterie noch nie passiert, mein Herr», sagten sie. «Sie haben schon wieder gewonnen!»

Da zitterten dem Schneider die Knie. «Um Gottes willen!» rief er. «Heißt das, daß ich das alles *noch einmal* durchmachen muß?»

Diese Geschichte veranschaulicht, daß unser Umgang mit Geld (oder Macht oder Ruhm) häufig unser Selbstwertgefühl widerspiegelt.

Die einfachen Ursachen der Eigensabotage

Wenn dein Selbstwertgefühl keinerlei Einfluß auf dein Handeln hätte – wenn es sich lediglich auf die Ebene des Fühlens beschränkte –, dann würde es nur deine Stimmungen beeinflussen. Manchmal hättest du den Eindruck, ein wertvoller Mensch zu sein (ein angenehmes Gefühl), und manchmal nicht (ein unangenehmes Gefühl). Das wäre alles.

Doch ein geringes Selbstwertgefühl beeinflußt auch dein Verhalten. Es erzeugt nämlich eine Neigung in dir, deine eigenen Bemühungen zu sabotieren, so daß dein Leben im Endeffekt nicht so gut läuft, wie es eigentlich sollte. Vielleicht hast du manchmal das Gefühl, ein Pechvogel zu sein oder glaubst, daß Gott dich bestraft. Dabei bestrafst du dich in Wirklichkeit selbst – und zwar durch Verhaltensweisen, die dir nicht einmal hundertprozentig bewußt sind.

Oder vielleicht geht es dir auch wie dem Alkoholiker, der weiß, daß er trinkt, sein Trinken aber nicht als Problem betrachtet: Dein Verhalten ist dir zwar bewußt, aber du erkennst seine zerstörerischen Auswirkungen nicht.

Ich habe noch keinen Menschen kennengelernt, der sich nicht schon irgendwann einmal auf irgendeine Weise selbst sabotiert oder subtile selbstzerstörerische Verhaltensweisen an den Tag gelegt hätte – sei es in finanzieller Hinsicht oder im Privatleben, bei der Ausbildung oder im Beruf. Es ist immer wieder die gleiche Frage, in den verschiedensten Formulierungen: Wie hoch kann dein Stern am Himmel aufsteigen? Wie gut darf es dir gehen?

Um dir zu helfen, solche verborgenen Tendenzen zur Eigensabotage auszuschalten, wollen wir nun einmal die einfachen, aber sehr tiefgehenden Ursachen solchen Verhaltens untersuchen. Wir müssen uns diesen Mechanismus bewußtmachen, also wollen wir uns anschauen, wodurch er entstanden ist und wie er funktioniert.

Deine innere Bilanz

Du mußt dir darüber klarwerden, wie deine Selbsteinschätzung dein Leben geprägt hat und wie du über die Punktzahl, die du dir selbst gegeben hast, hinauswachsen kannst. Das ist einer der wichtigsten Schritte zur Verbesserung deiner Lebensqualität.

Um die Ursachen von geringem Selbstwertgefühl und Eigensabotage zu begreifen, müssen wir uns mit einer Dynamik beschäftigen, die in dir und jedem Menschen in allen Kulturkreisen dieser Erde am Werk ist.

Deine Eltern (oder andere Erziehungsberechtigte) haben dir beigebracht, was in ihrer Gesellschaft als gut und was als schlecht gilt, damit du in diese Gesellschaft hineinpaßt. Wenn du dich gut benahmst, erntetest du Anerkennung von deinen Eltern und wurdest mit positiver Aufmerksamkeit belohnt. Wenn du dich schlecht benahmst, bekamst du ihre Mißbilligung zu spüren und wurdest mit negativer Aufmerksamkeit bestraft.

So hast du schon in jungen Jahren die beiden grundlegenden moralischen Verhaltensregeln gelernt: *Wenn ich gut bin, werde ich belohnt. Wenn ich böse bin, werde ich bestraft.*

In einer idealen Welt wären diese Regeln ja auch absolut fair und folgerichtig. Doch in der realen Welt ist es deinen Eltern nicht immer aufgefallen, wenn du dich schlecht benahmst. Und selbst wenn sie jede Missetat gesehen haben, waren sie vielleicht manchmal zu müde oder zu sehr mit anderen Dingen beschäftigt, um konsequent auf dein Verhalten zu reagieren.

Aber es gibt jemanden, der garantiert all deine Fehltritte mitbekommen und sich auch alles gemerkt hat: *du selbst.* Das war früher so und ist auch heute noch so. Und nicht nur das: Du hast auch alle negativen, haßerfüllten, kleinlichen, neidischen, boshaften oder grausamen Gedanken und Gefühle registriert, die dir im Leben jemals durch den Kopf gegangen sind. Alle sind in deinem Unterbewußtsein abgespeichert. Das ist der Ursprung deiner Selbstwertprobleme.

Erinnerst du dich noch an die beiden Regeln? Wenn ich gut bin, werde ich belohnt. Wenn ich böse bin, werde ich bestraft. Aber deine Eltern haben dich nicht immer bestraft. Also bestrafst du dich schließlich selbst – manchmal dein ganzes Leben lang – in Form von Eigensabotage oder selbstzerstörerischem Verhalten.

Die subtilen Mechanismen der Eigensabotage

Es gibt viele Möglichkeiten, sich selbst zu sabotieren: Man kann vorzeitig von der Schule abgehen, eine schlechtbezahlte Stellung annehmen, einen Partner wählen, der einen physisch oder verbal mißhandelt, mehr Geld ausgeben, als man verdient, oder mit Nikotin, Alkohol oder anderen Drogen Selbstmord auf Raten begehen. Man kann kriminell werden, sich krank arbeiten oder zu Tode hungern, sich selbst Verletzungen zufügen, von zu Hause fortlaufen, aus der Gesellschaft aussteigen oder seine Gesundheit, seinen Erfolg und seine Beziehungen durch andere selbstzerstörerische Verhaltensweisen untergraben.

Für Menschen, die das Gefühl haben, solche Zuwendung nicht zu verdienen, bergen Ruhm und Vermögen gewisse Gefahren. Man denke nur an all die berühmten Menschen, die sich mit destruktivem Verhalten bestrafen. Diejenigen, die es zu Ruhm und Erfolg gebracht haben, ohne sich selbst zu zerstören, haben zumindest ein paar der folgenden Punkte gemeinsam:

- Jemand in ihrer Familie hat ihnen das Gefühl gegeben, von Natur aus ein wertvoller Mensch zu sein – gleichgültig, was sie in ihrem Leben erreichen oder tun.
- Selbst wenn sie schlecht behandelt wurden, gab es mindestens einen wichtigen Menschen in ihrem Leben – einen Lehrer, Angehörigen oder Freund –, der ihnen zuhörte, sie schätzte und respektvoll behandelte.
- Sie haben das Gefühl, das alles zu verdienen, weil sie ihren Preis dafür bezahlt haben: Sie haben Opfer gebracht, studiert und längere Zeit sehr hart gearbeitet.
- Sie haben im Lauf ihres Lebens die Fähigkeit entwickelt, die Dinge in der richtigen Perspektive zu sehen, und betrachten sich selbst mit Humor; sie nehmen sich nicht so ernst.
- Sie haben ihren Reichtum auf ganz konkrete Weise mit anderen Menschen geteilt: Geld für wohltätige Zwecke gespendet oder sich für eine Sache eingesetzt, an die sie glaubten.

Bewußt möchtest du vielleicht gern erfolgreich sein. Du liest Bücher und besuchst Seminare – nur um diese Bemühungen dann auf sehr subtile, kreative Art und Weise wieder zu untergraben. Denke nur an die vielen Male, wo Freunde oder andere Menschen, die du liebtest und denen du vertrautest, dir von etwas abrieten und du es trotzdem getan hast – einfach weil du das Gefühl hattest, du müssest es tun.

Manchmal ist es natürlich am besten, auf seine eigene innere Stimme zu hören. (Wo wäre Kolumbus gelandet, wenn er das nicht getan hätte?) Aber wenn dir auffällt, daß du auf der Straße des Lebens immer wieder blindlings in Schlaglöcher hineinstolperst, obwohl andere Menschen dich gut beraten haben – wenn du zum Beispiel einen Gebrauchtwagen gekauft hast, der dauernd kaputtgeht, obwohl ein befreundeter Automechaniker dir davon abriet; wenn du dir irgend etwas Teures kaufst, was du eigentlich gar nicht brauchst, mehr Geld verspielst, als du dir leisten kannst, oder eine Beziehung eingehst, in der du nur leidest –, solltest du einmal darüber nachdenken, ob du dich selbst nicht schon genug bestraft hast.

Nur du trägst die Verantwortung für dein Leben

Als ich noch Trainer an der Stanford University war, kam ich eines Tages in den Übungsraum und sah Jack, unseren Mannschaftskapitän, auf der Matte liegen und Dehnungsübungen machen. Er umfaßte eines seiner Beine und zog es zur Brust hin. Als ich an ihm vorbeiging, sah ich, wie er mit verzerrtem Gesicht stöhnte: «O Gott, ich hasse diese Übung – sie tut so weh!» Ich wußte nicht, ob er mit mir oder mit sich selbst sprach oder dem lieben Gott sein Leid klagte; aber ich kam mir vor wie in einem Mel-Brooks-Film. «Wer zwingt dich denn dazu? Wenn es so weh tut, warum läßt du dann nicht ein bißchen nach?» hätte ich ihn am liebsten gefragt. Das gleiche gilt auch für dein Leben: *Wenn es so weh tut, warum läßt du dann nicht ein bißchen nach?*

Sobald wir erkennen, wie viele unserer Probleme wir uns *selbst schaffen*, tun wir bereits den ersten Schritt zu ihrer Lösung. Wir können erst dann damit aufhören, uns selbst zu sabotieren, wenn wir die Verantwortung für die Entscheidungen und Handlungen übernehmen, die zu dieser Eigensabotage geführt haben. Erst wenn wir nicht mehr unserem Chef, der Regierung, unseren Eltern, unserem Partner, unseren Kindern, den Umständen, dem Schicksal oder Gott die Schuld geben, können wir unser Leben ändern und voller Überzeugung sagen: «Ich habe mir mein jetziges Leben selbst ausgesucht, und ich kann mir auch noch etwas viel Besseres aussuchen.»

Natürlich schaffst du dir nicht jedes Mißgeschick, jede Verletzung und jedes Problem unbewußt selbst, weil du ein zu geringes Selbstwertgefühl hast. Manche Schwierigkeiten oder Herausforderungen kommen eben einfach von Gott, oder unsere Seele hat sie für uns arrangiert, um unseren Geist auf die Probe zu stellen und zu disziplinieren. Wie das alte Sprichwort sagt: «Du magst es als Segen oder als Prüfung betrachten; aber was auch immer geschieht, es ist alles zu deinem Besten.» Manchmal trägt ein Mißgeschick nämlich auch einen Segen in sich.

Jedes Unglück hat seine guten Seiten

Wir haben alle schon unseren Teil an Schmerzen, Krankheiten und Mißgeschicken erlitten. Als Student sollte ich nach Europa fliegen, um an der Turnweltmeisterschaft teilzunehmen. Kurz davor stieß ich bei einer Motorradfahrt mit einem Auto zusammen und brach mir den rechten Oberschenkelknochen – der Arzt sagte, er sei in ungefähr vierzig Teile zersplittert. Wenn ich heute nach Jahren auf all die quälenden Schmerzen, die Zeit der Behinderung, die Depressionen und den langwierigen Genesungsprozeß zurückblicke, glaube ich, daß das im Hinblick auf meine spirituelle Entwicklung vielleicht das Beste war, was mir passieren konnte. Diese Erschütterung brachte mich zum erstenmal in meinem Leben dazu, über die größeren Zusammenhänge von Leben und Tod nachzudenken. Damals begann ich in meinem Leben einige neue Richtungen einzuschlagen. (Allerdings möchte ich Knochenbrüche, Krankheiten oder Verletzungen keineswegs als ideale Methode zur Persönlichkeitsentwicklung empfehlen.)

Aber wenn wir die größeren Zusammenhänge des Lebens betrachten, entdecken wir, daß jedes Unglück auch seine guten Seiten hat. Wenn wir psychisch gesund sind, wünschen wir uns keine Schmerzen, Verletzungen oder Krankheiten. Dennoch können wir uns bewußtmachen, daß alles im Leben sein Gegenteil in sich trägt – alles hat seine positiven und negativen Seiten.

Ob unsere Mißgeschicke nun durch Eigensabotage zustande gekommen oder einfach nur spirituelle Lebenslektionen sind – wenn sie uns ereilen, kann etwas ganz Erstaunliches passieren: Viele Menschen, die schwere Krankheiten überlebt und all die damit verbundenen Leiden und Schmerzen durchgemacht haben, berichten, dabei eine Art inneren Frieden erlebt zu haben, den sie vorher nicht kannten. Schmerzen bereinigen die Bilanz in unserem Unterbewußtsein – als ob wir durch Leid und Mißgeschick unsere wirklichen oder nur in unserer Einbildung begangenen Sünden abbüßten. Es ist, als würden wir nun endlich für all die Dinge bestraft, die wir gesagt oder nicht gesagt, getan oder nicht getan haben, und damit ist alles wieder ausgeglichen. Unsere Psyche findet sehr kunstvolle, manchmal geradezu tragische Methoden, um zu innerem Frieden zu gelangen. Ich spreche diesen Punkt nur an, um ihn dir bewußtzumachen, so daß du deinen inneren Frieden durch Dienst an der Welt finden kannst (wie ich es im zwölften Tor beschreibe) und nicht durch Schmerz.

Die meisten Menschen haben schon einmal das Bedürfnis gehabt, Buße zu tun, eine alte Schuld abzutragen oder für begangene Fehler um Verzeihung zu bitten. Wenn du deinen *angeborenen* inneren Wert erkennst, wird dir klar, daß das Leben auch ohne selbsterschaffene Probleme schon schwer genug ist; dann beginnst du dich den Freuden des Lebens hinzugeben und auch anderen Menschen mehr Freude zu schenken.

Wie du dein Leben verändern kannst

Dein eigener Wert ist kein Objekt, sondern eine Wahrnehmung. Genau wie ein Turnier zu Beginn einer Übung zehn Punkte hat und dann für jeden Fehler Punktabzüge bekommt, hast auch du dein Leben mit einem ganz natürlichen, uneingeschränkten Selbstwertgefühl begonnen. (Hast du schon einmal ein Kleinkind mit Minderwertigkeitskomplexen gesehen?) Doch während du dann heranwächst, fungierst du als dein eigener Schiedsrichter und ziehst dir dauernd Punkte ab. Das beweist, daß du das Wesen des Lebens als Lernprozeß noch nicht richtig begriffen hast. Du vergißt, daß du ein in der Ausbildung begriffenes menschliches Wesen bist und daß Fehler, nicht hundertprozentig korrekte Verhaltensweisen und Augenblicke schlichten Mittelmaßes keine unverzeihlichen Sünden sind, sondern einfach zum Leben gehören.

Ich möchte dir nun ein paar Gedächtnisstützen mit auf den Weg geben, die dir dabei helfen sollen, deinen Wert im Spiel des Lebens höher einzustufen. Wenn du deine eigene Existenz im Licht des Gewahrseins und des Mitgefühls betrachtest, wirst du beginnen, deinem Schicksal mit weitgeöffneten Armen entgegenzugehen. Das beginnt mit einer zweifachen Erkenntnis.

Du stehst nicht allein da

Der erste Schritt besteht darin, dir darüber klarzuwerden, daß du mit deinen Problemen nicht allein dastehst. Wir haben alle schon Fehler begangen; das ist ein Teil unseres Lebens und unseres inneren Wachstumsprozesses. Wir haben alle schon Dinge gesagt, gedacht oder empfunden, die uns hinterher leid taten. Unser Wert hängt nicht davon ab, ob wir perfekt sind. Viele Menschen geraten in einen Teufelskreis: Sie tun etwas Schlechtes, dadurch sinkt ihr Selbstwertgefühl, was wiederum zu noch mehr negativen Verhaltensweisen führt, und so geht es immer weiter. Erst wenn wir aufhören, uns wegen unserer Fehler so hart zu verurteilen, können wir uns auch von solchen negativen Reaktionsketten lösen.

Du hast getan, was du konntest

Die zweite Erkenntnis lautet: *Wie auch immer du dich verhalten hast – du hast an jedem Tag deines Lebens das Beste getan, was du konntest.* Vielleicht bist du in dieser Hinsicht nicht ganz meiner Meinung. Doch bevor wir uns näher mit dieser Frage beschäftigen, solltest du dieses Prinzip einmal in bezug auf deine Eltern (oder andere Erziehungsberechtigte) überdenken: Ob sie dich nun gut oder schlecht behandelt haben – unter Berücksichtigung ihrer eigenen Grenzen, seelischen Verletzungen, Anschauungen, Ängste und Wertmaßstäbe haben sie ihr Bestes gegeben. Dieses Beste kann wunderbar oder schrecklich gewesen sein oder irgendwo in der Mitte liegen. Und auch du selbst hast stets das Beste getan, wozu du zum jeweiligen Zeitpunkt fähig warst, auch wenn du sicherlich oft nicht deine Idealvorstellungen erfüllt und viele Fehler begangen hast.

Entschuldige dich und bitte um Verzeihung

Die meisten Menschen haben diese Erfahrung schon einmal gemacht: Man rekapituliert in Gedanken immer wieder ein Ereignis, bei dem man wünscht, man hätte sich anders verhalten. Vielleicht hätten wir bei einem Vorstellungsgespräch, einer Rede, einer Prüfung oder einem Auftritt besser abschneiden können. Oder wir haben einen anderen Menschen verletzt, uns ihm gegenüber respektlos oder unaufrichtig verhalten und wünschten nun, wir könnten es ungeschehen machen.

An den Fehlern, die du begangen hast, kannst du nichts mehr ändern; aber du kannst zumindest vermeiden, sie zu wiederholen. Die Vergangenheit existiert nicht mehr; sie ist nur eine Serie von Erinnerungen und Eindrücken, die du in deinen Gedanken am Leben erhältst. Wenn du dich darauf konzentrierst, das zu tun, wozu du jetzt in diesem Augenblick in der Lage bist – wenn du voller Mitgefühl auf deine Fehler zurückblickst und um Verzeihung bittest –, kannst du eine Menge dazu beitragen, dein angeschlagenes Selbstwertgefühl zu heilen.

Wenn es dir leid tut, daß du deiner Mutter zum Geburtstag nie eine Karte geschrieben hast, dann schicke ihr *jetzt* eine, und zwar eine ganz besondere. Schreibe die Karte selbst dann, wenn deine Mutter schon längst tot ist. Und bitte sie um Verzeihung. Wenn du deinen Bruder, deine Schwester, deine Eltern oder irgendeinen anderen Menschen gekränkt hast, lasse diese Erinnerung noch einmal vor deinem geistigen Auge vorüberziehen, und dann gehe auf den betreffenden Menschen zu, entschuldige dich bei ihm und bitte um Vergebung. Wenn er dir nicht verzeihen will, vergib ihm seine Unversöhnlichkeit. Schenke diesem Menschen einen Blumenstrauß oder irgend etwas anderes – vielleicht mit einem Begleitbrief. Gehe in dich, sieh die Menschen, denen du weh getan hast, in Gedanken vor dir und bitte sie um Verzeihung. Das setzt einen Heilungsprozeß in Gang, der dein Selbstwertgefühl heben und auch deine Beziehungen zu anderen Menschen heilen wird.

Vertraue auf deinen inneren Entwicklungsprozeß

Und wenn du das nächste Mal das Gefühl hast, daß etwas Gutes nicht von Dauer sein kann, denke daran, daß die Evolution in einer Aufwärtsspirale verläuft. Das Leben kann mit der Zeit immer besser werden, und in der Regel tut es das auch. Du lebst, um zu lernen, um zu straucheln und dich weiterzuentwickeln, deinen Stern aufsteigen und wieder sinken zu sehen, Mißerfolge zu haben und innerlich daran zu wachsen, deinen Horizont zu erweitern, Fortschritte zu machen. Wenn du bewußt lebst und dich stets um

Verbesserung bemühst, wirst du mit der Zeit immer stärker, klarsichtiger, weiser und fähiger. Das Leben ist ein Entwicklungsprozeß, bei dem du deinen eigenen Wert und den Wert aller anderen Lebewesen wiederentdeckst.

Die Macht der Gnade

Schließlich läuft es darauf hinaus: Du mußt deinen Wert in deinem eigenen Inneren suchen. Du mußt ihn durch wertvolle Handlungen selbst erschaffen. In dem Kapitel über das zwölfte Tor, *Diene deiner Welt*, wirst du den besten Weg zur Wiederentdeckung des uneingeschränkten Selbstwertgefühls kennenlernen, das du als Kind besaßest. Die nächsten Tore werden dich auf diesen letzten Schritt vorbereiten. Jedes Tor wird dir neue Einsichten vermitteln, die dich über das Selbstwertgefühl hinaus auf den Weg der Erleuchtung im Alltag führen.

Denken wir immer daran: Auch wenn wir vielleicht das Gefühl haben, keine sehr guten oder tapferen oder auch nur wertvollen Menschen zu sein, beschützt das Dach über unserem Kopf uns doch immer noch vor Stürmen, die Sonne bescheint uns, unsere Stühle tragen uns – und unser Leben auch. Das Leben selbst ist ein unverdientes Geschenk – das ist der geheime Sinn der Gnade.

Die Gnade offenbart uns, daß es nur eine einzige Realität gibt: den jetzigen Augenblick. Vergangenheit und Zukunft existieren nur in unserem Kopf. In jedem Augenblick des Gewahrseins, der Demut oder Reue gleichst du deine innere Bilanz aus. Wenn du eine Schuld abzutragen hast, dann tilge sie in der Währung der Güte gegenüber dem Menschen, dem du unrecht getan hast, und nicht, indem du dich selbst bestrafst – nie wieder. Das ist nicht notwendig. Es ist noch nie notwendig gewesen.

Im nächsten Kapitel über das zweite Tor – *Erobere dir deinen Willen zurück* – wirst du einen anderen Weg kennenlernen, wie du die Einschränkungen überwinden kannst, die du deinem Leben selbst auferlegt hast. Dein Wille gibt dir die Kraft, jene Neigungen zu überwinden, die das Spektrum deiner Entscheidungen und Handlungen bisher eingeschränkt haben. Das ist dein nächster Schritt auf dem Weg zur Erleuchtung im Alltag.

Das zweite Tor

Erobere dir deinen Willen zurück

In deinem Inneren liegen ungenutzte Quellen der Willenskraft und geistigen und emotionalen Stärke – jener Kraft, die vor Mißgeschick und Schwierigkeiten nicht zurückschreckt. Du mußt nur deinen Sinn und dein Ziel im Auge behalten, die Vision, die dich auf die Erde gebracht hat – die Vision, die dich zu den Sternen emporheben wird – hinab in die Tiefen der Ozeane und hinauf zu deiner Seele. In dir wohnt eine große Willensstärke, die nur darauf wartet, daß du sie in deinem Leben manifestierst.

Die Kraft, etwas zu verändern

Wenn du einen Hügel hinaufrennst,
kannst du ruhig aufgeben, sooft du willst –
solange deine Füße in Bewegung bleiben.

Shoma Morita

Landkarte: Die Tore zu deiner inneren Kraft

Die größte Herausforderung des Lebens – der du bei jedem der zwölf Tore begegnen wirst – besteht darin, das, was du weißt, in die Tat umzusetzen. Du weißt zum Beispiel, wie wichtig es ist, dich vernünftig zu ernähren und dich regelmäßig zu bewegen; und du weißt auch, daß es am besten ist, deine Mitmenschen gut zu behandeln. Doch solange du dir deinen Willen nicht zurückeroberst – solange du nicht von deiner Kraft Gebrauch machst, nach deinem Wissen zu handeln –, wirst du selbst deine allerbesten Pläne nicht verwirklichen.

Kein Sieg ohne Selbstdisziplin

Natürlich ist alles leichter gesagt als getan. Doch so intelligent oder begabt du auch sein magst – nur dein Tun bestimmt dein Schicksal. Um die Verheißung des zweiten Tors zu erfüllen, brauchst du nur drei Zauberworte zu kennen und nach ihnen zu handeln: *Tu es einfach*.

Aber wie schafft man es, «einfach das zu tun», wovon man weiß, daß es das Beste ist? Wie erlangt man dauerhafte Selbstbeherrschung und Meisterschaft über das eigene Ich?

Mit dieser Frage wurde ich vor ein paar Jahren konfrontiert, kurz bevor ich das Podium betrat, um ein Seminar zum Thema «Die Gesetze des Geistes» zu halten. Ein junger Mann kam auf mich zu und fragte mich, wie er sein Ziel erreichen könne abzunehmen. «Durch fettarme Ernährung und regelmäßige Bewegung», antwortete ich. Doch damit gab er sich nicht zufrieden, sondern fragte gleich weiter, *wie* er es denn schaffen könne, sich vernünftiger zu ernähren und ein Trainingsprogramm konsequent durchzuhalten. «Ich *weiß*, daß ich etwas tun muß», sagte er, «aber ich habe einfach nicht die *Willenskraft* dazu. Wie kann ich denn meinen Willen stärken?»

«Das wissen Sie doch schon», erwiderte ich. «Zu wissen, wie es geht, ist nicht das Problem. Außerdem scheinen Sie jetzt in diesem Augenblick eine ganze Menge Willenskraft zu haben – sonst hätten Sie es nicht geschafft, mich in ein Gespräch zu verwickeln, während tausend Leute darauf warten, daß das Seminar endlich anfängt.»

«Nur noch eine Frage . . .»

Doch jetzt war es höchste Zeit, meinen eigenen Willen durchzusetzen und mit meinem Vortrag zu beginnen, was ich dann auch tat.

Irgend etwas an diesem jungen Mann irritierte mich. Schließlich wurde mir klar, was es war. Er erinnerte mich an mich selbst – und all die vielen Jahre, in denen ich nach Strategien, Schnellverfahren, Methoden, Techniken, Zauberformeln und Patentrezepten gesucht hatte, um mich zu motivieren, bestimmte Dinge zu tun. Aber die beste Methode zu tun, was wir tun müssen, besteht nach wie vor darin, *es einfach zu tun* – mit dieser unausweichlichen Realität konfrontiert das Leben uns immer wieder. Manchmal ist das einfach, manchmal schwer. Aber das ändert nichts an der Tatsache, daß es nur einen einzigen Weg gibt, etwas zu erledigen: Du mußt es einfach tun. Wenn du dir deinen Willen zurückeroberst, wirst du auch dein Leben wiedergewinnen.

Du hast zwar einen freien Willen, aber dein Wille ist nicht immer frei. Freiheit hat ihren Preis; das Leben stellt dir viele Hürden in den Weg, die du überwinden mußt. Die Begriffe «Wille», «Willenskraft», «Selbstdisziplin» und «Selbstbeherrschung» sind in diesem Kapitel austauschbar; denn mit all diesen Methoden kannst du Meisterschaft über dich selbst erlangen, wenn du sie eine Zeitlang in Form von Geduld, Ausdauer und Beharrlichkeit praktizierst. Dieses Tor zeigt dir, wie du deine Willenskraft einsetzen kannst, um die

Hindernisse des Lebens zu überwinden und dir eine solide Basis für deinen Erfolg zu schaffen – sowohl im materiellen als auch im spirituellen Bereich.

Während du das zweite Tor durchschreitest, wirst du dich mit folgenden Themen beschäftigen:

- der Macht deiner Ziele;
- den Hindernissen, die auf deinem Weg liegen;
- den Schlüsseln zur Motivation, die in deinem Unterbewußtsein liegen.

  Du erfährst
- ein paar praktische Verhaltensregeln, um zu tun, was getan werden muß und erhältst Antwort auf die Frage,
- welche Dinge du selbst beeinflussen kannst und welche nicht;
- wie man seine Neigungen überwindet;
- und schließlich und endlich will ich dir auch noch ein paar Ratschläge mit auf den Weg geben, die dich inspirieren und daran erinnern sollen, wozu du auf der Welt bist.

Wie du dir deine Kraft zurückerobern kannst

Schwierigkeiten können dich nur dann einschüchtern, wenn du an deiner Willenskraft zweifelst. Du kannst beispielsweise von den Figuren in *Der Zauberer von Oz* lernen – der schlauen Vogelscheuche, die glaubte, kein Gehirn zu haben, dem liebevollen Holzfäller aus Zinn, der meinte, er habe kein Herz, und dem tapferen Löwen, der fürchtete, nicht mutig genug zu sein. Sie alle haben im Lauf der Geschichte begriffen, daß sie die Eigenschaften, die sie sich wünschten, schon längst besaßen. Bei dir ist es genauso: Es hat dir nie an eigenem Willen gefehlt, und du hast ihn auch nie verloren; du hast nur vergessen, wie stark er ist.

Dein Wille ist wie ein Muskel: Je häufiger du ihn benutzt, um so stärker wird er. Genau wie deine Muskeln braucht er Bewegung, er muß regelmäßig trainiert werden. Deine innere Kraft wartet nur darauf, daß du dich ihrer bedienst, denn dann wird sie noch größer. Jetzt hast du die Chance, dich an deine angeborene Willenskraft zu erinnern, sie wieder zum Leben zu erwecken, wiederaufzubauen und zurückzuerobern. Willkommen am zweiten Tor!

Test: Wieviel Willenskraft besitzt du?

Mit Hilfe der folgenden Fragen kannst du einschätzen, was für eine Beziehung du in deinem täglichen Leben zu Selbstdisziplin und Willenskraft hast:

- Wie gut gelingt es dir, das, was du weißt, in die Tat umzusetzen? Bewerte diese Fähigkeit mit 1 bis 10 Punkten.
- Wieviel Selbstdisziplin besitzt du deiner Meinung nach im Vergleich zu anderen Menschen?
- Hast du im Augenblick einen besonders wichtigen Traum oder Wunsch oder irgendein Ziel, das dir sehr am Herzen liegt? Inwieweit hilft dein Wille dir bei der Erreichung dieses Ziels?
- Hattest du früher mehr oder weniger Selbstdisziplin als jetzt? Wann und warum?
- Kannst du dich an einen Zeitpunkt erinnern, wo du große Willenskraft bewiesen hast?
- Kannst du dich an einen Zeitpunkt erinnern, wo du wenig Willenskraft gezeigt hast?
- Wie könntest du mit Hilfe deines Willens deine Ernährungsweise verändern?
- Wie könntest du deinen Willen im Bereich deines körperlichen Trainings einsetzen?
- Wie schätzt du deinen Willen in sexueller Hinsicht ein?
- Spiegelt sich in deinem Budget und deinen finanziellen Verhältnissen Selbstbeherrschung wider?
- Haben andere Menschen dich schon einmal als eigensinnig oder halsstarrig bezeichnet? (Und hast du dich bei ihnen für das Kompliment bedankt?)
- Brauchst du auch Willenskraft, um etwas zu tun, was dir Spaß macht? Warum bzw. warum nicht?
- Welche deiner Gewohnheiten würdest du gern ändern?
- Hast du deine Willenskraft schon einmal dazu eingesetzt, gütig oder höflich zu anderen Menschen zu sein, obwohl du eigentlich gar keine Lust dazu hattest?

- Hättest du gerne einen stärkeren Willen? (Wenn ja: Woher weißt du, daß du ihn nicht schon besitzt?)

Die Macht deiner Ziele

Ein starker Wille, der keine Richtung kennt, ist wie ein starkes Pferd, das nicht weiß, wo es hinlaufen soll. Um auf eine Reise zu gehen, brauchst du mehr als nur Willenskraft. Du brauchst eine Richtung, eine Aufgabe, ein Ziel, eine Mission – irgendeinen Zweck, der dir sinnvoll erscheint.

Dein Lebenssinn und deine Ziele werden von tausend verschiedenen Faktoren geprägt: von deiner Umwelt, deinen Eltern, deiner genetischen Veranlagung, deinen Begabungen, Wertvorstellungen und Lebensumständen, der Synchronizität und den Chancen, die sich dir im Leben bieten. Füge jetzt noch deinen freien Willen, deine Erwartungen und eine kleine Prise Vorherbestimmung hinzu – und schon nimmt irgend etwas vor deinen Augen Gestalt an, was du jetzt in diesem Augenblick, in diesem Jahr oder diesem Leben tun willst oder tun mußt. Wenn du dein Ziel kennst und danach handelst, entfesselst du die ganze Kraft deines Willens.

Vielleicht möchtest du negative Gewohnheiten ablegen oder positive schaffen, dein Liebesleben oder deine finanziellen Verhältnisse verbessern, eine sinnvollere oder lukrativere Beschäftigung finden oder die zwölf Tore meistern. Was auch immer du vorhast – es werden sich stets Hindernisse zwischen dich und dein Ziel schieben. Deine Willenskraft ist wie ein Geländewagen, der dich um die Hindernisse herum- und an den Stolpersteinen vorbeifährt, über Hürden hinweg, durch den reißenden Strom deiner Zweifel und Unsicherheiten, und dich deiner Bestimmung entgegenträgt – der Erleuchtung im Alltag.

Es gibt drei grundlegende Verhaltensregeln, an die du dich im Leben halten solltest (sie stammen von Dr. Shoma Morita, und ich zitiere sie hier nach einem Vortrag von Dr. David Reynolds): *Akzeptiere deine Gefühle. Kenne dein Ziel. Und tue, was getan werden muß* (in Übereinstimmung mit deinem Ziel und trotz der Gefühle, die du hast oder nicht hast).

Kenne dein Ziel

Ob du dein höchstes Lebensziel oder deine Ziele für das nächste Jahr nun kennst oder nicht – mit ziemlicher Sicherheit wird dir klar sein, was du in den nächsten fünf Minuten tun willst. Selbst wenn die Zukunft noch im Nebel liegt, kannst du stets die Dinge angehen, die vor dir liegen. Das Schicksal hat eine unnachahmliche Begabung, eine Spur aus Brotkrumen vor uns auszustreuen – ein kleines Ziel nach dem anderen –, um unseren Weg zu markieren. Wenn du dich auf jeden einzelnen Tag und jeden einzelnen Augenblick konzentrierst, wirst du erkennen, was jetzt in diesem Moment getan werden muß. Deine allernächsten Ziele sind die Brotkrumen, die dich zu jenem größeren Ziel hinführen, das du noch nicht siehst.

Bleibe flexibel. Manchmal präsentiert das Leben dir Überraschungen, und dein Weg zum Gipfel hat viele Kurven und Windungen. Die Lebensgeschichten zweier Freunde von mir, Lenny und Craig, ist ein gutes Beispiel dafür. Lenny studierte Jura und wurde Rechtsanwalt. Ungefähr ein Jahr später zog er sich beim Langstreckenlauf eine Zerrung oder Verletzung zu und ging zum Chiropraktiker. In dem Augenblick, in dem er die Praxis dieses Mannes betrat und sich darin umschaute, wurde ihm klar, daß er seine wahre Berufung gefunden hatte. Damit brachte er auch die Willenskraft auf, alles zu tun, was notwendig war, um sein Ziel zu erreichen. Lenny – ein liebevoller Ehemann und Vater – wurde ein sehr begabter, erfolgreicher Chiropraktiker, der in seiner Praxis inzwischen viele Profisportler behandelt.

Craig arbeitete viele Jahre lang bis in die Nacht hinein, brachte unzählige Opfer und bot seine ganze Willenskraft auf, um einer der besten Herzchirurgen Amerikas zu werden. Auf dem Höhepunkt seiner medizinischen Karriere erlitt er einen Unfall, durch den zwei seiner Finger bewegungsunfähig wurden. Damit war seine Laufbahn als Chirurg zu Ende. Aber Craig, der gleichzeitig Aikido-Meister und Vater dreier Kinder ist, ließ sich dadurch nicht entmutigen. Wieder setzte er seine ganze Willenskraft ein und verwandelte die sauren Zitronen des Lebens in süße Limonade. Er begann Jura zu studieren und schaffte es bereits im ersten Studienjahr, einen Artikel im *Law Review* zu veröffentlichen. So folgte er einem anderen Weg des Dienstes an der Menschheit und erfüllte gleichzeitig auch noch seine Aufgaben als Ehemann und Vater. So groß ist die Macht der Konzentration und Willenskraft.

Verschaffe dir Klarheit über deine Ziele

Manchmal brauchst du nur dein Ziel zu kennen, um deinen Willen zurückzugewinnen. Die folgenden Verhaltensregeln sollen dir helfen, dir über deine Zielsetzungen klarzuwerden:

- Verfolge deine Träume! Der Schaffensprozeß folgt deiner Vision; Willenskraft beginnt mit einem Wunsch.
- Achte darauf, wie deine Ziele von Augenblick zu Augenblick vor deinem geistigen Auge entstehen – zu Hause, bei der Arbeit oder in der Schule; als Dinge, die du tun möchtest, und als Dinge, die du tun mußt.
- Klopfe dir in Gedanken jedesmal auf die Schulter, wenn du deine Willenskraft einsetzt, um diese Ziele zu erreichen.
- Wenn du deinen Willen verlierst, hast du dann auch deine Richtung aus den Augen verloren? Hast du dein Ziel vergessen?
- Unterteile ein großes, übergeordnetes Ziel in monatliche, wöchentliche, tägliche und sofortige Teilziele – dann siehst du immer den nächsten Schritt, der direkt vor dir liegt.

Bei der Verfolgung deiner Ziele werden dir Hürden begegnen, die auf den ersten Blick vielleicht den Eindruck erwecken, als mangele es dir an Willenskraft. Aber in Wirklichkeit sind diese Hindernisse kein Zeichen von Willensschwäche. Du mußt sie anders angehen – indem du deine ganze Willenskraft und Intelligenz einsetzt. Und indem du zum Hürdenläufer wirst.

Die Hindernisse auf deinem Weg

Jean Deeds beschreibt in ihrem Buch *There are Mountains to Climb* eine grauenvolle Nacht in den Appalachen, als sie allein in ihrem Zelt lag und draußen einen Bären herumschnüffeln hörte. Sie lag mucksmäuschenstill da, konnte kaum schlafen und hoffte inständig, daß der Bär nicht auf die Idee kommen möge, in ihr Zelt einzudringen.

Als sie am nächsten Morgen hinausspähte, sah sie dem ziellos durch die Wildnis wandernden Tier, das ihr den Nachtschlaf geraubt hatte, direkt ins Gesicht: Es war eine Kuh, die gemächlich auf ein paar Grashalmen herumkaute.

Mit einer Kuh ist zwar auch nicht unbedingt zu spaßen, aber sie ist zumindest kein Bär. Man reagiert anders auf eine Kuh als auf einen Bären. An diese Geschichte solltest du immer denken, wenn du wieder einmal zu träge bist oder es dir aus irgendeinem anderen Grund schwerfällt, ein Ziel zu erreichen: Es muß nicht unbedingt Willensschwäche sein, die da draußen vor deinem Zelt herumschnüffelt. Es kann auch etwas ganz anderes sein: Selbstzweifel, die Angst vor dem Versagen oder irgendein anderer Hochstapler, der nur so tut, als sei er ein Bär.

Wenn du kein klares Ziel vor Augen hast, das Ausmaß einer Aufgabe falsch einschätzt oder einfach von Natur aus dazu neigst, dich gegen Veränderungen zu wehren, tadle dich nicht wegen deiner angeblichen Willensschwäche, sondern konzentriere lieber deine ganze Aufmerksamkeit und deinen ganzen Willen darauf, diese Kühe im Bärenpelz zu besiegen.

Eigensabotage

Es kann zum Beispiel sein, daß du dich nicht um die Erreichung deiner Ziele bemühst, weil du insgeheim das Gefühl hast, so viel Glück gar nicht zu verdienen. Das hast du ja bereits am ersten Tor gelernt. Oder du erschaffst dir selbst Probleme, weil du es gewohnt bist, immer einen gewissen Pegel an Ärger und Schwierigkeiten in deinem Leben aufrechtzuerhalten – weil du es nicht gut verträgst, wenn alles glatt und reibungslos läuft. Sei auf der Hut; achte darauf, deine Bemühungen um dein Ziel nicht zu sabotieren, nur weil du noch nicht sicher bist, ob du die Erreichung dieses Ziels auch wirklich verdient hast.

Unrealistische Wertmaßstäbe

Vielleicht hast du dir auch aus lauter Perfektionismus zuviel vorgenommen. Wenn du dein Ziel nicht bis zu Ende verfolgst, muß nicht unbedingt Willensschwäche dahinterstecken; es kann auch daran liegen, daß du dir ein Ziel ausgesucht hast, das nicht deinen Fähigkeiten entspricht oder nicht deine wahren Wertvorstellungen widerspiegelt. Vielleicht orientierst du dich bei der Wahl deines Ziels daran, was du deiner Meinung oder der Meinung anderer Leute nach tun solltest, statt der Stimme deines Herzens zu folgen.

Manchmal unterschätzt du auch die Anstrengungen, die eine bestimmte Aufgabe erfordert. Dann beginnst du deine Arbeit unvorbereitet und führst sie vielleicht nicht zu Ende. In so einem Fall fehlt es dir nicht unbedingt an Willenskraft, sondern eher an der Fähigkeit zur Vorausplanung. Überschätzt du dagegen die mit einer Aufgabe verbundene Mühe, so verlierst du womöglich schon vorher den Mut. An ein Projekt oder eine Aufgabe, die du dir nicht zutraust, wirst du dich höchstwahrscheinlich gar nicht erst heranwagen.

Keine Aufgabe ist zu schwierig, wenn man seine Ziele in kleine, realistische Schritte unterteilt und sich gut darauf vorbereitet.

Mangel an Konzentration

Manche Menschen verzetteln sich, indem sie zu viele verschiedene kleine Dinge erledigen wollen, statt sich auf Aufgaben zu konzentrieren, die eine höhere Priorität haben: beispielsweise darauf, ein Buch zu schreiben, eine neue Fähigkeit zu erlernen oder sich physisch in Topform zu bringen. Aber wenn man nach Wasser sucht, ist es besser, ein einziges 300 Meter tiefes Loch zu bohren als zehn Löcher mit 30 Meter Tiefe.

Wenn sich beim Jonglieren fünf Gegenstände gleichzeitig in der Luft befinden, muß man sich von Sekunde zu Sekunde immer nur auf einen einzigen Ball konzentrieren. Wenn ein Jongleur seine Aufmerksamkeit auf alle Bälle gleichzeitig richtet, passiert ihm das gleiche wie dir, wenn du versuchst, in deinem Leben mit zu vielen Aufgaben auf einmal herumzujonglieren: Vielleicht läßt du dann alle Bälle fallen. Also konzentriere dich auf deine Prioritäten und gehe sie eine nach der anderen an.

Wenn du deine Aufmerksamkeit zerstreust, fehlt es dir nicht unbedingt an Willenskraft, sondern eher an Konzentration. Deshalb mußt du dir über deine Prioritäten klarwerden – halte sie schriftlich fest, fertige eine Checkliste deiner wichtigsten Ziele an, und dann erledige sie eins nach dem anderen. Indem du deine Aufmerksamkeit auf ein bestimmtes Ziel richtest, konzentrierst du gleichzeitig auch deinen Willen.

Innerer Widerstand gegen Veränderungen

Fast alle Menschen haben schon irgendwann einmal eine positive Veränderung in ihrem Leben durchgeführt, nur um dann mit der Zeit doch wieder in ihre alten Gewohnheiten zu verfallen: Auf jeden Sprung nach vorn folgte unweigerlich ein Rückfall in den alten Trott. Das ist ganz natürlich und kommt daher, daß dein Unterbewußtsein an alten, vertrauten Verhaltensmustern hängt.

> Mit dem Rauchen aufzuhören ist das Einfachste, was es gibt. Ich weiß, wovon ich rede, denn ich habe es schon tausendmal getan.
>
> *Mark Twain*

Als Kind hast du dich an eine bestimmte Decke, ein ganz bestimmtes Spielzeug oder Einschlafritual gewöhnt, das du dann nicht mehr missen wolltest. Genauso gewöhnen sich dein Körper und dein Unterbewußtsein an ein vertrautes Gewicht, ein bestimmtes Maß an Aktivität und andere Verhaltensmuster. Das gilt für gute Angewohnheiten (beispielsweise tägliche Bewegung) ebenso wie für neutrale (das Lesen vor dem Einschlafen) oder schlechte (Rauchen). Sobald so ein Muster sich erst einmal in uns festgesetzt hat, neigen wir alle dazu, uns gegen eine Veränderung zu wehren.

Das Ablegen einer negativen und das Annehmen einer positiven Angewohnheit läuft in zwei Stadien ab: Zunächst einmal führt man die gewünschte Veränderung durch, und dann muß man sie aufrechterhalten. Alte Verhaltensmuster neigen dazu, sich mit der Zeit wieder durchzusetzen – es sei denn, es gelingt dir, das neue Muster so lange beizubehalten, bis es dir vertraut wird. Das kann drei Monate bis ein Jahr dauern. Also solltest du dafür genausoviel Willenskraft einsetzen wie für einen Marathonlauf und nicht wie für einen Hundertmeterlauf. Daß wir uns gegen Veränderungen wehren, ist eine Grundtatsache des Lebens. Wenn du dir diese Neigung bewußtmachst, werden Veränderungen dir deshalb zwar noch lange nicht mühelos gelingen. Aber wenigstens ist deine Aufmerksamkeit dann frei von der Illusion, daß es dir leichtfallen sollte, etwas zu verändern, und du kannst deine ganze Willenskraft aufbieten, um deine inneren Widerstände zu überwinden.

Angst vor dem Versagen

Auch Versagensängste können auf den ersten Blick wie Willensschwäche aussehen, denn sie machen dich träge. Dahinter steckt die zwingende Logik: «Wenn ich nie mein Bestes gebe, kann ich auch niemals versagen, denn ich *weiß* ja, daß ich es geschafft hätte, wenn ich mich wirklich angestrengt hätte.» Deine Angst kann sich auch als Unsicherheit äußern: «Ich kann es zwar, aber eben nicht so gut wie andere Leute, warum also soll ich mir dann überhaupt Mühe geben?» Oder in Selbstzweifeln: «Ich bin noch nicht bereit dafür.» Angst ist ein Chamäleon, sie begegnet uns in den verschiedensten Gestalten – auch in Form von Willensschwäche.

Das achte Tor – *Sieh deinen Ängsten ins Auge* – wird dir helfen, dieses Problem zu lösen und deine Ängste zu überwinden. Doch vorerst genügt es, wenn du aufhörst, immer auf Nummer Sicher zu gehen – gib statt dessen einfach dein Bestes. Teddy Roosevelt hat die Rough Riders mit folgenden Worten angespornt: «Es ist viel besser, etwas Großes zu wagen . . . auch wenn man dabei immer wieder Mißerfolge erlebt, als sich in die Reihe jener kleiner Geister einzuordnen, die in der grauen Zwielichtzone leben, wo es weder Sieg noch Niederlage gibt.»

Wenn in deinem Leben etwas getan werden muß, werden dir sicherlich viele plausible Gründe einfallen, es nicht zu tun. Doch wenn du dich dann umschaust, fällt dir vielleicht auf, daß es trotzdem immer noch getan werden muß. Um die als Willensschwäche verkleideten Hindernisse in deinem Leben überwinden zu können, mußt du dich zunächst einmal konzentrieren, Prioritäten setzen, deine Fähigkeiten realistisch einschätzen und dich bemühen, deine

Grenzen zumindest ein klein wenig zu überschreiten. Und dann handle, denn das ist das Grundprinzip des Erfolgs: Kenne deine Feinde, und besiege sie mit Hilfe deiner Willenskraft.

Die Schlüssel zur Motivation liegen in deinem Unterbewußtsein

In Zeiten der Not, der inneren Anspannung oder Aufregung – oder wenn du siehst, daß deine Lebensgewohnheiten dem Menschen im Weg stehen, der du sein könntest – sendet dein Unterbewußtsein eine Energiewelle durch deinen Körper. Diese Energiewelle befähigt dich dazu, innere Ängste und äußere Hindernisse zu überwinden und über deine alltäglichen Fähigkeiten hinauszuwachsen.

In dem Film *Moon over Parador (Mond über Parador)* spielt Richard Dreyfuss einen arbeitslosen Schauspieler, der vom Geheimdienst eines kleinen Landes dazu gezwungen wird, sich als El Presidente auszugeben, der Diktator des Landes, mit dem er eine verblüffende Ähnlichkeit hat. Als der brutale Polizeichef dem Schauspieler das vorschlägt, fragt dieser: «Und wenn ich nein sage?»

«Dann bringe ich dich um», antwortet der Polizeichef.

Der Schauspieler denkt einen Augenblick nach. «Sie wären ein *phantastischer* Filmregisseur», sagt er dann.

Den meisten Menschen würde es relativ leichtfallen, das Rauchen aufzugeben, mit einem Trainingsprogramm anzufangen oder irgendeine andere Lebensgewohnheit zu ändern, wenn man sie mit vorgehaltener Pistole dazu zwänge oder ihnen eine große Geldsumme dafür böte. In Krisenzeiten können wir unser Bestes geben, weil unser Unterbewußtsein dann über das autonome Nervensystem Adrenalin und Endorphine in unseren Blutkreislauf freisetzt. Dadurch steigt unsere Herzfrequenz, unser Blut fließt schneller, wir können uns besser konzentrieren, der Stoffwechsel wird angekurbelt, Blutdruck und Vitalität steigen, und wir sind mit einem Schlag hellwach und voller Energie.

Wie du dir dein Unterbewußtsein zum Verbündeten machen kannst

Wenn du dein Unterbewußtsein *willentlich* dazu bringen könntest, dich zu unterstützen, würde dir das bei der Erzeugung der Energie, die du für deine Ziele brauchst, einen enormen Vorsprung verschaffen. Aber wie macht man das? Indem man das Wesen seines Unterbewußtseins durchschaut und herausfindet, womit man es locken kann.

Der *erste Schlüssel* zu deinem Unterbewußtsein besteht darin, daß es genauso funktioniert wie das Denken eines kleinen Kindes. Es hat ähnliche Wertvorstellungen, Antriebe und Interessen wie ein fünf- oder sechsjähriges Kind. Je besser du verstehst, was Kinder begeistert, um so leichter wirst du Zugang zu den Energievorräten deiner Motivation finden.

Was Kinder mögen:	*Was Kinder nicht mögen:*
• neue Spielzeuge	• alte Spielzeuge
• Spaß und Aufregung	• Langeweile
• Spiele	• Arbeit, Pflichten
• Leckerbissen	• alles, was gesund für sie ist
• physisches Wohlbefinden und Vergnügen	• physisches Unbehagen oder Mühe
• einen geregelten Tagesablauf	• Veränderungen in ihren Lebensgewohnheiten
• etwas zu bekommen	• Opfer zu bringen

Was nützt dir diese Information? Wie kannst du dein Unterbewußtsein reizen und es zur Unterstützung deiner Ziele einspannen? Das ist der *zweite Schlüssel* zur Motivation. Um zu den unterbewußten Energievorräten deiner Motivation Zugang zu bekommen, mußt du deinem Unterbewußtsein Belohnungen anbieten, die an seine drei Hauptinteressen appellieren: Sicherheit, Vergnügen und Macht.

Menschen, die nach einem spirituelleren Leben streben, neigen dazu, billige Reize und Genüsse abzulehnen, und lassen sich lieber beim Lesen oder am Schreibtisch zu tief über deine Arbeit beugst. (Wenn du dich im Sitzen vorbeugst, solltest du es stets aus den Hüften heraus tun und den Rücken dabei gerade halten.) Wenn du so vornübergebeugt dasitzt, fällt es dir auch viel schwerer, tief zu atmen. Eine dauerhaft schlechte Haltung wird schließlich deine Atmung beeinträchtigen, was wiederum zu neuen gesundheitlichen Beschwerden beiträgt.

Wenn die Bauklötze dagegen senkrecht aufeinanderliegen, könntest du ein schweres Gewicht auf die Säule stellen, und sie würde dank ihrer stabilen Struktur trotzdem nicht zusammenbrechen. Das gleiche gilt auch für deinen Körper: Wenn er vertikal im Schwerkraftfeld ausgerichtet ist und dein Kopf ganz natürlich auf deiner Wirbelsäule balanciert (als wenn oben an deinem Hinterkopf ein vom Himmel herabhängender Draht befestigt wäre, der deinen Kopf nach oben zieht), setzt diese richtige Haltung eine ungeheure Menge an Energie frei. Anfangs scheint es bewußte Aufmerksamkeit und Mühe zu erfordern, deinen Kopf aufrecht zu halten und das Kinn leicht nach unten zu drücken; doch sobald du dich einmal an diese Haltung gewöhnt hast, wird sie dir zur zweiten Natur werden und keine Mühe mehr bereiten.

Wenn du deine Körperhaltung korrigierst, wird dein Körper sich sofort leichter, freier, jünger und elastischer anfühlen. Dein Brustkorb wird weiter, dein Bauch entspannt sich, und dadurch fällt dir auch das Atmen leichter. Es gibt mehrere Methoden, eine solche jugendliche Körperhaltung wiederzuerlangen:

- Die erste Methode lautet *Bewußtheit.* Überprüfe deine Haltung im Spiegel. Wenn man seine Körperhaltung eine Zeitlang bewußt beobachtet und sich immer wieder im Spiegel betrachtet, wird man mit der Zeit ganz von selbst daran denken, aufrecht zu sitzen, zu stehen und zu gehen. Auf diese Weise tritt an die Stelle der Unbeholfenheit, die durch eine schlechte Körperhaltung entsteht, ein ganz neues Körperbewußtsein.
- Die zweite Methode ist *Körperarbeit.* Jede körperliche Betätigung, die du ausübst, um deinen Körper ins Gleichgewicht zu bringen, ist eine Art Körperarbeit; doch *Tiefenmassage* (z. B. Rolfing) ist eine ganz spezielle Form der Körperarbeit, die dazu beiträgt, dei-

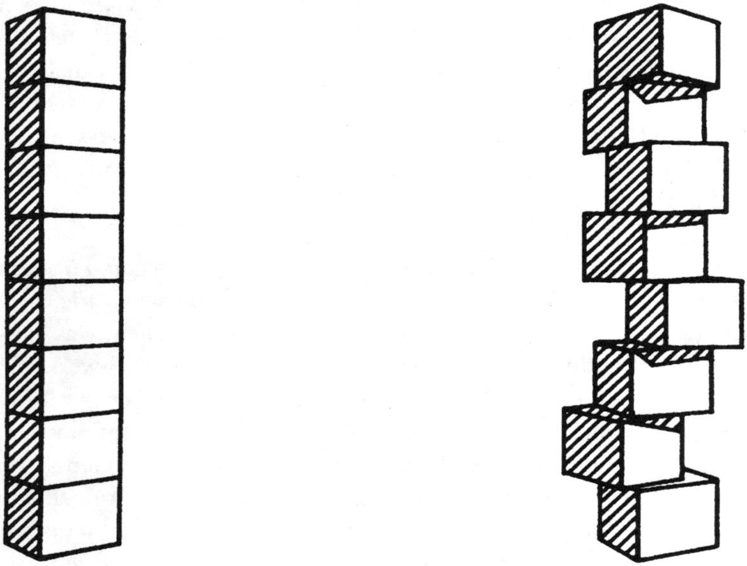

nen Körper wieder senkrecht im Schwerkraftfeld auszurichten. Im Gegensatz zur Massage, die zwar wunderbar entspannend wirken kann, aber lediglich die Symptome einer schlechten Körperhaltung behandelt, schafft Tiefenmassage eine dauerhaftere Linderung, indem sie alle Muskeln deines Körpers dehnt und korrigiert und ihr Zusammenspiel verbessert.

- Die dritte Methode besteht darin, sich in die Behandlung eines Therapeuten zu begeben, der irgendeine Technik der *bewußten Bewegung* wie beispielsweise die Alexander-Technik oder die Feldenkrais-Methode beherrscht. Man kann statt dessen auch eine andere Form des Bewußtseinstrainings oder bewußter Bewegung (zum Beispiel Yoga oder Kampfsport) betreiben.
- Die hier vorgestellte Körperarbeitsmethode kannst du ganz allein praktizieren. Sie kostet nicht viel Zeit, macht Spaß und garantiert sofortige Resultate. Ich wende sie seit Jahren täglich mit großem Erfolg an. Du solltest diese Übung jeden Morgen und jeden Abend machen, um dich zu entspannen und deine Körperhaltung zu korrigieren. Der Trick besteht dabei in der Umkehrung der Schwerkraft.

Wie man die Schwerkraft mit ihren eigenen Waffen schlägt

Diese einfache, angenehme Methode verwandelt die Schwerkraft im Handumdrehen aus einer komprimierenden, verschleißenden Kraft in eine dehnende, regenerierende. Sie korrigiert deine Körperhaltung und bringt deinen ganzen Körper wieder in ein harmonisches Gleichgewicht, indem sie eine natürliche Zugkraft auf ihn ausübt. Bei älteren Menschen trägt sie außerdem dazu bei, der Osteoporose vorzubeugen oder die damit verbundenen Beschwerden zu lindern. Sie kräftigt Unterarme und Hände, bildet ein Gegengewicht gegen den Druck, den die Schwerkraft tagtäglich auf deine Wirbelsäule ausübt, und reduziert den dadurch entstehenden Wirbelsäulenverschleiß. Außerdem lockert und dehnt sie alle deine Gelenke.

Was ist das für eine wunderbare Übung? Sie besteht ganz einfach darin zu *hängen* – eine natürliche, angenehme Tätigkeit, die uns instinktiv angeboren ist. Das einzige, was du dazu brauchst, ist eine Stange, die im Türrahmen befestigt wird und die man in den meisten guten Sportgeschäften bekommt.

- Hänge dich jeden Morgen nach dem Aufstehen und jeden Abend vor dem Zubettgehen an dieser Stange aus. (Wenn du so groß bist, daß deine Füße dabei den Boden berühren, winkle die Knie an.)
- Sollten deine Hände nicht kräftig genug sein, um die Stange zu umklammern und gleichzeitig dein Gewicht zu tragen, stütze dich mit den Füßen auf dem Boden oder einem Stuhl ab (aber bitte nur so wenig wie unbedingt nötig), um einen Teil deines Gewichts abzufangen, bis deine Hände und Handgelenke kräftiger geworden sind. (Das dauert normalerweise ein bis zwei Wochen.)
- Hänge dich zunächst nur fünf bis zehn Sekunden lang aus; dann steigere die Zeitdauer langsam bis auf dreißig Sekunden oder noch länger. Atme dabei langsam und tief und spüre, wie deine Arme und Schultern und deine ganze Wirbelsäule sich dehnen. (Sich dreißig Sekunden lang auszuhängen entspricht ungefähr der Wirkung einer viertelstündigen Massage.)

Das Training des friedvollen Kriegers

Vor über zehn Jahren habe ich ein sehr wirkungsvolles Trainingsprogramm ausgearbeitet, das sich aus fließenden Bewegungen, tiefer Atmung und der Lockerung von Muskelverspannungen zusammensetzt und Elemente aus Tanz, Gymnastik, Kampfsport und Yoga kombiniert. Und was am allerwichtigsten ist: Ich habe diese Übungen so konzipiert, daß man sie in weniger als vier Minuten pro Tag und auf relativ begrenztem Raum machen kann, wenn man sich erst einmal daran gewöhnt hat. Dieses Übungsprogramm erfordert einen so geringen Aufwand, daß man kaum in Versuchung kommt, sich durch faule Ausreden darum zu drücken. Ich praktiziere es seit zehn Jahren täglich, denn es ist der beste Start in den Tag. Andere Menschen haben mir bestätigt, daß diese Übungen sich hervorragend zum Aufwärmen für Sport oder Spiel eignen oder einfach nur zur Lockerung nach einem anstrengenden Arbeitstag – ein entspannender Übergang zwischen Arbeit und Privatleben, der einem gleichzeitig neue Spannkraft und Energie verleiht. Selbst wenn dieses Übungsprogramm der einzige Teil meines Buches sein sollte, den du in die Praxis umsetzt, wirst du einen spürbaren und im Lauf der Zeit immer stärker wachsenden Nutzen daraus ziehen – genau wie ich.

Dieses bewußte Übungsprogramm geht in seinem Stil und dem Zweck, den es verfolgt, über die meisten Fitneßübungen hinaus. Das Training des friedvollen Kriegers bietet dir ein wirkungsvolles, ausgewogenes Fitneßprogramm und fördert Kraft, Beweglichkeit, Ausdauer und Sensibilität. Gleichzeitig bringt es dich deinem höheren Ziel näher, die zwölf Tore zu meistern.

Es wirkt nämlich auch auf feinstofflicheren energetischen Ebenen. Um das besser verstehen zu können, solltest du dir einmal folgendes vor Augen halten: Dein Körper ist zwar der sichtbarste Teil deiner selbst, doch außerdem gibt es noch ein Energiefeld (auch Aura genannt), das dich umgibt und durchdringt. Dieses Energiefeld verbindet dein physisches Ich mit dem Licht, das der GEIST ständig ausströmt.

Genau wie der menschliche Körper (und wie alle Lebewesen) besitzt auch unser Planet Erde ein Energiefeld, das man als Biosphäre bezeichnet. Wenn dieses Energiefeld der Erde durch Strahlen oder giftige Gase verschmutzt wird, wirkt sich das auch auf ihren physischen Körper aus. Ebenso verschmutzen negative Gedankenformen – Reue, Sorgen, Groll und Haß – das menschliche Energiefeld und durchsetzen es mit schwachen oder empfindlichen Stellen, die anfällig für Krankheiten oder Verletzungen sind.

Wenn dein Energiefeld stark ist, so ist auch dein Körper stark. Die fließenden Bewegungen und tiefen Atemzüge des Trainingsprogramms des friedvollen Kriegers setzen Energie und Aufmerksamkeit frei, was wiederum dazu beiträgt, daß du auf physischer, geistiger und emotionaler Ebene besser funktionierst. Durch dieses Training wird dein Energiefeld größer, strahlender und sauberer, so wie ein kräftiger Regenfall die Atmosphäre reinigt. Du wirst dich hinterher viel wacher, entspannter, heiterer und gelöster fühlen. Natürlich kann man mit einem vierminütigen Trainingsprogramm nicht die gleichen Resultate erzielen, wie wenn man eine Stunde lang im Fitneßraum trainiert; doch das Besondere an diesen Übungen ist, daß sie alle Fitneßelemente in sehr wirksamer, kondensierter Form enthalten und deinem ganzen Körper mehr Energie verleihen.

Denke daran, daß du nur dann wirklich von einem Trainingsprogramm profitierst, wenn du es auch konsequent durchhältst. Bei diesem Programm stehen die Chancen dafür besonders gut, denn es läßt sich relativ leicht erlernen, ist angenehm und erfordert weder viel Zeit noch viel Platz. Mit vier Minuten pro Tag – jeden Tag – kann man viel erreichen. Gestalte dein tägliches Übungsprogramm kurz, einfach und angenehm. Erlebe die Kraft, die aus entspannter Bewegung und tiefer Atmung entspringt. Mache dieses Übungsprogramm zum Fundament einer Lebensweise, die dir mehr Kraft und Energie schenken wird.

Allgemeine Richtlinien zum Erlernen der Übungsreihe

- Respektiere den Lernprozeß deines Körpers, gehe die Übungen ganz langsam und behutsam an.
- Wenn du dabei irgendwelche physischen Probleme haben solltest, lasse dich von einem entsprechenden Therapeuten beraten. Probleme, die von Muskelschwäche, Trägheit oder mangelnder

Beweglichkeit herrühren, werden mit der Zeit ganz von selbst verschwinden. Wenn das Programm dir Beschwerden bereitet oder wenn dir eine bestimmte Übung anfangs noch schwerfallen sollte, suche nach einem Weg, es dir leichter zu machen und den problematischen Bereich irgendwie zu umschiffen.

- Mache alle Übungen (oder jedenfalls eine Version aller Übungen), und zwar genau in der beschriebenen Reihenfolge. Von den Übungselementen, die dir am schwersten fallen, wirst du am meisten profitieren, also überspringe sie nicht.
- Jedesmal, wenn du deinen Körper mit schwereloser Leichtigkeit durch dieses Trainingsprogramm fließen läßt, frage dich: «Wie kann ich jede dieser Bewegungen noch ein bißchen besser ausführen?» So wirst du dich mit der Zeit immer mehr verbessern.
- Trainiere entweder im Freien oder zu Hause auf einem Teppich. Du brauchst dazu einen Platz von ungefähr 1,80 Meter mal 1,80 Meter, der frei von Möbelstücken ist.
- Wenn du das Programm in vier Minuten oder noch kürzerer Zeit absolvieren willst, wiederhole jede Übung nur so oft, wie es in den Übungsanleitungen steht. Natürlich kannst du sie auch öfter wiederholen und dabei nach Belieben variieren, je nach deinen Bedürfnissen und deinem jeweiligen Energieniveau.
- Genieße das Programm bei Musik oder auch ganz ohne Geräuschuntermalung als eine Art Bewegungsmeditation.
- Du kannst diese Übungen mit Kraft und Schwung oder ganz langsam und sehr bewußt durchführen, so wie beim Hatha-Yoga oder bei dem chinesischen Kampfsport Tai Chi Chuan.
- Praktiziere das Übungsprogramm des friedvollen Kriegers regelmäßig jeden Morgen oder zu einem anderen Zeitpunkt, damit es ein fester Bestandteil deines Tagesablaufs wird. Das erreichst du am besten, indem du dir fest vornimmst, es sechsunddreißig Tage lang jeden Tag zu tun. Spätestens dann wird es für dein Unterbewußtsein zur Gewohnheit. Wenn du es in diesen ersten sechsunddreißig Tagen auch nur ein einziges Mal ausläßt, ist das für dein Unterbewußtsein so, wie wenn du wieder bei Null beginnst.

Was du beim Training des friedvollen Kriegers beachten solltest

- Jedes Trainingsprogramm ist nur so gut für dich wie die Haltung, in der du es durchführst. Entspannung, Atmung und die richtige Körperhaltung sind die drei Schlüssel zum Erfolg. Wenn möglich, mache die Übungen in den ersten paar Tagen vor einem Spiegel, um deine Technik zu überprüfen.
- Bei Bewegungen, die nach beiden Seiten hin ausgeführt werden, kannst du entweder links oder rechts beginnen – aber sei dabei konsequent. Entscheide dich für eine Seite, und beginne dann immer mit dieser Seite.
- Achte während dieser Übungen ganz besonders auf eine tiefe Atmung. Atme so tief, wie du kannst, ohne dich dabei anstrengen zu müssen, und zwar in rhythmischem Einklang mit den Bewegungen der jeweiligen Übung; es sollte sich so anfühlen, als bewege dein Atem deinen Körper. Atme durch die Nase ein und durch Mund oder Nase aus.
- Achte auf die unten abgebildeten Fußbreiten. Bei allen Übungen, die im Stehen durchgeführt werden, stehen deine Füße parallel zueinander und entweder einen, zwei oder drei Fußbreit auseinander.

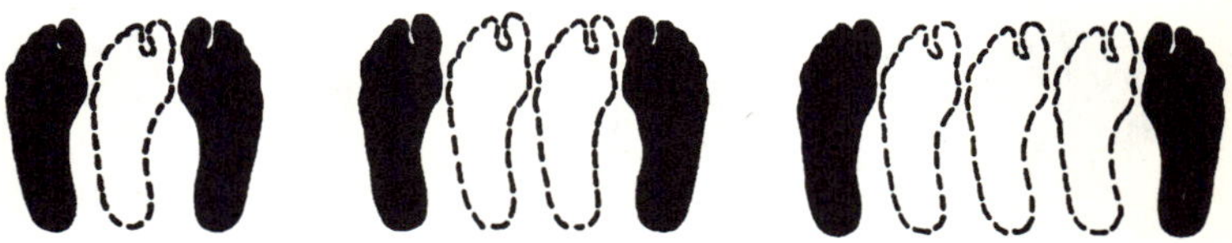

A (ein Fußbreit) Schmal

B (zwei Fußbreit) Schulterbreit

C (drei Fußbreit) Breit

Das Trainingsprogramm des friedvollen Kriegers

1
Nach hinten strecken und nach unten schwingen

Übungsschritte:

- Strecke die Arme mit aneinanderliegenden Handflächen nach vorn, dann hebe sie über den Kopf. Atme dabei ein.
- Während du immer noch einatmest, preßt du nun die Gesäßbacken zusammen, beugst gleichzeitig die Arme und winkelst sie hinter deinem Kopf nach hinten ab. Biege und dehne deinen Körper dabei sanft nach hinten.
- Nun beginnst du auszuatmen, während du deine Arme und den ganzen Körper wieder gerade aufrichtest und streckst. Schwinge die Arme in einem weiten Bogen nach vorn und unten; beuge die Knie und lasse deinen Kopf sanft und entspannt nach vorne fallen. Dabei atmest du immer noch aus.
- Während du den Atemzug beendest, schwingst du die Arme hinter deinem Rükken nach oben und streckst und dehnst deine Knie, die vorher gebeugt waren, für einen Augenblick.
- Dann beuge die Knie wieder und beginne einzuatmen, während du deine Arme wieder nach vorn schwingst, die Handflächen aneinanderlegst und dich aufrichtest, um die Übung zu wiederholen.

Worauf du achten mußt:

- Deine Füße stehen einen Fußbreit auseinander.
- Dreimal wiederholen.
- Beim Aufrichten und Nach-hinten-Strecken einatmen; beim Nach-unten-Schwingen ausatmen.
- Beim Nach-hinten-Strecken Gesäßbacken fest zusammenpressen.
- Beim Nach-unten- und Nach-oben-Schwingen sind die Knie gebeugt.
- Am Ende des Nach-unten-Schwingens die Knie für einen Augenblick durchstrecken.

Nutzen dieser Übung:

- Hilft beim Aufwärmen.
- Die Wirbelsäule wird sanft gedehnt.
- Kräftigt den ganzen Körper.
- Befreit blockierte Energie für die folgenden Übungen.
- Beginnt, Spannungen im Bereich des Herzens und des Solarplexus zu beseitigen.

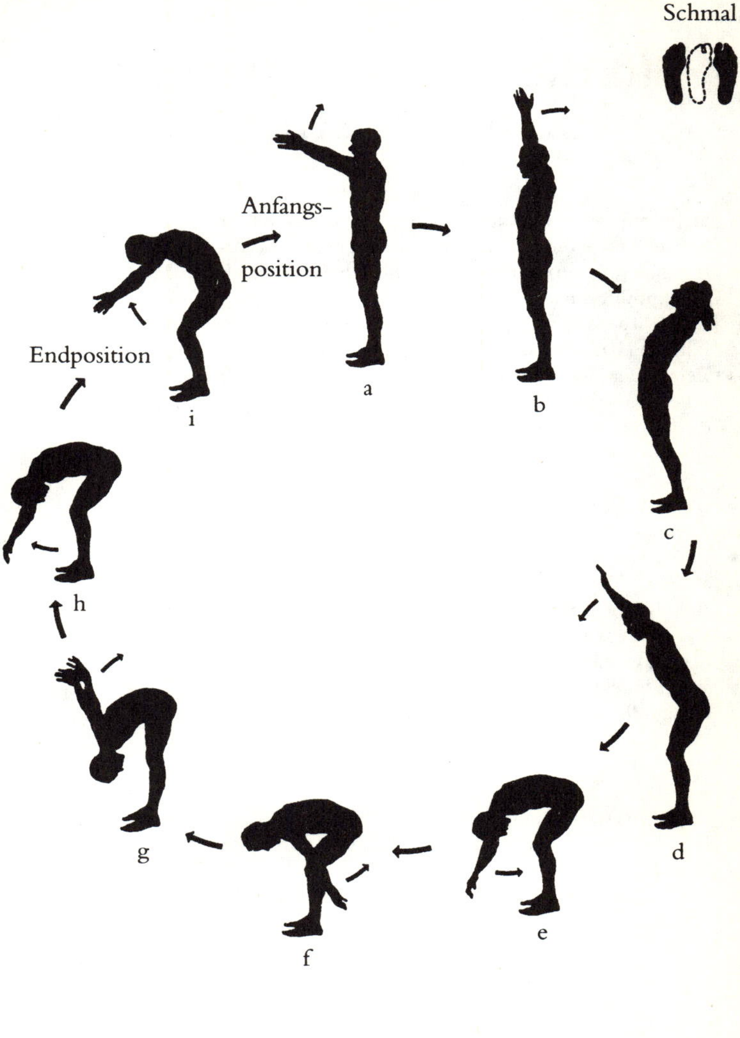
Schmal
Anfangs-
position
Endposition
a
b
c
d
e
f
g
h
i

2
In die Hocke gehen und seitwärts strecken

Übungsschritte:

- Stehe mit geradem Rücken da und gehe, während du ausatmest, halb in die Hocke. Stütze die Unterarme dabei auf deinen Schenkeln ab.
- Beginne nun einzuatmen, und gehe dabei aus der Hocke direkt in die Seitenstreckposition nach links über. Du schaust dabei nach vorn (drehst Kopf oder Oberkörper also nicht), und die Arme sind seitwärts nach links ausgestreckt. Die Ellbogen befinden sich hinter deinen Ohren.
- Beim Ausatmen gehst du wieder in die Hocke wie am Anfang, richtest dich dann erneut auf und gehst in die rechte Seitenstreckposition über. Anschließend wird die Übung wiederholt.

Worauf du achten mußt:

- Deine Füße stehen drei Fußbreit auseinander.
- Dreimal wiederholen.
- In der Seitenstreckposition einatmen, während des In-die-Hocke-Gehens ausatmen.
- Achte darauf, daß dein Körpergewicht gleichmäßig verteilt ist.
- Die Hüfte wird in die entgegengesetzte Richtung gestreckt wie die Arme.
- Schaue geradeaus nach vorn; dein oberer Ellbogen befindet sich hinter dem Ohr.
- In der Hockposition werden die Unterarme auf den Oberschenkeln abgestützt.
- Richte dich nicht gerade auf, sondern gehe direkt in die Seitenstreckposition über.

Nutzen dieser Übung:

- Dehnt Brustkorb und Lungen.
- Die Wirbelsäule wird seitwärts gedehnt.
- Schenkt Vitalität.
- Befreit Energien im Kopf- und Schulterbereich.

Breit

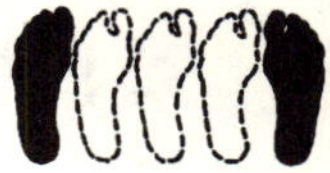

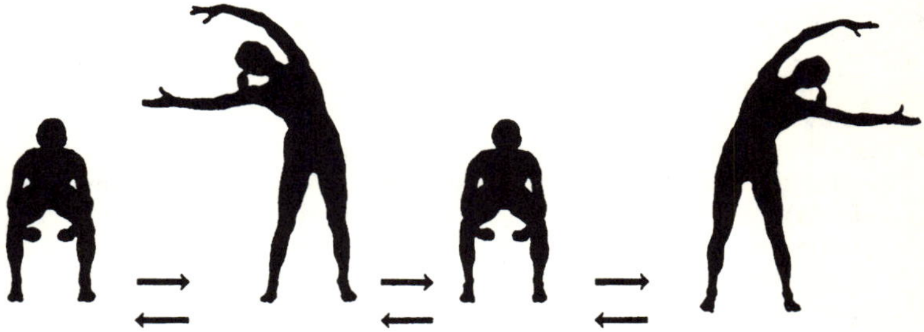

a b c d

a & c
(Seitenansicht)

3
Nackenentspannung

Übungsschritte:

- Stehe in lockerer, natürlicher Haltung da und atme ein, während dein Kopf entspannt nach vorn und nach unten sinkt. (Bitte keine ruckartigen oder erzwungenen Bewegungen.) Während des Ausatmens verharrst du ganz locker und entspannt in dieser Haltung.
- Atme nun wieder ein, während dein Kopf sich aus dieser Position direkt nach links neigt. (Nase und Kinn zeigen dabei nach vorn; den Kopf bitte nicht schräg drehen!) Verharre während des Ausatmens entspannt in dieser Position.
- Nun neigst du deinen Kopf sanft nach hinten, indem du das Kinn hebst. Die Zähne sind dabei geschlossen, aber nicht zusammengebissen. Auch hier gilt wieder: Keine krampfhaften Bewegungen; einatmen, während du den Kopf bewegst, und ausatmen, während du entspannt in der betreffenden Position verharrst.
- Atme ein und neige den Kopf dabei direkt nach rechts; bleibe beim Ausatmen in dieser Haltung.
- Dann atme wieder ein, während dein Kopf in die nach vorn hinunterhängende Position zurückkehrt, und atme aus, während du dich in dieser Haltung entspannst.

Worauf du achten mußt:

- Deine Füße stehen zwei Fußbreit auseinander.
- Jede Position (nach vorn, nach links, nach hinten, nach rechts und wieder nach vorn) einmal wiederholen.
- Einatmen, während du deinen Kopf in die betreffende Position bringst; ausatmen, während du dich in dieser Position entspannst.
- Keine erzwungenen oder ruckartigen Kopfbewegungen; es soll eher so sein, daß das Gewicht deines Kopfes die Dehnung bewirkt.
- Wenn du den Kopf zur Seite neigst, achte darauf, daß die gegenüberliegende Schulter unten bleibt.
- Das Kinn sanft heben, statt den Kopf mit Kraft nach hinten zu biegen. Die Zähne sind dabei geschlossen.

Nutzen dieser Übung:

- Lockert Spannungen im Nacken-, Schulter- und Kieferbereich.
- Dehnt und öffnet die Lungen.
- Beseitigt Spannungen, die durch die Last deiner Verantwortung entstanden sind.

Schulterbreit

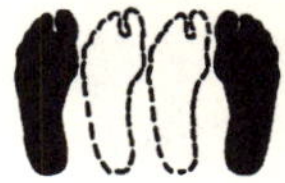

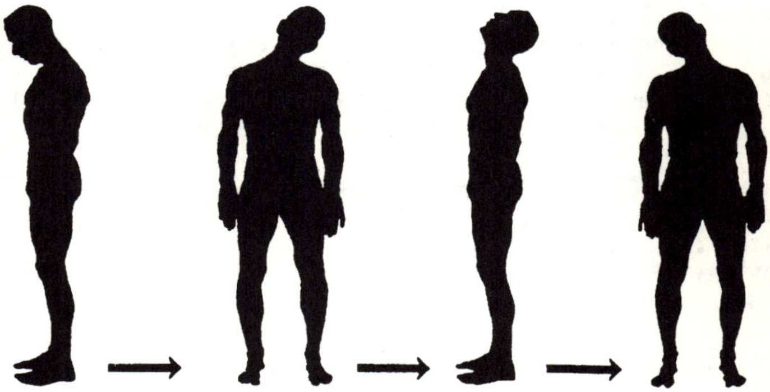

a (Seitenansicht) b c (Seitenansicht) d

4
Schulterkreisen

Übungsschritte:

- Beginne einzuatmen, und ziehe dabei die Schultern erst nach vorn und dann nach oben.
- Dann beginne auszuatmen, und drücke deine Schultern dabei nach hinten und unten.
- Die Arme sollen bei dieser Übung locker und entspannt bleiben. Eine Hand umfaßt hinter deinem Rücken das Handgelenk der anderen.

Worauf du achten mußt:

- Deine Füße stehen zwei Fußbreit auseinander.
- Dreimal wiederholen.
- Während du die Schultern nach vorn und nach oben bewegst, einatmen; beim Kreisen nach hinten und unten ausatmen.
- Halte beim Schulterkreisen immer folgende Reihenfolge ein: nach vorn – nach oben – nach hinten – nach unten.
- Umfasse dein linkes Handgelenk mit der rechten Hand, oder umgekehrt.
- Deine Arme bleiben ganz entspannt und regungslos; nur die Schultern bewegen sich.

Nutzen dieser Übung:

- Löst Spannungen im Bereich des Brustkorbs, der Schultern und des oberen Rükkens.
- Kräftigt und erweitert den Bewegungsradius des oberen Brustkorbs.
- Beseitigt emotionale Spannungen im Herzbereich.

Schulterbreit

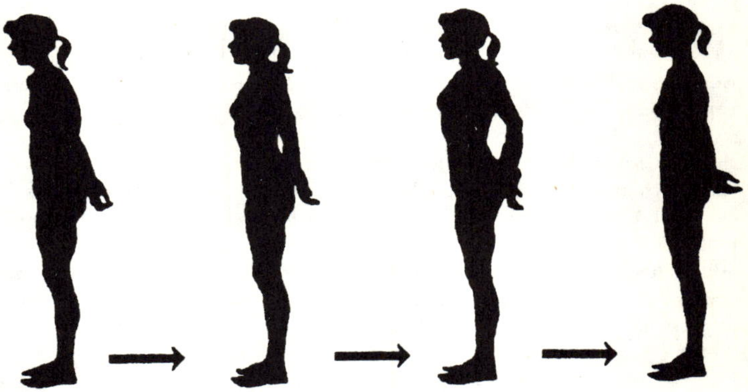

a b c d

5
Wirbelsäulenschwingen

Übungsschritte:

- Halte die Arme in Schulterhöhe seitwärts gestreckt, so daß sie zusammen eine gerade Linie bilden.
- Deine Hüften zeigen während der ganzen Übung nach vorn; das heißt, du drehst dich aus der Taille heraus. Die Hüften bewegen sich dabei nicht.
- Auch deine Arme bleiben stets in einer geraden Linie und bilden einen Winkel von 180 Grad, als sei an beiden Armen quer über deiner Brust ein Besenstiel befestigt.
- Beim Einatmen ziehst du nun den linken Arm nach hinten und drehst auch den Kopf nach links, so daß du deine linke Hand sehen kannst. (Das ist gleichzeitig eine gute Übung für den Nacken, der sich dabei ebenfalls nach hinten drehen muß.)
- Sobald du dich so weit nach links gedreht hast, wie du kannst, atmest du rasch aus und drehst den Oberkörper wieder nach vorn. Dann atme wieder ein, während du jetzt den rechten Arm nach hinten ziehst und auch den Kopf nach rechts drehst.
- Das Atmen ist das Schwierigste bei dieser Übung: Jeder Atemzug zieht einen deiner Arme nach hinten; bei der Bewegung nach vorn atmest du rasch wieder aus.

Worauf du achten mußt:

- Deine Füße stehen drei Fußbreit auseinander.
- Sechs bis zehn Drehungen nach jeder Seite.
- Beim Nach-hinten-Drehen (nach rechts oder links) einatmen; dann bei der Rückkehr in die Mittelposition rasch ausatmen.
- Deine Knie sind entspannt und leicht gebeugt.
- Die Hüften bewegen sich nicht mit, sondern zeigen während der ganzen Übung nach vorn. Auf diese Weise wird die Taille gedehnt.
- Immer wenn du einen deiner Arme nach hinten ziehst, dreht sich auch dein Kopf und schaut nach hinten.
- Hände und Arme bilden eine gerade Linie, als sei an beiden Armen ein Besenstiel befestigt.

Nutzen dieser Übung:

- Gut für die Organe im Beckenraum.
- Verhindert Abnutzungserscheinungen im unteren Wirbelsäulenbereich, wie sie im Alter häufig auftreten.
- Befreit das Energiefeld von den Knien bis hin zur Schädeldecke.
- Steigert die Vitalität.

Breit

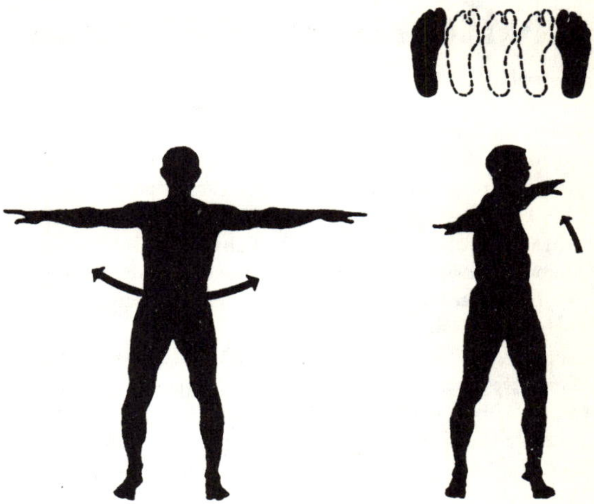

a b c

6
Hüften schwenken wie Elvis

Übungsschritte:

- Stelle dir dein Becken bei dieser Übung als eine Art Schale vor, die sich in kreisförmiger Bewegung – ähnlich wie beim Hulatanz – erst nach vorn, dann seitwärts, dann nach hinten und dann zur anderen Seite hin neigt.
- Zunächst entspanne deine Knie.
- Nun neige die Schale deines Beckens beim Einatmen nach vorn. Dabei krümmt dein Kreuz sich leicht, und du streckst das Gesäß nach hinten.
- Während du auszuatmen beginnst, schiebe dein Becken nach links. (Dabei neigt sich die «Schale» nach rechts.)
- Setze diese Kreisbewegung fort, während du weiter ausatmest. Schiebe das Bekken jetzt nach vorn. (Dabei neigt sich die «Schale» nach hinten.)
- Beginne nun wieder einzuatmen, und bewege dein Becken nach rechts, so daß sich die «Schale» nach links neigt. Damit hast du eine volle Kreisbewegung ausgeführt. Du kannst jetzt entweder weiter so oder in entgegengesetzter Richtung kreisen.

Worauf du achten mußt:

- Deine Füße stehen zwei Fußbreit auseinander.
- Drei Kreisbewegungen in jeder Richtung.
- Wenn dein Becken sich nach hinten dreht, atmest du ein; während es sich nach vorn dreht, atmest du aus.
- Deine Knie sind entspannt; der Kopf ist aufrecht und bewegt sich nicht mit.
- Nicht dein Bauch, sondern das Becken führt die Kreisbewegung aus!

Nutzen dieser Übung:

- Erhöht die Beweglichkeit des Beckens.
- Löst Spannungen in Kreuz- und Hüftmuskulatur.
- Fördert die Verdauung, der Darm kommt in Bewegung.
- Befreit das Energiefeld von den Knien bis zum Nabel.
- Befreit blockierte sexuell-kreative Energien.

und bemühe dich erst einmal, deine Leistungen zu verbessern. Doch wenn du die Frage mit «ja» beantworten kannst, rühre ruhig die Werbetrommel! Schließlich kannst du nichts für deine Mitmenschen tun, wenn sie gar nicht wissen, daß es dich gibt.

Ob du dich nun für Werbung und Marketing interessierst und ob dir das Spaß macht oder nicht – im Anfangsstadium eines neuen geschäftlichen Unternehmens muß das richtige Marketing mindestens die Hälfte deiner Arbeitszeit, Energie und Aufmerksamkeit beanspruchen. Erst die Werbung für deine Dienstleistungen ermöglicht es dir, anderen Menschen zu helfen und auf dieser Welt einen wertvollen Dienst zu leisten, *zu dem niemand anderer in der Lage ist als du.*

Die Seele des Geldes

Es kann leicht passieren, daß man sich völlig in den praktischen Details des richtigen Umgangs mit Geld verliert und dabei das höhere Ziel dieses Tors aus den Augen verliert: nämlich, sich eine solide Basis für seinen spirituellen Weg zu schaffen und seine Aufmerksamkeit von Überlebensfragen zu befreien. Lynne Twist, eine der Begründerinnen des Hunger-Projekts, hat das in einem Radiointerview einmal so formuliert:

> Geld ist ein lebloses Objekt, aber wenn wir wollen, können wir ihm spirituelle Bedeutung, Stimme und Macht verleihen; und wir können ihm auch so etwas wie Seele einhauchen. Geld hat zwar keine Seele, aber *wir* haben eine, und schließlich sind wir die Menschen, durch deren Hände das Geld fließt und zu denen es spricht . . . Wenn du deinen Geist von seinen Fesseln befreist, wird dadurch gleichzeitig auch das Wohlergehen deiner Seele und deines Herzens frei . . . und in dieser Wahrheit gehört dir die ganze Welt.

Als ich mir vornahm, alles, was ich lernte, an andere Menschen weiterzugeben, strömten mit der Zeit immer mehr Informationen auf mich ein. Genauso wird es auch dir gehen, wenn du die Freude entdeckst, deine inneren Reichtümer mit anderen Menschen zu teilen: Es wird immer mehr spiritueller Reichtum vom Himmel herabströmen und dich in seinem Licht baden. Der richtige Umgang mit

Geld ist ein weiterer Lebensbereich, in dem du den Weg der Erleuchtung im Alltag gehen kannst.

Von dieser Bewußtseinsstufe aus wollen wir uns nun dem Ursprung aller Anschauungen und Überzeugungen zuwenden – dem Denken. Für manche Menschen ist das Denken ein Gefängnis, doch für dich kann es ein Schlüssel zur Freiheit sein.

Das fünfte Tor

Bezähme deinen Geist

Du nimmst die Welt durch die trübe Fensterscheibe deiner Ansichten, Deutungen und Assoziationen wahr. Die Welt ist also nur eine Widerspiegelung deines eigenen Geistes. Sobald dein Denken sich klärt, wirst du die Realität einfach so sehen, wie sie ist. Was verrät deine Lebenserfahrung über die Filter deiner Wahrnehmung?

Von innerem Frieden und der Einfachheit der Realität

Wir sind das, was wir denken.
Alles, was wir sind, entsteht mit unseren Gedanken.
Mit unserem Denken erschaffen wir die Welt.

Buddha

Landkarte: Im Reich deiner Gedanken

In seiner Schrift *Der Staat* beschreibt Platon Menschen, die in der Tiefe einer dunklen Höhle leben, fernab vom Tageslicht. Sie sehen nur ihre eigenen Schatten im Feuerschein an den Höhlenwänden. Diese dunklen, schattenhaften Formen sind die einzige Realität dieser Menschen, denn sie haben sich noch nie aus ihrer Höhle hinausgewagt – sie wissen nicht einmal, daß es überhaupt ein Draußen gibt.

Das Gleichnis geht noch weiter: Platon beschreibt, wie einer von ihnen aus der Höhle entkommt und ans Sonnenlicht der wirklichen Welt tritt. Nachdem er das Licht gesehen hat, kehrt er in die Höhle zurück und versucht ohne großen Erfolg, den anderen Menschen, die immer noch in der Finsternis gefangen sind, von der realen Welt da draußen zu erzählen. Seine Worte sind den anderen völlig unverständlich; nur einige wenige abenteuerlustige Seelen wagen sich gemeinsam mit ihm hinauf ins Unbekannte: in eine hellere, strahlende Realität.

Wir alle leben in der Höhle unserer getrübten, verzerrten Wahrnehmungen und sehen in Wirklichkeit gar nicht die Welt, sondern nur unser eigenes Denken. Dieses Kapitel will dir zeigen, wie du über das Schattenspiel deiner Gedanken hinauswachsen und die Realität so erfassen kannst, wie sie ist.

Sie ist nämlich ganz anders, als du denkst.

Ein neuer Denkansatz

Nun, da du die Spitze vom Eisberg deines Denkens gesehen hast, bist du darauf vorbereitet, hinter die Kulissen zu schauen, ins Innere deines Geistes vorzudringen – und seinen allgegenwärtigen Einfluß auf sämtliche Aspekte deiner Lebenserfahrung zu erkennen. Wenn deine Gedanken ein trüber Fluß sind, der an dir vorbeiströmt, legt dieses Tor Trittsteine vor dir aus, mit deren Hilfe du ans andere Ufer gelangen kannst: an einen Ort des Humors und inneren Friedens, wo die Realität etwas ganz Einfaches ist.

Dieses Tor wird dir zeigen, wie du deinen Geist bezähmen kannst – nicht indem du ihn unterjochst, unter Kontrolle oder zum Schweigen zu bringen versuchst (du wirst bald einsehen, daß das zwecklos ist), sondern indem du Frieden mit ihm schließt.

Zunächst einmal wollen wir die verborgene *Anatomie deines Geistes* erforschen. Dabei möchte ich zum Teil ganz neue, intuitive Erkenntnisse vorstellen, von denen ich glaube, daß sie eines Tages durch wissenschaftliche Forschungen untermauert sein werden. Als nächstes werden wir uns mit verschiedenen anderen wichtigen Themen beschäftigen:

- den Filtern deines Geistes – und wie sie unsere Wahrnehmungen, unsere Kommunikation und unsere Beziehung zu anderen Menschen beeinflussen;
- dem Wesen des Denkens (und dem illusorischen Wunsch, unsere Gedanken zum Schweigen zu bringen);
- einer ganz neuen Methode, um zu innerem Frieden zu gelangen;
- einer neuen Sichtweise der Meditation;
- der Antwort auf die Frage, warum kein Mensch seine Gedanken unter Kontrolle hat;
- der Aufmerksamkeitslenkung als realistische Methode, um seinen Geist zu bezähmen;
- und schließlich mit der Rückkehr zur Einfachheit dadurch, daß wir lernen, im jetzigen Augenblick zu leben.

Test: Eine einfache Selbsteinschätzung

Genau wie bei den anderen Toren steht auch hier eine intensive Selbsterforschung und Selbsteinschätzung am Anfang. Das ist die Vorbereitung, die du brauchst, um das Terrain deines eigenen Denkens zu erforschen. Mit Hilfe dieser Einschätzung kannst du die Information in diesem Kapitel auf dein persönliches Leben anwenden. Wenn du einen Löwen zähmen willst, solltest du schon einiges über Löwen wissen. Das gleiche gilt auch für deinen Geist. Also denke einmal über folgende Fragen nach:

- Wie würdest du deinen eigenen Geist beschreiben? Ist er ruhig oder ständig mit irgend etwas beschäftigt?
- Glaubst du, die Realität so zu sehen, wie sie ist?
- Was tust du, wenn dir beunruhigende Gedanken durch den Kopf gehen – beispielsweise Sorgen, Ängste oder Schuldgefühle?
- Glaubst du, daß dein Leben besser funktionieren würde, wenn du dein Denken besser unter Kontrolle hättest?
- Hast du schon einmal versucht, deine Gedanken zum Schweigen zu bringen? Wenn ja – was ist dann passiert?
- Bemühst du dich, positiv zu denken? Und ist dir das schon einmal über einen längeren Zeitraum hinweg gelungen?
- Sind Menschen deiner Meinung nach für die kleinlichen, eifersüchtigen, negativen oder vielleicht sogar sadistischen Gedanken verantwortlich, die ihnen durch den Kopf gehen?
- Würdest du gern ein einfacheres Leben führen? Was könnte das mit deinem Denken zu tun haben?

Die Anatomie deines Geistes

Zunächst einmal ein paar erklärende Worte zum Thema *Gedanken*, weil ich diesen Begriff häufig benutze. Gedanken sind die subjektiven Bilder, Laute und Worte – und die Ansichten, Assoziationen, Deutungen und Sinngebungen –, die uns durch den Kopf gehen oder unsere Aufmerksamkeit fesseln. Unser Geist ist ein Ozean des Bewußtseins, durch den unsere Gedanken strömen – manchmal wie Treibgut, manchmal auch wie Segelschiffe oder Schnellboote.

Wir können ganz bewußt an etwas Bestimmtes denken, zum Beispiel, wenn wir eine Rede einüben, uns an eine Einkaufsliste erinnern oder ein Rätsel oder eine Mathematikaufgabe lösen. Solches bewußtes Denken ist eindeutig eine ganz besondere, wertvolle Fähigkeit des menschlichen Geistes – also kein Problem, sondern ein Vorteil.

Die Gedanken, die wir überwinden sollten – der Geist, den wir bändigen müssen –, sind jene zufällig auftauchenden, boshaften Kobolde, die unser klares Denken, die innere Ruhe einer klaren Wahrnehmung und vor allem unsere Beziehung zu uns selbst, anderen Menschen und dem täglichen Leben beeinträchtigen. Das ist der unstete Geist, der sich wie ein wilder Affe von Ast zu Ast schwingt. Ihn müssen wir bezähmen.

Selbst jetzt in dem Augenblick, wo du dieses Kapitel liest, werden die Grenzen unserer wissenschaftlichen Erkenntnisse über das menschliche Gehirn ständig durch immer neue Forschungsarbeiten erweitert. Doch nur wenige Menschen haben Einblick in die Anatomie ihres eigenen Geistes, seine Struktur und Funktionsweise. Um diesen Erkenntnisprozeß in Gang zu setzen, möchte ich an dieser Stelle ein spekulatives Modell unserer rechten und linken Gehirnhälfte vorstellen. Zwar stehen die beiden Gehirnhälften in enger Wechselbeziehung zueinander und bilden ein zusammenhängendes Ganzes, trotzdem hat jede Hälfte andere Aufgaben und Funktionen.

Deine *linke Gehirnhälfte* arbeitet eher linear, logisch, rational, strukturiert und mathematisch. Sie denkt vernunftbetont, orientiert sich an abstrakten Begriffen, zieht logische Schlußfolgerungen, verarbeitet Informationen und wägt sie gegeneinander ab, klassifiziert Wertvorstellungen, vergleicht und analysiert, um schließlich zu einer Entscheidung zu kommen.

Die Arbeitsweise deiner *rechten Gehirnhälfte* ist primitiver, kindlicher, beeinflußbarer; diese Hirnhemisphäre arbeitet symbolisch, visuell (auf sinnlicher Wahrnehmung basierend), räumlich und ganzheitlich. Sie verarbeitet Informationen unmittelbar mit Hilfe ihres Instinkts und ihrer Intuition und nicht durch logisches Denken.

Das alles ist schon lange bekannt. Doch es gibt auch noch etwas anderes, was noch nicht allgemein akzeptiert ist, was ich aber trotzdem für wahr halte:

- Deine *linke Gehirnhälfte* ist das Zentrum deines Ichs oder deines *bewußten* Geistes – der Sitz deiner persönlichen Identität und deines Intellekts. Diese Gehirnhälfte lernt – das heißt, sie nimmt Informationen, Daten, Anschauungen und Wertvorstellungen auf und verarbeitet sie. Zu diesem Material hast du jederzeit Zugang.
- Deine *rechte Gehirnhälfte* ist Zentrum deines *Unterbewußtseins* (in einer Weise, die wir bis jetzt noch nicht ganz verstehen) – der Sitz deiner unterschwelligen Anschauungen, Informationen, Wertvorstellungen und Assoziationen. Zu diesen Gedächtnisinhalten kannst du dir nicht ohne weiteres willentlich Zugang verschaffen.

Später wirst du noch mehr über die Rolle erfahren, die deine beiden Gehirnhälften für deine Intuition und deine Sexualität spielen. Doch an diesem Tor wollen wir uns auf die Frage konzentrieren, was für einen Einfluß dein Bewußtsein und dein Unterbewußtsein auf die Qualität und Klarheit deines Lebens haben.

Vorläufig genügt es, dir darüber klarzuwerden, daß dein Gehirn und dein ganzer Körper am besten funktionieren, wenn beide Gehirnhälften zusammenarbeiten und ein Ganzes bilden, das größer ist als die Summe seiner Teile. Dadurch wird nicht nur dein logischer Verstand geschärft, sondern auch das Potential deiner kreativen Fähigkeiten erweitert.

Bringe Licht ins Dunkel deines Unterbewußtseins

Ein wichtiger Aspekt von Bewußtseinserweiterung und Heilung, harmonischer Ausgewogenheit und Ganzheit ist die Bewußtmachung des Unterbewußten. Dazu gehören Überzeugungen, Gedanken und Erinnerungen.

Unser Unbewußtes ist jener Teil unseres Geistes, den wir normalerweise nicht wahrnehmen und zu dem wir auch keinen Zugang haben – das geheimnisvolle Reich des Tiefschlafs und der Stille. Unser Unbewußtsein ist für uns so rätselhaft, daß wir nicht einmal wissen, ob es überhaupt existiert.

Die Inhalte unseres Unterbewußtseins hingegen sind uns zwar normalerweise auch nicht bewußt, aber zu ihnen können wir uns Zugang verschaffen. Das sind zum Beispiel Träume, Intuitionen,

Ansichten und innere Bilder. In gewisser Weise ist unser Unterbewußtsein der Teil unseres Geistes, den wir noch nie einer kritischen Prüfung oder Untersuchung unterzogen haben.

In diesem Kapitel wollen wir das Licht deines Bewußtseins wie bei einer Meditation in neue, noch unerforschte Bereiche hineinfließen lassen, das Dunkel erhellen und Schatten in dreidimensionale Realität verwandeln.

Du weißt inzwischen schon, daß dein Unterbewußtsein gleichzeitig die instinktive Weisheit deines Körpers ist und über die Ausschüttung von Hormonen autonome (unwillkürliche) Abläufe wie deine Immunreaktion und deine Energiereserven steuert. Du kennst auch bereits einige kindliche Eigenschaften deines Unterbewußtseins und weißt, welche Bedeutung sie für deine Motivation und Willenskraft haben. (Mit dem Begriff «inneres Kind» ist im Grunde nichts anderes gemeint als dieses Unterbewußtsein.) Du mußt dich mit deinem Unterbewußtsein vertraut machen, denn es ist der Strom deiner unsteten, «zufälligen» Gedanken – derselbe Bereich, zu dem wir auch in unseren Träumen und bei der Meditation Zugang bekommen.

Gedanken entstehen von selbst und bilden einen unterschwelligen Fluß in deinem Gehirn. Manchmal erregen sie deine bewußte Aufmerksamkeit (dann fällt dir auf, daß du gerade an etwas Bestimmtes denkst), doch meistens ziehen sie unbemerkt vorüber wie ein unterbewußter Strom. Diese Gedanken manifestieren sich als ganz leises, kaum hörbares Flüstern, das sich dann zu deinen Stimmungen, Emotionen, Wünschen und Impulsen verdichtet. Wenn du sie nicht bemerkst, beeinflussen sie dein Verhalten wie hypnotische Suggestionen. Wenn du sie dagegen bewußt als Gedanken wahrnimmst und beobachtest (wie bei der Meditation), findet ein Heilungsprozeß statt. Denn dann wirst du deiner Gedanken – deiner Ängste, Überzeugungen und Assoziationen – gewahr und betrachtest sie im Licht deines Bewußtseins. Dadurch verlieren sie ihre Macht, deine Realität zu verzerren, deine Stimmungen zu beherrschen oder dich einzuengen.

Die Filter deines Denkens

Ein altes spirituelles Sprichwort besagt, daß das Denken der Mörder der Realität ist. Was bedeutet das und was für eine Rolle könnte diese Erkenntnis für dein Leben spielen? Schau dich einmal in deiner Umgebung um: Was siehst du? Lausche auf die Geräusche in deiner Umgebung: Was hörst du?

Du nimmst die Welt durch fünf Sinneskanäle wahr: visuell (mit den Augen), auditiv (mit dem Gehör), taktil (durch deinen Tastsinn), olfaktorisch (durch den Geruchssinn) und gustatorisch (mit dem Geschmackssinn). Aber du nimmst diese Sinneseindrücke nicht direkt oder objektiv wahr – das heißt, nicht so, wie sie wirklich sind. Sie durchlaufen vielmehr verschiedene Filter und werden dabei von deinen Deutungen, Erwartungen, Vermutungen, Überzeugungen, Assoziationen, Ängsten, Wünschen und Meinungen gefärbt und oft auch verzerrt. Außerdem nimmst du alle Dinge durch den Filter deines kulturellen Hintergrundes, deiner Religion, deiner Ausbildung, deines Berufs, deiner Rasse und deines Geschlechts wahr. All diese Filter sind im Laufe der Jahre durch deine individuelle Lebenserfahrung entstanden.

Das bedeutet: Du siehst und hörst oder schmeckst nicht einfach, sondern du siehst etwas Langweiliges oder Trauriges oder Interessantes; du hörst eine wunderbare oder enttäuschende Musik; du schmeckst köstliches Essen oder farblose Kost, die dich an Großmutters Küche erinnert. Auf diese Weise wird die Realität zu *deiner* Realität; an die Stelle dessen, was *ist*, tritt das, wofür du es hältst. Die Realität ist nicht so, wie du meinst; das ist einer der wichtigsten Grundsätze, an den du immer denken solltest, wenn du Meisterschaft über dein Denken erlangen willst.

Wenn du bei einem Stadtbummel zufällig Hunger hast, werden dir unterwegs hauptsächlich Restaurants und Imbißbuden auffallen. Wenn du Geld brauchst, siehst du überall Banken. Oder wie Ram Dass einmal gesagt hat: Wenn du ein Gauner bist, wirst du überall Geldbeutel sehen, die dich zum Diebstahl verführen. «Wenn ein Taschendieb in einer Menge von lauter Heiligen steht, sieht er nichts anderes als ihre Taschen.»

Da wir alle mit unterschiedlichen Filtern ausgestattet sind, nehmen wir die Welt auch alle ein bißchen anders wahr. Wir sehen zwar dieselben Gegenstände, aber sie haben für jeden von uns eine andere Bedeutung. Oder wie ein unbekannter Dichter einmal an die Wand eines Gefängnisses schrieb: «Zwei Männer schauten durch das Gefängnisgitter auf die Welt da draußen; der eine sah nur Dreck und Schlamm, der andere die Sterne.»

Unsere vorgefaßten Meinungen von der Realität

Wir sehen die Realität nicht so, wie sie ist, sondern eher so, wie *wir* sind: durch den Filter unserer persönlichen Erfahrungswelt. Stelle dir einmal zwei Menschen vor, die Achterbahn fahren: Der eine schreit vor Begeisterung, der andere vor Schreck. Der eine freut sich darauf, daß bei der nächsten Kurve der Nervenkitzel noch größer sein wird; der andere fürchtet, daß der Wagen aus den Schienen fliegen könnte. Wie wir das Leben erfahren, hängt von unserer Erwartungshaltung ab – ob wir es gewöhnt sind, mit Vergnügungen oder mit Gefahren zu rechnen.

Unsere Erwartungen prägen unsere Wahrnehmung. Wenn du durch ein Viertel gehst, das als gefährlich gilt, witterst du hinter jeder muskulösen männlichen Gestalt einen Räuber. Ich erinnere mich noch an eine Meldung im Fernsehen, die mir dieses Phänomen ganz besonders deutlich machte. Auf dem Bildschirm war das Foto eines Schwarzen mit ernstem Gesicht zu sehen. Stelle dir einmal diese finstere Miene vor und lies dazu folgende Beschreibung: «Andrew Coombs: Mit 14 Jahren Sachbeschädigung und Bagatelldiebstahl. Mit 16 schwere Körperverletzung. Mit 17 Autodiebstahl, mit 20 bewaffneter Raubüberfall; mit 24 Jahren wegen Mordes von der Polizei gesucht. Gefaßt von Bezirkspolizeichef Bob Jones, *den Sie hier auf dem Foto sehen.* Der letzte Satz wirft all unsere vorgefaßten Meinungen um.

Je stärker deine Wahrnehmungen durch einen Filter von Assoziationen oder Überzeugungen verzerrt sind, um so mehr Mißverständnisse erlebst du. Die einfache Realität, die sich im jetzigen Augenblick entfaltet, wird durch deine individuellen Sinngebungen, Probleme, seelischen Verletzungen und Deutungen und deine verworrene Weltsicht getrübt.

Andere Augen sehen eine andere Welt

Wenn du das Leben nur ein einziges Mal durch die Augen eines anderen Menschen sehen könntest, käme sie dir vielleicht so grundlegend anders vor, daß du glauben würdest, an Wahnvorstellungen zu leiden. Zwar wäre ein Stuhl immer noch ein Stuhl und ein Auto immer noch ein Auto; aber du hättest vielleicht so völlig andere Gedanken, Gefühle und Assoziationen zu diesen Gegenständen, daß du sie ganz neu wahrnehmen und erleben würdest.

Selbst wenn wir dieselbe Sprache sprechen, haben wir dabei doch unterschiedliche Wahrnehmungsfilter, und darauf ist ein großer Teil unserer Kommunikationsprobleme zurückzuführen. Dieselben Worte können nämlich für verschiedene Menschen ganz unterschiedliche Bedeutungen haben. Mache einmal folgendes einfache Experiment: Stelle dir ein Pferd vor. Ist es ein Hengst oder eine Stute? Ist es ganz weiß, oder hat es eine Zeichnung? Wo? Wie groß ist es? Wie alt ist es etwa? Welche besonderen Merkmale hat es noch? Und jetzt lege dieses Buch für ein paar Minuten beiseite und bitte einen anderen Menschen in deiner Nähe, sich ein Pferd vorzustellen und es dir zu beschreiben. Höchstwahrscheinlich wird dieses Pferd ganz anders aussehen als dasjenige, das du dir vorgestellt hast. Mehr noch, ihr beide werdet auch ganz andere Gefühle und Assoziationen mit Pferden verbinden.

Da wir Menschen in so verschiedenen Welten leben, wundert es mich, daß wir einander überhaupt verstehen.

Wahrnehmungsfilter und zwischenmenschliche Kommunikation

Unterschiedliche Wahrnehmungsfilter können zu Kommunikationsproblemen in unseren zwischenmenschlichen Beziehungen führen. Hierzu nur ein Beispiel: Alex, Rebas vierzehnjähriger Sohn, kommt von der Schule nach Hause und geht sofort an den Kühlschrank, um dem Gott des Essens zu huldigen. Dann lümmelt er sich aufs Sofa und greift nach der Fernbedienung des Fernsehers, um einfach ein paar Minuten lang gedankenlos in die Röhre zu starren. Da kommt Reba ins Wohnzimmer. Sie sieht Alex, und sofort fällt ihr ein, daß er in paar Tagen eine wichtige Klassenarbeit schreiben muß. Reba weiß, daß Alex ein guter Schüler ist und all seine schulischen Aufgaben fleißig und gewissenhaft erledigt. Außerdem ist sie in Gedanken mit einem eigenen Projekt beschäftigt. Trotzdem möchte sie ihrem Sohn zeigen, daß sie sich für sein Leben und sein Vorwärtskommen in der Schule interessiert. «Hallo, Alex», ruft sie ihm deshalb zu, ehe sie wieder ins Büro geht. «Wie kommst du mit deiner Vorbereitung auf die Geschichtsarbeit am Freitag voran?»

Alex geht sofort in die Defensive. «Laß mich in Ruhe, Mama», sagt er. «Ich geh' ja gleich an meine Hausaufgaben!» Eigentlich wollte Reba Alex nur ihr Interesse an seinen schulischen Aktivitäten zeigen. Doch als sie fragte: «Wie kommst du mit deiner Vorbereitung voran?», deutete Alex diese Worte durch seinen eigenen Wahrnehmungsfilter und hörte etwas ganz anderes heraus: «Was lümmelst du hier auf der Couch rum und schaust dir so eine blöde Sendung an, statt deine *Hausaufgaben* zu machen?»

Sobald du begreifst, wie dein Denken funktioniert oder zumindest die Filter deiner Wahrnehmung zu durchschauen beginnst, wirst du nicht mehr an die Illusion glauben, daß du die wirkliche Welt wahrnimmst. Du wirst wissen, daß du dir alle deine Bedeutungen, Interpretationen und Assoziationen selbst erschaffst.

Es erfordert schon ein bißchen Übung, sich von solchen subjektiven Wahrnehmungsfiltern zu lösen. Die folgenden beiden Übungen sollten dir einen Eindruck davon vermitteln, wie es ist, wenn man objektiv zuhört, beobachtet und spricht – ohne jede subjektive Interpretation.

Objektives Zuhören

«Hast du überhaupt gehört, was ich gesagt habe?» Wir alle kennen diesen Satz, denn nur wenige Leute hören ihren Mitmenschen aufmerksam zu. Deshalb reagieren wir auch nicht auf das, was tatsächlich gesagt wurde, sondern eher darauf, was wir (durch unsere eigenen Filter) gehört haben.

Die erste Liebespflicht
ist das Zuhören.

Paul Tillich

Du kannst dich im objektiven Zuhören üben, indem du jemanden bittest, dir etwas von sich und seinem Leben zu erzählen und dann genau darauf achtest, was dieser Mensch sagt. Wiederhole seine Worte innerlich, während du sie hörst. Wenn du dich so darauf konzentrierst, was deine Mitmenschen tatsächlich sagen, wirst du besser verstehen, was sie meinen – und nicht das, was *du* meinst.

Objektives Sehen und Sprechen

Diese Übung ist nicht nur ziemlich schwierig, sondern gleichzeitig auch sehr aufschlußreich. Um möglichst großen Nutzen daraus zu ziehen, solltest du sie zuerst mit einem Partner und anschließend allein machen.

Setze dich deinem Partner gegenüber und betrachte sein Gesicht ganz genau. Dann beschreibe, was du wahrnimmst – und zwar ohne alle Deutungen und Werturteile. Zähle einfach alles auf, was du *siehst* – Formen, Farben, Farbnuancen, Oberflächenstrukturen und Linien –, statt zu beschreiben, wie es dir *vorkommt*. Vermeide subjektive Werturteile wie «hübsch, attraktiv, häßlich, merkwürdig oder interessant». Frage deinen Partner hinterher, wie objektiv deine Darstellung war, und bitte ihn, dich auf die gleiche Art und Weise zu beschreiben.

Als nächstes stelle dich allein vor einen Spiegel, betrachte dein Gesicht genau und beschreibe es ebenfalls ganz objektiv. Sprich laut vor dich hin. Achte darauf, ob du auch wirklich nur das beschreibst, was du siehst oder deine Wahrnehmungen interpretierst. Diese Übung wird dir klarmachen, was objektive Beobachtung ist. Außerdem ist sie eine hervorragende Chance, dich selbst einmal ganz klar und deutlich zu sehen.

Objektives Zuhören reduziert den Einfluß der Deutungen und Assoziationen, mit denen du deine Wahrnehmungen normalerweise umgibst, und bringt dich in engeren Kontakt mit der Realität und mit anderen Menschen. Dadurch trägt es gleichzeitig dazu bei, deinen Geist zu bezähmen. Diese Augenblicke der Aufmerksamkeit bringen dich deinem Ziel – der Erleuchtung im Alltag – näher.

Zwei Arten von Anschauungen

Kennst du die Geschichte von dem indianischen Krieger, der seinen kleinen Sohn nach der Farbe eines in der Nähe stehenden Ponys fragte? «Es ist weiß mit braunen Flecken – auf dieser Seite», antwortete der Sohn. Das ist ein Wissen, das auf unmittelbarer Erfahrung beruht. Der kleine Junge beschreibt nur die Seite des Pferdes, die er sehen konnte.

Viele Menschen glauben, daß ihre Handlungen und Entscheidungen auf Wissen und direkter Erfahrung basieren. Doch in Wirklichkeit lassen wir uns von unzähligen Vermutungen und Überzeugungen leiten und nicht von unserer unmittelbaren Erfahrung.

Unbewußte Anschauungen sind diejenigen, die wir für Realität oder Wahrheit halten. In solchen Fällen sagen wir nicht: «Ich glaube, daß das so ist», sondern «Das *ist* so.» Auf solchen unbewußten Überzeugungen basieren alle Arten von Fundamentalismus: Menschen, die wirklich an etwas glauben, verteidigen ihre Ideen und Überzeugungen fanatisch als die absolute Wahrheit – sie halten ihre Ansichten für das Wort Gottes. Solchen Fundamentalismus gibt es nicht nur im religiösen Bereich, sondern auf allen Gebieten, an allen Orten und zu allen Zeiten – überall, wo Menschen überzeugt davon sind, daß ihre Methode, ihre Ideen, ihre Denk- und Lebensweise das einzig Wahre sind.

Sobald wir uns unserer Überzeugungen *bewußt werden* – sobald wir erkennen, daß es sich um *unsere* Wahrheit und nicht um *die* Wahrheit schlechthin handelt –, schwingt unser Bewußtsein sich schlagartig auf eine höhere Ebene empor. Das ist er erste Schritt zu der Erkenntnis, daß Gedanken etwas Illusorisches sind. Genau wie der Stoff, aus dem die Träume sind, entspringen sie auf geheimnisvolle Art und Weise aus unserer Psyche, ebenso natürlich wie die Wellen an der Meeresoberfläche. Unsere Gedanken an sich sind kein Problem; nur wenn wir an sie *glauben*, wenn wir sie für Realität halten, bekommen wir Schwierigkeiten.

Du mußt nicht unbedingt leiden

Deine Aufmerksamkeit weilt entweder in der objektiven Welt dessen, was gerade geschieht, oder in der subjektiven Welt deiner Gedanken und Interpretationen hinsichtlich dessen, was gerade geschieht. Und nur eine dieser beiden Welten ist real.

Physischer Schmerz zum Beispiel ist ein objektives Resultat der Aktivitäten deines Nervensystems. Geistiger und emotionaler Schmerz dagegen sind deine eigenen subjektiven Schöpfungen, sie beruhen auf deinen individuellen Deutungen und Interpretationen. Das Leben hat keinen zusammenhängenden Sinn; du projizierst lediglich deine eigenen Sinngebungen auf das Leben. Was gut und was schlecht ist, hängt von deinem jeweiligen Standpunkt ab. Der Sohn eines chinesischen Bauern bricht sich ein Bein – das ist schlecht. Wegen seines gebrochenen Beins kann er nicht zum Kriegsdienst eingezogen werden – das ist gut. Ein und dieselbe Tatsache – nämlich der Beinbruch – ist in dieser Begebenheit zuerst etwas Schlechtes und dann etwas Gutes.

Leid und Schmerz

Schmerz ist ein ziemlich objektives, physisches Phänomen; Leid hingegen ist unser physischer Widerstand gegen das, was uns widerfährt. Bestimmte Ereignisse können uns physischen Schmerz zufügen, aber diese Ereignisse allein können noch kein Leid verursachen. Das Leid entsteht erst durch unseren Widerstand. Wenn dein Geist sich gegen das wehrt, was ist, empfindest du dies als Streß. Wenn dein Ehe- oder Lebenspartner dich verläßt, ist dieses Ereignis für euch beide vielleicht mit einem ganz unterschiedlichen Grad an Streß und Leiden verbunden – je nachdem, welche Bedeutung ihr eurer Trennung beimeßt. Wenn du sie für gut hältst und denkst, daß du jetzt frei bist, leidest du weniger; wenn du sie für schlecht hältst und denkst, daß du jetzt allein bist, leidest du mehr. Das einzige Problem in deinem Leben ist der Widerstand deines Geistes gegen das Leben, das sich von Augenblick zu Augenblick vor dir entfaltet.

Dein Denken
kann aus der Hölle einen Himmel
und aus dem Himmel eine Hölle machen.

John Milton

Indem du die Ereignisse akzeptierst – nicht passiv hinnimmst, sondern das Beste daraus machst – und indem du auch deine Gedanken und Gefühle akzeptierst und konstruktiv handelst, kannst du dein Leiden auf ein Minimum reduzieren, und dein Leben wird viel reibungsloser ablaufen. Diese Haltung des Akzeptierens ist Erleuchtung im Alltag. Du bezwingst deinen Geist nicht, indem du deine Welt veränderst, sondern indem du deine *Reaktionen* darauf veränderst.

Kehre zum Ursprung deiner Illusionen zurück und befreie deine Aufmerksamkeit

Beim Durchschreiten der zwölf Tore wirst du immer wieder einem zentralen Thema begegnen: der Befreiung deiner Aufmerksamkeit. Wir haben ja inzwischen gesehen, wie deine Aufmerksamkeit bei jedem Tor von anderen Problemen gefangengenommen oder beansprucht werden kann. Doch die raffinierteste und heimtückischste Aufmerksamkeitsfalle ist dein Denken selbst.

Stelle dir ein Fernsehgerät vor, das im Hintergrund deines Gehirns den ganzen Tag über läuft. Die Lautstärke wird mal stärker, dann wieder leiser, während deine Aufmerksamkeit sich von einem Programm zum anderen durch die inneren Dramen deines Lebens schaltet. Manchmal konzentrierst du dich darauf, was in der Welt um dich herum vorgeht – auf deine täglichen Aufgaben und Aktivitäten –, doch meistens ist deine Aufmerksamkeit von dieser inneren Fernsehwelt gefesselt.

Wenn in deiner äußeren Welt etwas geschieht, was deine volle und ganze Aufmerksamkeit erfordert, lenkt dich das vorübergehend von deinem inneren Fernsehprogramm ab. In solchen Augenblicken hast du das Gefühl, hundertprozentig und ganz intensiv zu leben. Und doch hast du in Wirklichkeit jederzeit die Möglichkeit, deinen Geist zu bändigen und deine Aufmerksamkeit von deinen inneren Programmen und Dialogen zu befreien, indem du einfach aufblickst und die Schönheit der wirklichen Welt bewußter wahrnimmst.

Viele von uns fahren minuten-, stunden- oder jahrelang die Landstraßen des Lebens entlang, in Gedanken, Tagträumen, Sorgen und inneren Fragen versunken, in einem Zustand der Halbwachheit – bis wir merken, daß wir unsere Ausfahrt verpaßt haben und daß uns auch der größte Teil der Landschaft unterwegs entgangen ist. Die Party ist zwar ständig in vollem Gang, aber irgendwie sind wir nie richtig dabei. Doch sobald wir unser subjektives Denken als Quelle der Illusion entlarven, kommen wir zur Besinnung. Und statt unsere Reise durchs Leben zu verschlafen oder die Fernsteuerung einzuschalten wachen wir endlich auf und werden richtig lebendig.

Das unaufhörliche Plärren der Gedanken

Die meisten Menschen sehen die Welt durch die Linse ihres Geistes, doch ihren Geist selbst nehmen sie nicht wahr. Die Gedanken und Eindrücke, die in uns aufsteigen, werden zu *unseren* Gedanken und Eindrücken – unseren Wahrheiten. Wir glauben an unsere eigenen Ansichten und Interpretationen, so wie ein kleines Kind einen Film für Realität hält. Doch irgendwann werden wir wach genug, um zu ahnen, daß die Filter unseres Denkens die Ursache all unserer Probleme sein könnten.

Sobald das geschieht, bekommen wir Interesse daran, unseren Geist auf einen bestimmten Punkt zu richten, unser Denken zu korrigieren oder unsere Gedanken völlig zum Schweigen zu bringen. Je tieferen Einblick wir in das Wesen unseres Geistes gewinnen, um so klarer erkennen wir, daß unser Denken ständig im Hintergrund plärrt wie ein Radio und daß seine Melodien hauptsächlich aus unseren Sorgen, Selbstvorwürfen und Ängsten bestehen. Dann beginnen wir, nach positiven Gedanken oder innerer Ruhe zu streben und interessieren uns zum ersten Mal in unserem Leben für Meditation.

Eine neue Sichtweise der Meditation

Viele angesehene spirituelle Lehrer bieten Meditationstechniken an, bei denen es darum geht, inneren Frieden zu erlangen und die Gedanken zum Schweigen zu bringen.

Das Problem ist nur: Sie funktionieren alle nicht. Tatsächlich scheinen uns nur noch mehr Gedanken durch den Kopf zu schwirren, wenn wir diese Methoden anwenden. Trotz all unserer Bemühungen, Techniken oder Strategien steigen doch immer wieder neue Gedanken in uns auf. Aber man kann seine Aufmerksamkeit in eine andere Richtung lenken, so daß man diese Gedanken nicht mehr bemerkt – genauso, wie man sich vielleicht auf ein gutes Buch konzentriert, um das Gerede der Leute um sich herum nicht zu hören.

Trotzdem bietet die Meditation etliche Vorteile, zum Beispiel:

- einen Zustand tiefer Ruhe und Entspannung und mehr Fitneß für unser Nervenkostüm;
- Augenblicke der Stille, die einen guten Ausgleich für ein Leben voller Aktivität darstellen;
- innere Loslösung (die Bezähmung unseres Geistes);
- Einblick in das Wesen des subjektiven Denkens.

Meditation ist jedoch
- *keine* besondere oder erleuchtete spirituelle Praktik;
- *kein* erhabener, von unserem täglichen Leben getrennter Seinszustand;
- *keine* ausschließlich dem östlichen Kulturkreis vorbehaltene, esoterische, mystische oder religiöse Übung.

Meditation ist eine ganz normale, gewöhnliche Praktik, die aber dennoch unendlich viele Herausforderungen für dich bereithält. Sie erfordert Wachsamkeit und die feste Entschlossenheit, alles, was jetzt in diesem Augenblick geschieht, hundertprozentig bewußt wahrzunehmen. Meditation an sich ist nichts mehr oder weniger Spirituelles, als wenn man aufmerksam darauf achtet, wie man geht, ißt, atmet, Sport treibt, Geschlechtsverkehr ausübt oder sich die Schuhe zubindet. Im Gegenteil: Das Wesen der Meditation – und der Erleuchtung – besteht in der Aufmerksamkeit. Das einzige, was die Zeit der Meditation ein wenig aus unserem Alltagsleben heraushebt, ist die Tatsache, daß wir uns in unserem täglichen Leben selten hundertprozentig auf etwas konzentrieren, während das bei der Meditation unser einziges Ziel ist. Wenn du dich ganz auf irgend etwas (oder auf gar nichts) konzentrierst, wird diese Konzentration automatisch zur spirituellen Übung.

Ebenso wie jedes physische Training ist Meditation nur ein Mittel zum Zweck. Vielleicht tut es dir gut, das Meditieren zu einem festen Bestandteil deines täglichen Fitneßprogramms zu machen. Nach einem Training oder nach der Dusche auch nur eine Minute lang still dazusitzen, kann schon etwas bewirken. Mit dem Meditieren ist es genau wie mit der körperlichen Betätigung: Ein kleines bißchen ist besser als gar nichts. Forschungsergebnisse deuten darauf hin, daß sich durch regelmäßige Meditation vieles erreichen läßt: Man kann seinen Blutdruck senken und stabilisieren, Ängste und Anspannungen lindern, seine Kreativität steigern, sein Bluthochdruck- und Herzinfarktrisiko senken und Suchtverhalten reduzieren.

Wie man meditiert

Die Vorgehensweise ist von Tradition zu Tradition unterschiedlich, doch im allgemeinen meditiert man folgendermaßen:

- Setze dich bequem hin. Die Wirbelsäule ist gerade, die Schultern sind locker und entspannt, dein Körper befindet sich in einem stabilen Gleichgewicht. (Es werden ziemlich unterschiedliche Körperhaltungen empfohlen: verschiedene Positionen mit gekreuzten Beinen, Sitzen auf den Knien, Sitzen auf einem Stuhl oder Liegen.)
- Deine Augen sind geschlossen oder halb offen; probiere aus, was für dich am besten ist.
- Die Zunge liegt am Gaumen an.
- Entspanne dich, und atme aus dem Bauch heraus.
- Wähle irgendein Objekt, auf das du dich konzentrieren möchtest. Das kann ein Mantra oder ein Sprechgesang sein, du kannst dich aber auch auf deine Atemzüge konzentrieren oder sie zählen

oder deine Aufmerksamkeit auf innere oder äußere Bilder oder innere oder äußere Klänge konzentrieren. Es gibt auch eine Meditationspraxis der nach innen gerichteten Aufmerksamkeit, bei der du dich auf alle Gefühle, Wahrnehmungen, Bilder oder Gedanken konzentrierst, die spontan in deinem Bewußtseinsfeld aufsteigen.

- Wie lange man meditieren soll, an dieser Frage scheiden sich die Geister, aber im Grunde sind alle Empfehlungen gleichermaßen richtig. Manche spirituellen Lehrer raten, so lange zu meditieren, wie man sein Interesse daran aufrechterhalten kann. Andere empfehlen, einen genauen Zeitraum für die Meditation festzustellen oder sogar eine Stoppuhr aufzustellen. Vielleicht möchtest du dir eine Mindestzeit (beispielsweise zehn oder zwanzig Minuten) vornehmen; oder du beginnst einfach mit drei bis vier Minuten und steigerst die Dauer deiner Meditation dann ganz allmählich. Experimentiere einfach ein bißchen, wie du es bei jeder anderen Übung auch tun würdest.

Meditation zu Entspannungszwecken

Wenn du hauptsächlich meditierst, um inneren Frieden zu finden, ist es vielleicht am besten, deine Aufmerksamkeit auf ein Mantra oder deine Atmung zu konzentrieren oder einfach in dich hineinzuhorchen. Zwar werden trotzdem weiterhin Gedanken in dir aufsteigen, doch sie werden wieder verblassen, wenn du deine Aufmerksamkeit sanft und behutsam immer wieder auf das Mantra, die Atmung, dein inneres Bild oder deinen inneren Klang zurücklenkst. Dabei entspannt sich dein Körper, und du versinkst in einem Gefühl stiller Zeitlosigkeit.

Meditation um tieferer Erkenntnisse willen

Bei dieser Art von Meditation achtest du auf alles, was in deinem Bewußtsein aufsteigt. Die Meditationspraxis ist ein Weg zur Erleuchtung: Du wirst zu reinem, losgelöstem Bewußtsein, das die Gedanken, Bilder, inneren und äußeren Geräusche, Stimmen, Emotionen und physischen Wahrnehmungen, die in dir aufsteigen, ohne Werturteile oder Erwartungen beobachtet – du registrierst einfach alles, was kommt, und läßt es dann wieder an dir vorüberziehen.

Die vollständige Meditationspraxis ist ein dreifacher Prozeß: Aufmerksamkeit, Erkenntnis und Loslösung. Loslösung bedeutet, alles loszulassen, was in deinem Bewußtsein aufsteigt, statt sich daran zu klammern – alle Bilder, Klänge, Gefühle, physischen Wahrnehmungen, Erkenntnisse, Phantasien, Ängste, Freuden und Sorgen.

Natürlich ist das leichter gesagt als getan. Vielleicht hast du schon einmal die Wachen am Buckingham Palace in London beobachtet – Meister der Selbstdisziplin, die regungslos dastehen und mit ernstem Gesicht vor sich hin starren, trotz der Kinder, die sich alle Mühe geben, sie abzulenken. Beim Meditieren entspricht dein Bewußtsein diesen Palastwachen, und deine Gedanken sind die Kinder.

Das Schöne an der Meditation um tieferer Erkenntnisse willen ist, daß du sie jederzeit praktizieren kannst – mitten im täglichen Leben, mit offenen Augen. Die Aufgabe, mit der du dich gerade beschäftigst, kann dein Meditationsobjekt sein. Darin liegt der Schlüssel zum Verständnis sämtlicher Zen-Künste: Teezeremonie, Blumenstecken, Kalligraphie, Bogenschießen, Fechten und anderer Kampfsportarten. Sie alle sind Formen der Meditation. Eigentlich ist alles, was du im täglichen Leben mit wirklicher Aufmerksamkeit tust, eine Möglichkeit, dein Denken zu bezähmen und ein Weg zur Erleuchtung im Alltag.

Ein-Minuten-Meditation

Diese einfache Übung ist eine sehr wirkungsvolle Methode, um deine Aufmerksamkeit zu schärfen und dein inneres Gleichgewicht wiederzufinden – dein Denken im jetzigen Augenblick zu bezähmen – eine Art «Blitzmeditation» fürs tägliche Leben. Sie geht folgendermaßen:

Irgendwann im Laufe des Tages – vor allem in Augenblicken der Hektik oder in Streßsituationen – *halte inne* bei dem, was du gerade tust, atme tief ein und meditiere oder bete *eine Minute lang* ganz intensiv. (Dieses Gebet kann eine inständige Bitte um Führung sein, oder du denkst einfach nur ganz tief aus dem Herzen heraus an den GEIST.) Das Wichtigste dabei ist, daß du Herz, Aufmerksamkeit und Gefühl miteinander verbindest (eine Technik, auf die ich beim elften Tor noch näher eingehen werde). Dieser Augenblick der Andacht und des reinen Gefühls, in dem alles wieder in die richtige Perspektive gerückt wird, strömt mit der gleichen reinigenden Kraft durch deinen Geist, wie eine frische Brise die abgefallenen Blätter vom Gehsteig fegt. Deine innere Verfassung wird sich dadurch fast schlagartig verändern. Praktiziere diese einfache Meditationsübung mehrmals am Tag. Mit der Zeit wirst du tiefgreifende Resultate feststellen können.

Kann man seine Gedanken unter Kontrolle bringen?

Ist es möglich, immer nur positiv zu denken? Wenn du dir über irgend etwas Sorgen machst – hilft es dann, dir zu sagen: «Hör auf damit?» Nein. Gedanken strömen durch deinen Geist, so wie die Wolken am Himmel entlangtreiben. Du kannst sie nicht dauerhaft kontrollieren oder zum Schweigen bringen, ebensowenig, wie du das Wetter anhalten kannst.

Mache einmal ein kleines Experiment, und zwar gleich jetzt: Klappe dieses Buch zu und richte deinen Blick die nächsten zwei Minuten (hundertzwanzig Sekunden) lang auf den Buchumschlag. Registriere möglichst viele Details und *denke an nichts anderes* als an die Farbe und den Buchtitel. Halte alle anderen Gedanken von dir fern. Mache diesen Versuch jetzt sofort, noch ehe du weiterliest.

Hallo! Schön, daß du wieder da bist. Hast du dich dazu zwingen können, zwei Minuten lang an gar nichts zu denken? Oder wenigstens eine Minute lang? Zwanzig Sekunden? Wenn du genau aufgepaßt hast, wirst du wahrscheinlich festgestellt haben, daß schon nach ein paar Sekunden wieder Gedanken in dein Bewußtseinsfeld getrieben sind – vage Eindrücke, Bilder oder innere Dialoge. Solche Gedanken steigen im Hexenkessel deiner Psyche ständig an die Oberfläche. Manchmal bemerkst du sie, manchmal nicht – je nachdem, ob deine Aufmerksamkeit gerade von etwas anderem gefesselt ist.

Man kann zwar bis zu einem gewissen Grad lernen, seine Aufmerksamkeit auf bestimmte Dinge zu richten, doch seine Gedanken selbst kann man nicht unter Kontrolle bringen. Menschen, die Erfahrung im Meditieren haben, können einen tiefen Zustand der Entspannung erreichen, indem sie ihre Aufmerksamkeit auf einen inneren Klang richten, und zwar aus dem einfachen Grund, weil ihre Aufmerksamkeit sich dann nicht auf ihre Gedanken konzentriert – *aber die Gedanken steigen trotzdem immer weiter in ihnen auf.*

Ein Zen-Koan: Wenn im Wald deines Geistes ein Gedanke zu Boden fällt und du achtest nicht darauf – ist er dann tatsächlich hinuntergefallen?

Positives Denken - leichter gesagt als getan

Du bist durchaus in der Lage, dir unter Einsatz deiner aktiven Phantasie einen köstlichen reifen Apfel vorzustellen, statt an jemanden zu denken, auf den du wütend bist. Aber wie lange kannst du das durchhalten?

Gedanken sind wie Luftblasen, die im Meer aufsteigen – du kannst zwar mit der hohlen Hand ein paar davon unter Wasser drücken, aber letzten Endes werden sie doch an die Oberfläche kommen. Durch Übungen wie das Zählen deiner Atemzüge oder das Aufsagen eines speziellen Gebets oder Mantras kannst du es vorübergehend schaffen, dich nur auf eine einzige Idee zu konzentrieren und alles andere auszuschalten. Doch sobald deine Aufmerksamkeit auch nur für einen Augenblick nachläßt, steigen die Gedanken sofort wieder an die Oberfläche.

Positive Denkstrategien beruhen ebenso wie sämtliche Methoden, mit denen man angeblich seine Gedanken zum Schweigen bringen kann, eher auf bloßem Wunschdenken als auf einer realistischen Sicht der Situation. Du brauchst deine Gedanken nicht unbedingt unter Kontrolle zu haben, du mußt nur dafür sorgen, daß sie keine Kontrolle mehr über *dich* haben. Laß deine Gedanken so sein wie sie sind – positiv oder negativ –, und lebe einfach weiter. Lerne Mitgefühl mit dir selbst zu haben und schließe Frieden mit deinem Geist. Das ist die höchste Form der Meditation.

Eine metaphysische Lösung

Es gibt auch noch eine andere, bahnbrechendere Lösung für das Problem deiner Gedanken: *Laß sie einfach dasein.* Schließe Frieden mit ihnen und akzeptiere sie so, wie sie sind. Es ist nicht nötig, sie zum Schweigen zu bringen oder auf einen bestimmten Punkt zu richten oder sonst irgend etwas mit ihnen anzustellen. Dein Denken ist wie ein bellender Hund. Du brauchst den Hund nicht abzuschaffen. Schließlich liegt das Bellen in der Natur eines Hundes. Also konzentriere dich lieber auf das, was du gerade tust, und *laß den Hund weiterbellen.*

Viele Menschen haben das Bedürfnis, ihre Gedanken zum Schweigen zu bringen, weil sie sich vor ihnen fürchten. Sie haben Angst davor, was sie alles denken könnten: Angst vor negativen, furchterregenden, unangenehmen, erotischen, verbotenen oder anstößigen Gedanken – Angst vor geistigen Impulsen.

Von solchen Ängsten kannst du dich befreien, indem du dir drei Dinge klarmachst:

Erstens sind Gedanken nur das Spiel des Lichts auf einer Kinoleinwand. Genau wie ein Film können sie dich zum Lachen oder zum Weinen bringen, aber an und für sich haben sie keine Realität.

Zweitens kannst du dich zwar ablenken oder deine Aufmerksamkeit auf etwas anderes richten, aber du hast keine Kontrolle über deine Gedanken.

Drittens (und das ist der wichtigste Punkt) *bist du für deine Gedanken nicht verantwortlich*, da du sie weder kontrollieren noch verhindern kannst – so gut oder schlecht sie dir auch vorkommen mögen. Wieso solltest du für Gedanken oder Kometen oder Sonnenflecken oder irgend etwas anderes verantwortlich sein, was sich deinem Einfluß entzieht? Deine Gedanken kannst du nicht kontrollieren – nur deine Reaktion darauf.

Die Kunst der Aufmerksamkeitslenkung

Als ich vor kurzem bei der morgendlichen Radtour, die ich jeden Sonntag unternehme, einen gewundenen Waldweg entlangradelte, dachte ich über eine Einladung zu einem Vortrag nach, die ich ablehnen wollte.

Unwillkürlich verlagerte meine Aufmerksamkeit sich von der üppigen grünen Waldlandschaft um mich herum auf meine Gedanken, meine innere Welt. So radelte ich eine halbe Meile dahin, bis mir bewußt wurde, was passiert war, und ich meine Aufmerksamkeit wieder auf meine Umgebung richtete. Ich sah den smaragdgrünen Moosteppich unter mir und das schimmernde Laub der Bäume, das sich wie ein grüner Baldachin über mir ausdehnte; dann hörte ich das Rauschen eines Bachs. Ich war so in Gedanken versunken gewesen, daß ich nicht einmal den tiefblauen Himmel und die Sonnenstrahlen wahrgenommen hatte, die durch die Zweige schimmerten. Mir waren einige Augenblicke außergewöhnlicher Schönheit entgangen, aber ich hatte sie mir zurückgeholt.

Das ist die Meditationspraxis des täglichen Lebens: Mache die Welt zum Gegenstand deiner ungeteilten Aufmerksamkeit. Nur wenige Menschen haben die Fähigkeit entwickelt, ihre Aufmerksamkeit zu einem bestimmten Zeitpunkt auf ein bestimmtes Objekt zu richten beziehungsweise dieses Gewahrsein zu halten. Wir alle leiden bis zu einem gewissen Grad an Konzentrationsstörungen. Wie können wir das ändern?

Richte deine Aufmerksamkeit auf deine Umgebung

Wir wollen noch einmal über den Vergleich unseres Geistes mit einem Fernsehgerät nachdenken, bei dem unsere Gedanken die Bilder und Geräusche sind. Aus kosmischer Sicht betrachtet, laufen die Programme sämtlicher Kanäle alle gleichzeitig nebeneinander her. Dein Gerät dagegen ist normalerweise immer nur auf einen einzigen Kanal eingeschaltet – mal ist es eine Komödie, dann wieder ein Drama, dann vielleicht eine Werbesendung. Je nachdem, inwieweit unser jeweiliges «Fernsehprogramm» unsere Gefühle und unser Verhalten beeinflußt, sind wir alle ein bißchen verrückt.

Wir können das Programm nicht abschalten (unsere Gedanken nicht zum Schweigen bringen), doch indem wir unsere Aufmerksamkeit auf etwas anderes richten, können wir in die Welt hinausgehen und dort draußen mitspielen. Sobald wir weniger auf das Fernsehen und mehr auf die Welt um uns herum achten, beginnen wir reines Bewußtsein zu erleben. Wir *werden* zu diesem Bewußtsein. Zwar steigen auch weiterhin Werturteile, Erwartungen, Deutungen, Assoziationen und alle möglichen anderen Gedanken in unserem Bewußtseinsfeld auf; aber wir erkennen sie nicht mehr mit der Realität, mit der Wahrheit.

Das tägliche Leben als Meditation eines friedvollen Kriegers

Ich habe meine Konzentrationsfähigkeit ziemlich weit entwickelt, weil ich schon mit elf Jahren begann, eine Art Kriegermeditation zu erlernen. Diese Meditation praktizierte ich neun Jahre lang mindestens drei Stunden täglich. Meine Meditationsform hieß Turnen. Beim Turnen spielst du mit deinem Leben. Wenn du ums Reck wirbelst oder über dem Trampolin durch die Luft fliegst, kann ein momentanes Nachlassen deiner Aufmerksamkeit viel schwerwiegendere Konsequenzen haben, als wenn du einfach nur ein Spiel verlierst.

Als ich die Turnmannschaft an der Standford-Universität trainierte, begriffen die anderen Trainer nicht, wie meine Studenten und ich es innerhalb von ein paar Jahren schafften, von einer der schlechtesten Mannschaften zu einem der Eliteteams der USA aufzusteigen. Einmal wurde ich bei einem Sportfest von einem Trainer gefragt, ob die Mitglieder meiner Mannschaft vor dem Wettkampf meditierten. «Nein», erwiderte ich. «Sie meditieren *während* des Wettkampfs.»

Ein Schritt über die Meditation hinaus

Wenn du wirklich ganz konzentriert meditierst, gelangst du vielleicht irgendwann an einen Punkt, wo du das Wesen deines Denkens erfaßt und eine gewisse innere Loslösung und Freiheit von deinen Gedanken erlebst. Von diesem Punkt an kannst du dich frei und ungehindert deinem Leben widmen. Selbst das Meditieren kann zur gedankenlosen Gewohnheit werden. Man muß nicht unbedingt sein Leben lang Meditationssitzungen in ihrer strengen, genau vorgegebenen Form abhalten. Vielleicht möchtest du als natürliches, gesundes Element einer ausgewogenen Lebensweise eine kurze Meditationsphase in den Rhythmus deines Alltagslebens einbauen. Die Praxis der Sitzmeditation ist eine gute Übung für Anfänger. Sobald du begriffen hast, was du begreifen mußtest, wird jeder Augenblick deines täglichen Lebens für dich zur Meditationsübung.

Genau wie Klavierspielen ist die Meditation eine Fähigkeit, die sich immer weiter verbessert, je mehr Übung man darin hat – vorausgesetzt, man praktiziert sie aufmerksam und entschlossen. Aber das Klavierspiel stellt ganz klare Anforderungen und bietet auch ein eindeutiges Feedback, bei der Meditation ist das nicht so. Manche Menschen setzen sich hin, um zu meditieren, und fangen dann einfach an zu träumen. Dagegen ist überhaupt nichts einzuwenden, wenn du einfach nur eine Weile deine Ruhe haben und dich ganz deinen Phantasien hingeben willst – aber was du dann praktizierst, ist Tagträumerei und keine Meditation. Meditation erfordert Wachsamkeit, ungeteilte Aufmerksamkeit und den festen Vorsatz, dich sanft und behutsam, aber entschieden von einem Gedanken zu lösen, so wie du einen Fisch freilassen würdest, indem du ihn vorsichtig vom Angelhaken löst und wieder in den Bach zurückwirfst. Sobald du genügend meditiert hast, um deinen unsteten Geist als das zu erkennen, was er ist – eine Parade der Illusionen –, kannst du mit offenen Augen und befreiter Aufmerksamkeit den Tag (und dein Leben) angehen. Dann hast du Frieden mit deinen Gedanken geschlossen und deinen Geist bezwungen – du brauchst ihn jetzt nicht mehr zu fürchten.

Kehre in die Gegenwart zurück

Nur das Jetzt existiert. Vergangenheit und Zukunft sind lediglich Illusionen – Phantasiegebilde unseres Geistes. Dein Körper lebt jetzt und hier. *Nicht einmal dein Geist kann sich in die Vergangenheit oder die Zukunft hinein ausdehnen.* Selbst wenn du über die Vergangenheit nachdenkst, befindest du dich dabei doch immer noch im *jetzigen*

Augenblick. Nur der *Inhalt* deiner Gedanken ist eine erinnerte (oder vorgestellte) Vergangenheit beziehungsweise eine vorweggenommene (oder vorgestellte) Zukunft. Dein Geist tut dann so, als sei er eine Zeitmaschine, mit der du aus der Vergangenheit in die Zukunft reisen kannst. Aber dein Geist ist ein Schaumschläger.

Wir sind hier, und es ist jetzt.
Darüber hinaus ist alles menschliche Wissen
nichts als Schwindel.

H. L. Mencken

Das Leben kann so einfach sein

Seit unser Lebenstempo sich so sehr beschleunigt hat, übt die Vorstellung von einem einfachen Leben – genau wie die Idee inneren Friedens – eine große Anziehungskraft auf uns Menschen aus. Jedes Extrem erzeugte eine Sehnsucht nach seinem Gegenpol. Aber Komplexität ist nun einmal eine Grundtatsache des Lebens, und Einfachheit ist nicht unbedingt gleichbedeutend mit Leichtigkeit oder Erholung. Scott und Helen Nearing, die Autoren des Buches *Ein gutes Leben leben*, haben gezeigt, daß ein einfaches Leben ganz andere Mühen und Anstrengungen mit sich bringen kann: Zum Beispiel muß man seine Aufmerksamkeit ganz auf den jetzigen Augenblick konzentrieren – darauf, was gerade vor einem liegt und getan werden muß, eine Sache nach der anderen.

Es ist durchaus möglich, in der modernen Großstadt ein ausgefülltes, bewegtes und abwechslungsreiches Leben zu führen und dir dabei doch gleichzeitig eine gewisse Einfachheit zu bewahren, wenn du deine Aufmerksamkeit auf den gegenwärtigen Augenblick richtest. Ich muß mich in meinem Leben als Ehemann, Vater zweier lebhafter Töchter im Teenageralter und Buchautor, der Vorträge hält, viel reist und dauernd Briefe und Anfragen erhält, um unzählige Dinge kümmern; dennoch ist mein Leben ganz einfach, da ich nicht mehrere Dinge gleichzeitig tun kann, sondern immer nur eins nach dem anderen. Das gleiche gilt auch für dich. Wenn du zu irgendeinem Gedächtnisinhalt Zugang gewinnen, dich daran erinnern, darüber nachdenken oder ein Problem lösen mußt, dann lenke deine Aufmerksamkeit dorthin. Ansonsten konzentriere dich darauf, was in diesem Augenblick geschieht, was du gerade tust – jetzt und hier. In den folgenden Übungen wirst du lernen, wie man das macht.

Der Drei-Fragen-Weckruf: Sobald du feststellst, daß deine Aufmerksamkeit abschweift, kannst du sie in deinen Körper und in den jetzigen Augenblick zurückholen, indem du dir in Gedanken drei Fragen stellst: Atme ich? (Atme einmal ganz bewußt ein und wieder aus.) Bin ich entspannt? (Löse alle Spannungen, die du wahrnimmst.) Tue ich das, womit ich mich gerade beschäftige, mit Anmut und in so verfeinerter Form wie möglich? (Wenn nicht, dann bemühe dich, es zu tun.) Diese Fragen sind Wegweiser, die dich in die Gegenwart zurücklenken – ein erster Schritt auf dem Weg der Erleuchtung im täglichen Leben.

Wenn du deine Aufmerksamkeit trainierst und dadurch dein Denken bezähmst, wird dein Leben einfacher werden. *Mache den jetzigen Augenblick zum Gegenstand einer lebenslangen Meditation* – zu deiner Erleuchtung im Alltag.

> Wenn du dich völlig den Augenblicken hingibst,
> die gerade an dir vorüberziehen,
> und ganz in ihnen aufgehst,
> wirst du in diesen Augenblicken ein reicheres,
> intensiveres Leben führen.
>
> *Anne Morrow Lindbergh*

Die meisten Menschen haben den Spruch *Carpe diem* schon einmal gehört. «Pflücke den Tag» – eine wertvolle Erinnerung daran, intensiv zu leben, aber keine sehr realistische Idee, denn du kannst den Tag nicht pflücken. Das einzige, was du pflücken kannst, ist der Augenblick – *dieser* Augenblick.

Die Qualität deines Lebens ergibt sich aus der Qualität deiner Augenblicke. Deshalb gibt es nur eine Möglichkeit: Während deine Gedanken kommen und gehen und die Wogen deines Geistes unablässig weiterrauschen, *Carpe punctum* – «Pflücke diesen Augenblick». Er verdient deine ganze Aufmerksamkeit, denn er wird dir nie wieder begegnen.

Nun, in diesem Augenblick, mit diesem tieferen Einblick in das Wesen deines Denkens, bist du bereit, jener leisen Stimme zu lauschen und zu vertrauen, die dich durch die stillen Räume zwischen deinen Gedanken führt, zu subtilen Hinweisen und Synchronizitäten, die dir begegnen werden, wann immer du sie brauchst – du mußt nur darauf achten.

Das sechste Tor

Vertraue auf deine Intuition

Unter der Oberfläche deines Alltagsbewußtseins verbirgt sich ein kindliches, schamanisches Bewußtsein – der Schöpfer deiner Träume, der Hüter deiner Instinkte. Dein Unterbewußtsein enthält die Schlüssel zu einer wahren Schatzkammer intuitiver Weisheit, klarsichtiger Erkenntnisse und ungenutzter Kräfte. Du brauchst nur in dich hineinzuschauen und -zuhorchen und Vertrauen zu haben – auf deine Träume, Gefühle und Instinkte zu achten. Wenn du nicht einmal auf deine eigenen inneren Sinne vertrauen kannst, worauf willst du dich dann im Leben verlassen?

Wie man zu seiner inneren Führung Zugang findet

Was veranlaßt schließlich einen, den eigenen Weg zu wählen?
Es ist das, was man Bestimmung nennt:
ein irrationaler Faktor . . .
Wer Bestimmung hat, hört die Stimme des Innern . . .

C. G. Jung

Landkarte: Eine andere Art des Wissens

Die Routineangelegenheiten des täglichen Lebens – immer der gleiche Weg zur Arbeit oder zur Schule, immer die gleichen Rituale zu Hause – verlangen uns keine großen Entscheidungen ab. Doch wenn wir vor einer wichtigen Alternative oder Entscheidung stehen, zum Beispiel im Hinblick auf unsere berufliche Karriere, einen Umzug oder eine Eheschließung, haben wir oft das Gefühl, für diese Wahl nicht besonders gut ausgerüstet zu sein. Das liegt daran, daß in der Erziehung der meisten Menschen schon von frühester Kindheit an nur die Fähigkeit des logischen Denkens gefördert wurde – wir haben gelernt, uns unseren Weg durchs Leben zu denken und nicht zu fühlen. Die intuitiven Fähigkeiten unserer rechten Gehirnhälfte sind dabei verkümmert – sie wurden unterbewertet, nicht richtig gewürdigt und kaum genutzt. Und so navigieren wir nur mit dem Kompaß unserer linken Gehirnhälfte durchs Leben, wägen Faktoren gegeneinander ab, jonglieren mit Variablen.

Wenige Menschen haben hundertprozentiges Vertrauen zu ihrer eigenen inneren Führung. Nur wenn wir wissen, was wir haben, können wir darauf vertrauen, was wir wissen. Das heißt, du wirst erst dann lernen, dich auf deine angeborenen intuitiven Fähigkeiten zu verlassen, wenn du die Kräfte deines Unterbewußtseins erkannt hast und weißt, wie, wann und warum es funktioniert. Erst dann wird dir klar sein, wie du die leise Stimme in deinem Inneren findest. Erst dann wirst du lernen, wie man auf sie hört.

Dieses Kapitel wird dir Türen zu Kreativität, innerer Führung, Klarsichtigkeit und instinktivem Handeln eröffnen. Es endet mit einer sehr wirkungsvollen Übung, die dir deine angeborene Intuition und Hellsichtigkeit beweisen soll. In dieser Übung wirst du lernen, dir Zugang zu deiner Intuition zu verschaffen, auf sie zu vertrauen und die Verheißung dieses Kapitels zu erfüllen. Doch zunächst einmal müssen wir geduldig die Basis für den Durchgang durch dieses Tor schaffen: eine neue Sicht der größeren Zusammenhänge.

Was du über Intuition wissen solltest

Intuition ist nicht das, was sie meisten Menschen denken; sie hat tatsächlich überhaupt nichts mit *Denken* zu tun. Dein logischer Verstand kann deine Intuition ergänzen oder auch beeinträchtigen, aber niemals ersetzen. Sie entspringt nämlich einer anderen Gehirnhälfte als die Logik. Der Weg der Erleuchtung im Alltag erfordert den vollen Einsatz beider Hirnhemisphären: Wir müssen Logik und Intuition, Bewußtes und Unterbewußtes, Wissenschaft und Mystik miteinander verbinden und integrieren, um uns ein komplettes Bild der Realität zu verschaffen.

Unsere Intuition und unsere Gefühle hängen zwar eng miteinander zusammen, sind aber nicht identisch. Jemand, der keinen Kontakt zu seinen Emotionen hat, hat normalerweise auch keinen Kontakt zu seiner Intuition. Intuition ist ein gefühlsmäßiger Eindruck oder eine Empfindung, die in verschiedenen Formen auftreten kann: als Bilder oder innere Klänge, als sogenanntes «komisches Gefühl» oder (selten) in Form von Geruchs- oder Geschmacksempfindungen.

Ich benutze «Intuition» und «Instinkt» manchmal als austauschbare Begriffe, da sie eng miteinander zusammenhängen (obwohl sie nicht dasselbe bedeuten). Intuition ist ein Eindruck, der sich häufig nicht lokalisieren läßt, während man Instinkt als eine Art «Gefühl aus dem Bauch heraus» definieren könnte. Doch beides – Instinkt und Intuition – sind Fähigkeiten unserer rechten Gehirnhälfte.

Bei diesem Tor geht es unter anderem um folgende Themen:

- das Wesen der Intuition und die wichtigsten intuitiven Sinneskanäle;
- die Schlüssel zum Verständnis der Kräfte deines Unterbewußtseins;
- verschiedene Möglichkeiten zur Herbeiführung veränderter Bewußtseinszustände;
- die Techniken des Hellsehens, Hellhörens oder Hellfühlens, mit denen man sich Zugang zu seiner inneren Führung verschaffen kann;
- eine fortgeschrittene Methode zur inneren Öffnung für deine hellsichtigen Fähigkeiten
- und um den Zusammenhang zwischen Intuition und Glaube.

Wie bei den anderen Toren beginnen wir zunächst einmal mit einer kleinen Übung zur Selbsterforschung.

Test: Eine intuitive Selbsteinschätzung

Vielleicht bedienst du dich sogar bereits regelmäßig deiner Intuition, ohne dir dessen voll und ganz bewußt zu sein. Die folgenden Fragen werden dir Klarheit darüber verschaffen, in welchem Maße du deine intuitiven Fähigkeiten momentan einsetzt und wie groß dein Vertrauen zu ihnen ist:

- Bist du verwirrt oder unsicher, wenn du eine Entscheidung treffen und das Für und Wider abwägen mußt? Was bräuchtest du, um dich sicherer zu fühlen?
- Gehst du bei wichtigen Entscheidungen in deinem Leben anders vor als bei weniger wichtigen?
- Erinnere dich an eine wichtige Situation, in der du deiner Intuition gefolgt bist.
- Erinnere dich an eine wichtige Situation, in der du deiner Intuition nicht gefolgt bist.
- Neigst du dazu, dich mehr auf die Ratschläge anderer Menschen zu verlassen als auf deinen eigenen Instinkt? Wenn dir jemand etwas rät, was nicht der inneren Stimme deiner Intuition entspricht – worauf vertraust du dann mehr?
- Inwiefern könnte dein Leben besser werden, wenn du hundertprozentig Zugang zu deinen intuitiven Fähigkeiten hättest?

Wie immer sollen diese Fragen dich zur Selbsterforschung anregen, damit du die nun folgenden Prinzipien besser auf dein persönliches Leben anwenden kannst.

Das Wesen der Intuition

Sobald du begreifst, daß Intuition etwas ganz Natürliches und nichts Magisches ist, wirst du Vertrauen zu deiner angeborenen Fähigkeit entwickeln, etwas zu wissen, ohne zu wissen, *woher* du es weißt. Mein Mentor Socrates hat mir einmal den Rat gegeben, «weniger zu denken und mehr zu fühlen». Damit meinte er, daß es durchaus manchmal sinnvoll sein kann, über etwas nachzugrübeln; aber die Faktoren, die wir gegeneinander abwägen, wenn wir eine logische Entscheidung treffen, sind nur die sprichwörtliche Spitze des Eisbergs. Unser Unterbewußtsein hingegen hat auch Zugang zu jenen Dingen, die wir nicht sehen – Faktoren, die uns vielleicht gar nicht bewußt sind. Deshalb entsprechen intuitive Entscheidungen eher unserer unterbewußten Mission und Bestimmung, von der unser logischer Verstand nichts weiß.

Um dir Zugang zu deiner Intuition zu verschaffen und ihr zu vertrauen, mußt du aufhören, immer so vernünftig zu sein. Deine intuitiven Fähigkeiten sind zwar da und auch vollkommen unversehrt, aber häufig hinter einem Schleier der Logik verborgen. Vielleicht steigt irgendein Eindruck in dir auf, aber wenn du in diesem Augenblick nichts damit anfangen kannst, schiebst du ihn womöglich wieder beiseite. Wenn man dagegen auf seine Intuition vertraut, folgt man manchmal auch ganz merkwürdigen inneren Fingerzeigen, ohne bewußt zu verstehen, warum.

Das möchte ich gern anhand eines seltsamen Erlebnisses veranschaulichen, das ich vor einiger Zeit einmal hatte. Ehe ich mein Buch *Die Lebenszahl als Lebensweg* schrieb, versandte ich Audiokassetten mit Ratschlägen für die Suche nach dem Sinn des Lebens an Interessenten. Einmal öffnete ich fünf Briefumschläge; in jedem steckten ein Scheck und ein ausgefülltes Bestellformular für eine Kassette. Doch beim Öffnen eines dieser Umschläge und beim Blick auf den Scheck beschlich mich ein ungutes Gefühl – als sei irgend etwas nicht in Ordnung. Ich sah mir den Briefumschlag genau an, aber es schien nichts Ungewöhnliches daran zu sein. Dann betrachtete ich den Scheck: Name und Telefonnummer der Bank, Unterschrift – alles in Ordnung. Da tat ich etwas, was ich bis dahin noch nie getan hatte (und seitdem auch nie wieder getan habe): Ich rief bei der Bank an, um das Konto des Bestellers zu überprüfen. Da wurde ich an eine zweite Telefonnummer verwiesen. Eigentlich hätte ich das Ganze auf sich beruhen lassen können, aber das komische Gefühl war immer noch da, und deshalb ging ich der Sache aus Neugier weiter nach. Schließlich erfuhr ich, daß das Konto dieses Mannes vor zwei Monaten aufgelöst worden war. Es hatte keinen *Grund* dafür gegeben, meinem intuitiven Eindruck zu folgen, dann aber hatte ich es trotzdem getan.

Die Moral von der Geschichte: Vertraue auf deinen Instinkt und deine Intuition. Dadurch kannst du dir die synchronen oder gar magischen Elemente der Realität erschließen, Zugang zu deiner inneren Führung gewinnen und Chancen und Möglichkeiten entdekken, die dir sonst vielleicht verborgen geblieben wären. So wirst du schließlich zum Meister deines eigenen Schicksals.

> Es ist nicht möglich, nach draußen zu laufen,
> um besser sehen zu können . . .
> Verharre lieber im Zentrum deines Seins . . .
> Erforsche dein Herz und sieh . . .
>
> *Lao-tse*

Deine wichtigsten inneren Sinne

Du weißt bereits, daß du die Eindrücke dieser Welt mit deinen fünf Sinnen aufnimmst: Sehvermögen, Gehör, Tastsinn, Geschmacks- und Geruchssinn. In dem Kapitel *Bezähme deinen Geist* hast du außerdem erfahren, daß diese Sinneseindrücke anschließend deine subjektiven Wahrnehmungsfilter durchlaufen und daß ein Aspekt des inneren Erwachens – der Erleuchtung – darin besteht, diese Filter, durch die du die Welt wahrnimmst, zu reinigen. Erst dann kannst du die Realität direkt und objektiv erfassen – so wie sie ist, ohne Verzerrungen.

Mit Hilfe dieser Erkenntnis wird es dir leichter fallen, dir nun auch deine inneren Sinne zu erschließen, sie zu verstehen und auf sie zu vertrauen, denn sie arbeiten ganz ähnlich wie deine äußeren Sinnesorgane. Deine intuitiven (inneren) Sinneseindrücke erreichen dich am häufigsten durch eines dieser fünf Sinnesorgane. Und je mehr du dir deine geistigen Filter bewußtmachst und lernst, die Realität objektiv wahrzunehmen (ohne alle persönlichen Sinngebungen und Interpretationen), um so klarer und unverzerrter wirst du deine intuitiven Botschaften empfangen: Dann werden sie zum *Hellsehen* (klare Sicht), *Hellhören* (klare Stimmen beziehungsweise Geräusche) oder *Hellfühlen* (ein klares Gespür oder Gefühl).

Bei der Wahrnehmung der äußeren Welt verlassen die meisten Menschen sich zuallererst auf ihr Sehvermögen, dann auf ihr Gehör und als nächstes auf ihren Tastsinn. Das gleiche gilt meist auch für unsere intuitiven Eindrücke. Die meisten Menschen empfangen von ihrem Unterbewußtsein visuelle Eindrücke, symbolische Bilder und Farben. Es kann aber auch in Worten (mit unserer eigenen Stimme oder der eines anderen Menschen) zu uns sprechen. Außerdem können uns unterbewußte Eindrücke in Form taktiler oder kinästhetischer Wahrnehmungen erreichen (etwas, was wir spüren, oder ein Gefühl «aus dem Bauch heraus»).

Auch mit dem Geschmacks- oder Geruchssinn kannst du intuitive Eindrücke wahrnehmen – vielleicht hast du einen bitteren Geschmack im Mund, wenn du das Gefühl hast, daß aus einem Geschäft nichts wird, oder du hast den Eindruck, daß bei einer Sache «irgend etwas stinkt». Aber da wir unseren Geruchs- und Geschmackssinn nicht so häufig einsetzen, möchte ich hier nicht näher auf diese Intuitionskanäle eingehen und mich lieber ganz auf die drei häufigsten inneren Sinne konzentrieren.

Test: Wie verschaffst du dir Zugang zu Informationen?

Um dir über deine beiden wichtigsten sinnlichen Wahrnehmungskanäle klarzuwerden, mache bitte einmal folgenden einfachen Test: Stelle dir jetzt gleich, ehe du weiterliest, ein Gewitter vor – und zwar ganz lebhaft, mit all deinen Sinnen.

Gut – sicherlich ist dir aufgefallen, daß ich einen neutralen Begriff verwendet habe: Stelle dir vor. Ich habe nicht gesagt: Sieh ein

Gewitter vor dir, höre oder spüre es. Mit welchem deiner Sinnesorgane hast du dir das Gewitter zuerst vorgestellt? Hast du zuerst die dunklen Wolken, die niederprasselnden Regentropfen und vielleicht auch einen Blitz *vor dir gesehen*? Oder hast du zuerst einen Donner *gehört* und *dann* erst den Blitz oder die Gewitterwolken gesehen? Oder (aber das kommt seltener vor) vielleicht kam auch zuerst die taktile Wahrnehmung der Luft, des Wassers und des Windes, ehe du das Gewitter sehen oder hören konntest.

Ebenso wie deine Möglichkeiten in dieser Welt schon ein wenig eingeschränkt sind, wenn du nicht von all deinen Sinnesorganen vollen Gebrauch machen kannst, bist du auch besser ausgerüstet, wenn du all deine inneren Sinne entwickelst und nutzt, um dir intuitive Eindrücke von einer Sache zu verschaffen – wie sieht sie aus, wie klingt sie, wie fühlt sie sich an? Jeder dieser inneren Sinneskanäle dient als Kontrolle, mit deren Hilfe du deine anderen Eindrücke bestätigen oder korrigieren kannst. Doch selbst wenn einer dieser Kanäle nicht so ausgeprägt sein sollte, kannst du immer noch die anderen verfeinern und verbessern (so wie Blinde häufig ein feineres Gehör entwickeln).

Schließlich und endlich haben wir auch noch einen «sechsten Sinn» – das ist einfach ein Wissen, das sich nicht lokalisieren läßt. Es ist weder Bild noch Geräusch, noch taktile Wahrnehmung. Du *weißt* es einfach.

Die geheimnisvolle Quelle inneren Wissens

Da die wissenschaftliche Methodik (ein nützliches Werkzeug unseres bewußten Denkens, also der linken Gehirnhälfte) in unserer modernen Welt zu einer Art Religion erhoben wurde, ist uns alles Unwissenschaftliche äußerst suspekt und grenzt in unseren Augen fast schon an Ketzerei. Das Paradoxe dabei ist, daß die meisten großen wissenschaftlichen Entdeckungen – von Archimedes bis hin zu Einstein – der intuitiven rechten Gehirnhälfte entsprangen, während der Entdecker gerade schlief, träumte, badete oder in Tagträumen versunken war. Erst später wurden sie mit Hilfe wissenschaftlicher Methoden bestätigt. In dieser Hinsicht sind die intuitiven Fähigkeiten unserer rechten Gehirnhälfte den logischen Bemühungen der linken Gehirnhälfte überlegen; doch in Kombination bilden beide Hirnhemisphären (ebenso wie Wissenschaft und Intuition) ein Ganzes, das größer ist als die Summe der beiden voneinander getrennten Teile.

Wenn ich schreibe, öffne ich mich ähnlich wie beim Gebet für Informationen, die mir aus einer geheimnisvollen Quelle zufließen – es sind Dinge, die ich einfach weiß, ohne mir darüber im klaren zu sein, woher. Vielleicht ist es ein Geschenk meiner Muse oder dessen, was C. G. Jung als «kollektives Unbewußtes» bezeichnete. Ich weiß nur, daß wir alle Zugang zu denselben unermeßlichen, rätselhaften Schatzkammern der Weisheit haben. Der Mechanismus – die Art, wie wir diese Weisheit empfangen – ist eine Domäne unserer kreativen, intuitiven rechten Gehirnhälfte, durch die die Eindrücke unseres Unterbewußtseins strömen. Solche Informationen – die kaum wahrnehmbaren Bilder und Gefühle und die Weisheiten, die uns unsere innere Stimme zuflüstert – sind für jeden Menschen zugänglich, dessen Aufmerksamkeit frei genug ist, um sie wahrzunehmen. Damit sind wir wieder beim höheren Sinn und Zweck der zwölf Tore: der Befreiung unserer Aufmerksamkeit und Energie, um höhere Bewußtseins- und Erfahrungsebenen erreichen zu können. Nun, da du das sechste Tor durchschreitest, ist dieser Prozeß bei dir bereits in vollem Gange.

Mit ein wenig Übung wirst du dich immer feiner auf deine intuitiven Botschaften einstimmen. Dann kannst du von einem Wahrnehmungskanal zum anderen schalten, so wie du bei einem Waldspaziergang normalerweise am meisten auf deine visuellen Wahrnehmungen achtest, während du dich nach Einbruch der Dunkelheit mehr auf dein Gehör und deinen Tastsinn verläßt. Doch es beginnt stets damit, daß du dir einen Augenblick Zeit nimmst – daß du *innehältst und schaust, lauschst und spürst.* Im Grunde ist das die gleiche Übung, die du auch schon beim letzten Tor gelernt hast – einfach einmal eine Minute in andächtiger Stille zu verharren. Oder wie Ram Dass gesagt hat: «Je stiller du wirst, um so mehr kannst du hören.» Und sehen. Und fühlen.

Wenn du aufmerksam und respektvoll auf die leise Stimme deines unterbewußten inneren Kindes hörst, trittst du wieder mit jener einfachen Weisheit in Kontakt, auf der das ganze Leben beruht.

Und was ist mit dem höheren Selbst?

Nach der hawaiianischen Huna-Lehre kommt die Seele, wenn sie in einen physischen Körper hineingeboren wird, mit drei verschiedenen Selbst auf die Welt: einem höheren Selbst (oder Schutzengel), einem Basis-Selbst (dem Unterbewußtsein und der instinktiven Körperweisheit) und einem bewußten Selbst (der Ich-Identität, die wir beim Heranwachsen entwickeln). Das höhere Selbst kann nur durch dein Basis-Selbst (oder Unterbewußtsein) – durch deinen Körper und deine Sinne – mit dir kommunizieren. Je intensiver du auf deine physische Sinne und deine Emotionen eingestimmt bist, um so besser kannst du die leise geflüsterten Ratschläge deines höheren Selbst sehen, spüren oder hören. Wenn du dich auf deinen Instinkt und deine Intuition verläßt, hörst du also in gewisser Weise auf deine höchste Weisheit.

Außer in den neun Monaten,
bevor er seinen ersten Atemzug tut,
hat kein Mensch sein Leben
so gut im Griff wie ein Baum.

George Bernard Shaw

Lerne, dich auf deine intuitiven Botschaften zu verlassen

Seit meiner Initiationserfahrung, die ich in der Einleitung zu diesem Buch beschrieben habe, sind meine intuitiven Fähigkeiten gewachsen, weil mein Bewußtsein eine enge, vertrauensvolle Beziehung zu meinem Unterbewußtsein aufgebaut hat. Statt daß mein logischer Verstand diese intuitiven Regungen abwertete oder zu beherrschen versuchte, traten meine linke und meine rechte Gehirnhälfte miteinander in Verbindung und schlossen Freundschaft – manchmal umarmten sie sich sogar. (Ein Neurologe würde das vielleicht als Öffnung einer Nervenbahn im Corpus callosum bezeichnen, dem Bindeglied zwischen linker und rechter Gehirnhälfte, aber mir ist meine metaphorische Umschreibung lieber.)

Diese respektvolle, kooperative Beziehung zwischen Bewußtsein und Unterbewußtsein, linker und rechter Gehirnhälfte ist eine wichtige Voraussetzung, um dir deine Intuition erschließen und auf sie vertrauen zu können. Damit du Zugang zu deinen intuitiven Fähigkeiten gewinnst, mußt du erst einmal auf ganz neue Radiofrequenzen achten, die du noch nie zuvor bemerkt hast.

Die intuitiven Fähigkeiten deines Unterbewußtseins

Obwohl man Elementarteilchen nicht sehen kann, wissen die Physiker dennoch, daß es sie gibt; sie erkennen sie an ihrer Wirkung. Genauso ist es auch mit unserem Unterbewußtsein: Wir können es zwar nicht sehen, wohl aber seine Auswirkungen beobachten. Die Phänomene, die ich nun beschreiben möchte, deuten sehr stark darauf hin, daß es eine (unter-)bewußte Intelligenz gibt, die über das autonome Nervensystem unsere Körperfunktionen steuert.

Der Placebo-Effekt

Diesen Effekt – ein anerkanntes medizinisches Phänomen – haben schon viele Menschen am eigenen Leib erfahren: Ihre Krankheitssymptome gingen zurück oder verschwanden sogar völlig, als sie Zuckertabletten (ohne aktive Wirkstoffe) einnahmen, die sie für ein wirksames Medikament hielten. In diesem Fall wird die Heilung eindeutig nicht durch die Tabletten bewirkt; vielmehr steigert unser beeinflußbares Unterbewußtsein, das unsere Körperfunktionen steuert, die Produktion weißer Blutkörperchen oder anderer Substanzen, die wir für die Heilung unseres Körpers brauchen. Viele Wunderheilungen werden den verschiedensten Ursachen zugeschrieben: einer speziellen Diät oder Fastenkur, intensivem körperlichem Training, Gebeten oder Geistheilung, einem besonders heilkräftigen Wasser (wie beispielsweise der Quelle in Lourdes) oder heiligen Gegenständen, Chemotherapie oder Bestrahlung, Massage, Kräutern, Akupunktur oder einer Kombination verschiedener solcher Verfahren. Es gibt kein Patentrezept, das bei jedem Menschen wirkt. Das Erfolgsgeheimnis besteht darin herauszufinden, welches Verfahren dich besonders anspricht – welches dich inspiriert, interessiert, deine Phantasie fesselt – woran du am meisten *glaubst*, denn dieser Glaube gibt dir die Kraft zur Heilung. (Manchmal spielt das zuversichtliche Auftreten und Charisma des Heilers eine wichtigere Rolle als die spezielle Therapie.)

Hypnose

Hypnose ist ein einfacher Vorgang, der einen Zustand von entspanntem Vertrauen oder Schläfrigkeit herbeiführt. In diesem Zustand (und auch, wenn du krank bist oder unter Narkose stehst) tritt dein skeptisches Bewußtsein als Informationsverarbeiter in den Hintergrund, und du bekommst direkten Zugang zu deinem leicht beeinflußbaren Unterbewußtsein. Dann kann der Therapeut deinem Unterbewußtsein (und deiner rechten Gehirnhälfte) Dinge suggerieren, die beispielsweise dein Immunsystem beeinflussen. Ein geübter Hypnotiseur kann sogar den Arm einer Versuchsperson kurz mit einem Eiswürfel berühren und ihr einreden, das sei eine brennende Zigarette gewesen. Daraufhin bildet sich tatsächlich ein roter Striemen am Arm der Testperson! Einen solchen Vorgang kann man nicht bewußt *erzwingen*; auch dieses Phänomen deutet darauf hin, daß unser Unterbewußtsein unsere Körperfunktionen steuert.

Manchmal steigen auch Informationen aus dem Unterbewußtsein auf, und deshalb wird Hypnose hin und wieder auch bei Zeugen von Verbrechen eingesetzt: Im Zustand der Trance können sie sich manchmal an Details erinnern, die nicht in ihrem bewußten Gedächtnis gespeichert sind (Dinge, die sie gesehen haben, ohne es zu wissen). Mit Hilfe der Hypnose kann man übrigens auch über das Unterbewußtsein direkt mit dem autonomen Nervensystem und dem Immunsystem eines Menschen kommunizieren. Deshalb haben Ärzte und andere Heiler schon mit gutem Erfolg Visualisierungen und andere Therapien eingesetzt, die die rechte Gehirnhälfte ansprechen: Die körpereigene Immunabwehr läßt sich dadurch unterstützen oder sogar steigern.

Als Beispiele werden wir uns die Arbeit von Dr. Bernie Siegel und das erstaunliche Phänomen Edgar Cayce etwas näher ansehen.

Bernie Siegel, der respektvolle Heiler

Dr. Bernie Siegel – Chirurg und Autor des Buches *Mit der Seele heilen* und *Prognose Hoffnung* – hat Respekt vor den unterbewußten Selbstheilungskräften der Patienten, die er operiert. Narkotisierte Patienten (deren Bewußtsein schläft, während das Unterbewußtsein wach und aufmerksam ist) sind besonders leicht beeinflußbar: Es kann einen großen Einfluß auf ihren Heilungsprozeß haben, wie man sie behandelt und mit ihnen spricht. Bernie Siegel hat die Macht seiner Suggestionen erkannt und spricht daher während der Operation mit seinen Patienten. Manchmal, wenn die Pulsfrequenz eines Patienten während einer Operation zu hoch ist, sagt Dr. Siegel beispielsweise: «Ihr Puls sollte auf sechsundachtzig sinken.» Er wählt ganz bewußt eine spezielle Zahl, damit alle sehen, daß die Pulsfrequenz des Patienten daraufhin tatsächlich bis auf diese Zahl zurückgeht. Dr. Siegel sagt, daß *irgend etwas* im Körper der Menschen diese Botschaften hört und weiß, wie es darauf reagieren soll.

Das gleiche «Etwas» weckt dich vielleicht jeden Morgen auf, kurz bevor der Wecker schellt. Manchmal weiß es sogar, noch ehe du den Telefonhörer abnimmst, wer am anderen Ende der Leitung ist. Selbst zu physischen Fähigkeiten aus früheren Leben oder anderen noch unerforschten Quellen kann dieses «Etwas» sich Zugang verschaffen, wie zum Beispiel bei Mozart und anderen Wunderkindern, die außergewöhnliche Fähigkeiten besitzen, die sie niemals bewußt erlernt haben. Jetzt weißt du, was dieses Etwas ist: deine Intuition.

Edgar Cayce, der schlafende Prophet

Einer der erstaunlichsten und am besten dokumentierten Beweise für die intuitiven Fähigkeiten unseres Unterbewußtseins ist Thomas Sugrures Buch über Edgar Cayce, eines der berühmtesten Channeling-Medien der Welt *(Edgar Cayce. Die Geschichte eines schicksalhaften Lebens)*. Cayce war ein ziemlich schwacher Schüler und konnte nicht gut lesen und schreiben, bis er eines Tages den Kopf auf seine Fibel sinken ließ und einschlief. Als er aufwachte, konnte er alle Wörter in der Fibel buchstabieren. Nach seiner Schulzeit, in der er sich nicht durch weitere Leistungen hervortat, fand Cayce Arbeit als Fotograf. Bald darauf stellte sich heraus, daß er im Schlaf sprechen und mit unheimlicher Treffsicherheit Krankheiten diagnostizieren, ja sogar wirkungsvolle Therapien vorschlagen konnte. Er brauchte nur den Namen und die Adresse des Patienten zu wissen. Im Schlaf nahm er irgendwie Kontakt mit dem Körper dieses Menschen auf, stellte seine Diagnose und empfahl manchmal traditionelle, manchmal aber auch unkonventionelle Heilmittel – und das ohne bewußte medizinische Kenntnisse.

Cayce verlangte nie Geld für seine Beratungen. Als strenggläubiger Christ hatte er das Gefühl, diese Gabe sei ein Geschenk Gottes, und er könne sich doch unmöglich etwas bezahlen lassen, was er im Schlaf sage. Die Diktate von Edgar Cayce wurden Wort für Wort aufgezeichnet und füllen ganze Bände, die in vielen Ländern der Welt erschienen sind.

Cayces Fähigkeiten sind ein Beweis für die Möglichkeiten, die in jedem von uns schlummern. Daß er im Schlaf Zugang zu seinen ausgeprägten intuitiven Fähigkeiten fand, deutet auf die ungeheuren Kräfte unseres Unterbewußtseins hin, die sich in den geheimnisvollen Windungen unserer rechten Gehirnhälfte verbergen.

Wie man Verbindungskanäle zu seinem Unterbewußtsein eröffnet

Entspannung und durch Hypnose herbeigeführte Trance sind Möglichkeiten, unser Alltagsbewußtsein beiseite zu schieben und unser Unterbewußtsein hervorzulocken; aber es gibt auch noch viele andere Methoden. Schon seit undenklichen Zeiten haben die Menschen Türen zu veränderten Bewußtseins- oder Trancezuständen gefunden – Formen des Gewahrseins und Wahrnehmungsweisen, die sich von unserem alltäglichen Wachbewußtsein unterscheiden. Dazu gehören Meditation, psychoaktive Substanzen, Tiefenatmung, das Rezitieren von Mantras oder anderen Lauten, Tanzen, Fasten, extreme Belastungen, Reizentzug, ja sogar schmerzhafte Initiationsriten. Solche Methoden wurden früher hauptsächlich von Schamanen, Priestern und Medizinmännern als heilige Formen der Reinigung, Heilung oder Visionssuche eingesetzt.

In unserem Kulturkreis und unserer Zeit sind diese Verfahren nicht mehr alle so gut geeignet oder so wirkungsvoll, wie sie es früher einmal waren. Einige der erwähnten Methoden sind sogar illegal (beispielsweise die Einnahme von Drogen ohne ärztliche Anordnung) oder mit ernsthaften Risiken verbunden, wenn man sie ohne Anleitung eines erfahrenen Lehrers praktiziert. Ich möchte an dieser Stelle nur einen Überblick über die Wege geben, die sich für unser modernes Leben eignen – Methoden, mit denen wir uns Zugang zu unseren Visionen verschaffen und eine tiefere, intuitive Beziehung zum Leben aufbauen können. (Diese Techniken sind zwar ein erster Einstieg in die schamanische Welt des Unterbewußten, aber nicht unbedingt dazu geeignet, sich spezielle intuitive Informationen zu verschaffen. Auf Methoden, mit denen man das kann, werden wir später noch eingehen.)

- **Meditation:** Wenn deine Entspannung sich vertieft und in einen meditativen Zustand übergeht, fließen Bilder und traumhafte Symbole durch dein Bewußtsein und stimmen dich auf feinere, tiefere Ströme der Kreativität ein.
- **Traum-Yoga:** Bei diesem auch als «Klarträumen» oder «luzides Träumen» bezeichneten Verfahren ist dem Träumenden bewußt, daß er träumt, und er ist dabei gleichzeitig hellwach. Die tibetischen Mönche sagen, daß diese Erforschung der Welt des Unterbewußten eine gute Übung für den Durchgang durch das *Bardo* – den Zustand zwischen Tod und Wiedergeburt – ist.
- **Atemarbeit:** Es gibt verschiedene Atemtechniken (beispielsweise holotropes Atmen oder Rebirthing), bei denen bewußt Hyperventilation eingesetzt wird, um ähnliche Zustände zu erreichen wie bei der Hypnose oder nach Einnahme psychotroper Drogen, aber ohne die potentiellen Nebenwirkungen. Die Musik, die während solcher Atemsitzungen gespielt wird, trägt dazu bei, archetypische Bilder und Erfahrungen aus dem Unterbewußtsein an die Oberfläche zu holen. Derartige Techniken sollten nur unter Anleitung eines professionellen Therapeuten praktiziert werden.
- **Singen, Trommeln und Tanzen:** Durch rhythmisches Wiederholen bestimmter Worte, Laute oder Bewegungen über einen längeren Zeitraum hinweg kann man sich in einen tranceähnli-

chen Zustand versetzen, bei dem Inhalte des Unterbewußtseins zum Vorschein kommen.

Diese und andere Methoden wurden von Naturvölkern in Amerika und überall auf der Welt schon vor langer Zeit praktiziert, um die Alltagsrealität beiseite zu schieben und das Reich der Schamanen zu betreten – jene unterbewußte andere Welt in der Tiefe unserer Psyche, die mit der Vergangenheit, der Zukunft und der ewigen Gegenwart in Verbindung steht. Unter richtiger Anleitung lassen sich Meditation, Traumarbeit, Atemtechniken, Gesänge, Trommeln und Tanz auch in unserer modernen Kultur sehr wirkungsvoll einsetzen.

Orakel: Werkzeuge des Zugangs zu deiner inneren Führung

Nachdem wir verschiedene Möglichkeiten kennengelernt haben, uns die verborgenen Quellen unseres Unterbewußtseins zu erschließen, wollen wir uns nun einigen speziellen Methoden zuwenden, mit denen man Zugang zu intuitiven Informationen gewinnt, um in die Zukunft sehen oder Entscheidungen treffen zu können. Diese Methoden bezeichnet man als *Orakel.* Bei manchen dieser Techniken verfällt man in einen veränderten Bewußtseins- oder Trancezustand, bei anderen nicht.

Besonders sensible Menschen – zum Beispiel Schamanen, Medien, manche Priester, Heiler, Channeling-Medien und andere Personen mit übersinnlichen Fähigkeiten – können als Mittler zwischen Bewußtsein und Unterbewußtsein fungieren. Aber es gibt auch Hellseher, die ihre eigene Intuition durch spezielle Orakelmethoden wie Astrologie, Numerologie, Tarot, Handlesen, Kristallkugeln, das chinesische I Ching oder nordische Runen ergänzen. Solche Menschen können in einen leichten oder tiefen Trancezustand versinken, um sich Zugang zu ihrem Unterbewußtsein zu verschaffen. Es kann aber auch sein, daß sie einfach nur die Informationen zusammenfügen, die sie mit Hilfe ihrer jeweiligen Methoden gesammelt haben.

Sich an solche intuitive Berater zu wenden, so wie man einen Mediziner oder Psychologen konsultiert, kann ein sehr interessantes und informatives Erlebnis sein. Aber der Sinn des sechsten Tors besteht darin, daß du lernst, *deiner eigenen* Intuition zu vertrauen, statt dich ausschließlich auf die intuitive Begabung anderer Menschen zu verlassen. Auf jedem Gebiet gibt es mehr oder weniger begabte Ratgeber und Führer. Doch je mehr unser Selbstvertrauen reift, um so mehr betrachten wir unsere eigene innere Stimme als höchste Autorität und verlassen uns nicht mehr so sehr auf die Informationen, die wir von anderen Menschen erhalten.

Solche Hellseher sind Menschen wie du und ich. Sie haben nur gelernt, sich auf ihre angeborenen intuitiven Fähigkeiten zu verlassen, und sich durch langjährige Übung sehr intuitiv auf ihre jeweilige Methode der Zukunftsschau eingestimmt. Auch wir können lernen, solche Methoden bei der Entscheidungsfindung oder bei der Suche nach Orientierung einzusetzen. Sie sind wie Stützräder an einem Fahrrad, die wir so lange behalten, bis wir sie nicht mehr brauchen, weil wir uns inzwischen schon direkten Zugang zu unserer unterbewußten Weisheit verschaffen können. Mit anderen Worten: die Kraft, das Geheimnis, die Magie liegt nicht in der Methode, sondern in *dir.* Mit diesem Wissen im Hinterkopf wollen wir uns nun die verschiedenen Variationen anschauen, mit denen man sich zu seiner inneren Führung Zugang verschaffen kann.

Astrologie, Numerologie, das I Ching, Runen, Tarot, Kristallkugeln, Handlesen und die vielen anderen Orakelmethoden, derer die Menschen sich schon seit Jahrtausenden bedienen, basieren auf intuitiven Prinzipien, die sich aus der Natur der menschlichen Psyche und dem Wesen der Welt herleiten.

Wie Orakelmethoden funktionieren

Wenn alles auf unserer Welt energetisch und spirituell miteinander in Verbindung steht, dann ist ein Regentropfen oder eine Schneeflocke ein Hologramm des gesamten Universums. Und so können wir Informationen mit Hilfe von Methoden aufnehmen, bei denen wir unsere rechte Gehirnhälfte einsetzen, deren intuitive Fähigkeiten wie ein Funksprechgerät funktionieren. Ein paar Jahre lang arbeitete ich selbst als Hellseher. Ich stützte mich dabei auf eine numerologische Methode und die Informationen, die ich in meinem Buch *Die Lebenszahl als Lebensweg* dargelegt habe.

Solche ganzheitlichen, intuitiven Systeme sind fast schon per definitionem nicht-rational und wurden daher fälschlicherweise mit okkulten Praktiken in Verbindung gebracht und sowohl von den Naturwissenschaften als auch von religiöser Seite mit Skepsis betrachtet. Und doch haben diese Systeme viele Jahrhunderte überlebt und werden auch weiterhin überdauern – nicht weil sie uns mit unfehlbarer Sicherheit durchs Leben führen können oder sollten (kein System und keine Methode sollte deine eigene innere Führung ersetzen), sondern weil sie uns an das Geheimnis des Universums erinnern, in dem alles miteinander verbunden ist. Ich möchte an dieser Stelle den Rorschach-Test und den Pendel-Effekt vorstellen – zwei Phänome, die die Arbeitsweise der meisten Orakelmethoden veranschaulichen. Im Anschluß daran will ich noch auf einige spezielle Orakelmethoden eingehen.

Der Rorschach-Test: Dieser psychologische Test (benannt nach dem Psychologen, der ihn im neunzehnten Jahrhundert erfand) besteht aus einer Reihe von Klecksographien und anderen willkürlichen, sinnfreien Mustern, die psychisch gestörten Patienten vorgelegt werden. Diese müssen dann beschreiben, was diese Bilder für sie darstellen, und aus diesen Deutungen läßt sich der Grad ihrer psychischen Krankheit oder Gesundheit ablesen. Da die Bilder keinerlei Ähnlichkeit mit irgendeinem bekannten Gegenstand haben, projizieren wir die Bilder, Inhalte und Deutungen unseres eigenen Unterbewußtseins in sie hinein.

Der gleiche Mechanismus – eine Projektion unserer eigenen unterbewußten Interpretationen – liegt auch dem intuitiven Herauslesen von Bedeutungen aus Teeblättern, Kristallkugeln, Runen, dem Tarot, dem I Ching oder anderen Orakel-Hilfsmitteln zugrunde.

Der Pendel-Effekt: Dieses zweite Phänomen beruht auf dem Prinzip der *Ideomotorik*. Es zeigt, wie dein Unterbewußtsein deinen Körper beeinflußt und einfache Ja- oder Nein-Botschaften durch ihn senden kann. Beim Pendeln empfängt man Informationen aus der Symbolsprache seines Unterbewußtseins, indem man diese Informationen in einfache physische Zeichen umsetzt – genau wie man mit gelähmten Schlaganfallpatienten kommunizieren kann, indem man sie auffordert, für «Ja» einmal und für «Nein» zweimal mit den Augen zu zwinkern. Um dir Zugang zu Botschaften aus deinem Unterbewußtsein zu verschaffen mache einmal das folgende einfache Experiment:

- Befestige einen Ring oder Ohrring oder ein kleines Gewicht an einem zwanzig Zentimeter langen Faden.
- Nimm das obere Ende des Fadens zwischen zwei Finger, so daß das Gewicht frei und ungehindert herunterhängt.
- Nun halte deine Hand ganz still, bis das Gewicht sich so gut wie gar nicht mehr bewegt.
- Als nächstes denke oder stelle dir vor, daß das Gewicht vor und zurück zu schwingen beginnt – immer in gerader Linie vor und zurück. Halte deinen Blick einfach unverwandt auf das Gewicht gerichtet und denke: «Vor und zurück», ohne jede bewußte Absicht, deine Hand zu bewegen. Achte darauf, was nun geschieht.
- Als nächstes denkst oder stellst du dir vor, daß das Gewicht sich im Kreis bewegt. Denke einfach «Kreis» und achte darauf, wie sich die Vor-und-zurück-Bewegung des Pendels dabei verändert. Du siehst: Gedanken können ohne jede bewußte Absicht Bewegungen auslösen.

Und jetzt wird es noch interessanter.

- Um festzustellen, welche Richtung dein Unterbewußtsein bevorzugt, um dir «Ja» oder «Nein» zu signalisieren, denke zuerst einmal «Ja» und warte ab, in welche Richtung das Pendel sich bewegt. Dann mache die Gegenprobe: Denke «Nein» und achte wieder auf die Bewegung deines Pendels. Mit dieser Methode werden die Ja- und Nein-Signale festgelegt. Du mußt selbst herausfinden, wie das Pendel bei dir funktioniert.
- Als nächstes visualisierst du in entspanntem Zustand Fragen oder Entscheidungen, zu denen du gern Informationen aus deinem Unterbewußtsein hättest. Denke daran: Die Frage muß so formuliert sein, daß sie sich mit einem einfachen Ja- oder Nein-Signal beantworten läßt. Halte das Pendel ruhig in der Hand, entspanne dich und warte.

Pendeln ist eine der wirksamsten Methoden, dir Zugang zu deiner eigenen Körperweisheit zu verschaffen, vor allem bei Fragen, die deine Gesundheit betreffen, aber auch wenn es um andere Bereiche deines Lebens geht, über die du vielleicht ein unterbewußtes

Wissen besitzt. Dieses Phänomen der Ideomotorik liegt auch physisch-intuitiven Methoden wie dem Wünschelrutengehen zugrunde.

Nun, da du dein Unterbewußtsein als Hauptquelle oder -kanal deiner intuitiven Fähigkeiten erkannt hast, ist es an der Zeit, daß du lernst, wie du dir Zugang dazu verschaffen kannst. Eine der wichtigsten Methoden besteht darin, deine Träume als Orakel zu benutzen.

Träume: Wenn dein Bewußtsein schläft, steigt dein Unterbewußtsein an die Oberfläche, um deine Psyche auf geheimnisvolle Weise wieder ins Gleichgewicht zu bringen, indem es einen bunten, vielfältigen Teppich aus Symbolen, Metaphern und Archetypen webt, in dem du einen Sinn erkennen oder auf den du einen Sinn projizieren kannst. Manche Träume enthüllen dir vielleicht nur, daß du am Vorabend zuviel Pizza gegessen hast; andere bieten dir seherische Lektionen, Warnungen, Chancen und Ratschläge. Träume sind der einfachste Zugang zum Unterbewußtsein und eine faszinierende Quelle intuitiver Erkenntnisse.

Viele Menschen erinnern sich nur hin und wieder an ihre Träume, und dann meist auch nur in Fragmenten, die keinen Sinn ergeben. Ich habe früher auch nie besonders auf meine Träume geachtet – bis ich eines Tages einen Jungschen Psychotherapeuten konsultierte, der mich aufforderte: «Bringen Sie nächste Woche eine Aufzeichnung Ihrer Träume mit.» Daraufhin nahm ich mir fest vor, nachts wach zu werden und alles aufzuschreiben, woran ich mich erinnern konnte. Bis zur nächsten Woche hatte ich fünf Seiten voller Traumbilder zusammengetragen. Auch du kannst dich an deine Träume erinnern, wenn du es dir fest vornimmst, und mit der Zeit wird dir das immer leichter fallen (vor allem, wenn du regelmäßig meditierst, denn Meditation durchbricht die Barrieren zwischen Wach- und Traumbewußtsein). Ein Traumtagebuch – die Aufzeichnungen deiner Traumzeit, deines Traumlebens – ist eine unerschöpfliche Quelle intuitiver Informationen.

Intuitive Problemlösung im Traumzustand

Vielleicht hast du auch schon einmal die Erfahrung gemacht, daß du mit irgendeinem Problem oder Dilemma zu Bett gingst – oder vor einer schwierigen Entscheidung standest – und das Problem am nächsten Morgen beim Aufwachen gelöst hattest oder zumindest viel klarer sahst. C. G. Jungs *Erinnerungen, Träume, Gedanken* ist einer der besten Texte über den geheimnisvollen Vorgang des Träumens, die je geschrieben wurden. Und der Stanford-Professor Stephen Laberge bietet in seinem klassischen Werk *Hellwach im Traum* Anleitungen zu einem modernen Traum-Yoga, mit dessen Hilfe man sogar aktiv in die Traumwelt eingreifen kann, die sich vor einem entfaltet.

Dein Unterbewußtsein kann Probleme und Rätsel lösen, die scheinbar außerhalb der Reichweite deines Bewußtseins liegen. Dr. William Dement von der Stanford-Universität, ein weltberühmter Experte auf dem Gebiet der Schlaf- und Traumforschung, gab seinen Studenten einmal folgendes Rätsel auf: H I J K L M N O – acht Buchstaben des Alphabets. Sie schienen überhaupt keinen Sinn zu ergeben, aber Dr. Dement forderte seine Studenten trotzdem auf, vor dem Schlafengehen darüber nachzudenken und sich am nächsten Tag ihre Träume zu notieren, um zu sehen, ob ihr Unterbewußtsein die Antwort wußte.

Ted, einer der Turner, die ich damals an der Stanford-Universität trainierte, erzählte mir am nächsten Morgen von dem Rätsel, sagte aber, er habe es immer noch nicht gelöst. «Der einzige Traum, an den ich mich erinnere», erklärte er, «war ein Sturm auf dem Meer. Ich befand mich auf einem alten Schoner, um mich herum wogten und tobten die Wellen, und vom Himmel herab regnete es in Strömen. Keine Ahnung, was das bedeuten soll.»

Am Nachmittag im Seminar erfuhr Ted, daß er das Rätsel gelöst hatte, ohne es zu wissen. H I J K L M N O sind die Buchstaben des Alphabets von H bis O (auf englisch *H to O*). Alles klar? H_2O – Wasser. Und Ted hatte von Regengüssen, dem Meer und wogenden Wellen geträumt.

Aber Träume können noch viel mehr als nur Rätsel lösen. Sie repräsentieren auch den Menschen, der du bist, und verraten sehr viel über deinen Schatten – die verborgenen Seiten deines Ichs, die du beim nächsten Tor kennenlernen wirst.

Gebete: Auch der heilige Brauch des Gebets kann dir Zugang zu intuitiver Weisheit verschaffen. Beten ist eine aufrichtige, demütige, aber inständige Bitte um höhere Führung. Das Gebet ist nicht an eine bestimmte Konfession gebunden oder auf irgendeine spezielle religiöse Tradition beschränkt. Beten kann die höchste, persönlichste und wirksamste Methode sein, sich intuitive Weisheit zu erschließen, denn traditionsgemäß bittet man Gott, den GEIST oder sein höheres Selbst um Hilfe oder Klärung. Gebete wirken am besten, wenn sie mit der inneren Einstellung «Dein Wille geschehe» gesprochen werden – mit anderen Worten: Wenn man bereit ist, der Führung zu folgen, wo immer sie einen auch hinlenken mag.

Hin und wieder bittet man im Gebet auch um ein Zeichen in seinem eigenen Körper oder in der äußeren Welt. Manchmal wird dir die Hilfe, um die du bittest, gleich während des Gebets zuteil, manchmal auch erst einige Zeit später. Diese Methode kann man praktizieren (und du wirst dich darin mit der Zeit immer mehr verbessern, je mehr du dich innerlich öffnest), überprüfen und verifizieren. Sie schenkt innere Klarheit, Erkenntnisse und Antworten auf wichtige Fragen und steigert deine Sensibilität für die leise Stimme deiner inneren Führung.

Um die gewünschten Antworten zu erhalten, mußt du natürlich auch die richtigen Fragen stellen. Die meisten Menschen kommen gar nicht auf die Idee, bewußt Fragen zu stellen, weil es ihnen albern oder zwecklos erscheint oder weil sie nicht daran glauben, daß tatsächlich eine Antwort kommen wird. Aber das ist eine der Bedeutungen der biblischen Aufforderung: «Bittet, so wird euch gegeben; suchet, so werdet ihr finden; klopfet an, so wird euch aufgetan.» Ob du nun betest oder dich einfach nur in einem Zustand der inneren Offenheit befindest, beispielsweise in Trance oder in einem Tagtraum – die Methode der richtigen Fragestellung ist immer die gleiche: Du mußt eine klar definierte Frage stellen, dich dann in einen Zustand entspannter Aufnahmebereitschaft versetzen und auf deine intuitiven Verbindungskanäle zu den verborgenen Reichen des Schattens und den höchsten Reichen des Lichts vertrauen.

Reisen: Obwohl die meisten Menschen das Reisen wohl kaum als Orakelmethode einstufen würden, hat es doch eine anregende oder stärkende Wirkung auf dein Unterbewußtsein, deine Alltagsumgebung zu verlassen und neues Terrain zu erkunden – du fühlst dich mit einem Schlag hellwach und lebendig. Es kommt auch ziemlich häufig – eigentlich fast immer – vor, daß man auf einer Reise neue Perspektiven, eine klarere Sicht und intuitive Einblicke in sein eigenes Ich und sein Leben gewinnt: Man bekommt im wahrsten Sinne des Wortes Distanz zu einer Frage oder einem Problem. Deshalb kann das Reisen eine gute Gelegenheit sein, intuitive Entscheidungen zu treffen. Du brauchst dazu nicht unbedingt viel Geld auszugeben oder in weit entfernte, exotische Länder zu reisen. Schon ein Spaziergang in ungewohnter Umgebung kann dir deine Intuition erschließen.

Die Quelle der Intuition

Selbst wenn Medien, Astrologen und andere Hellseher wirklich eine besondere Begabung besitzen, ist Intuition doch in erster Linie ein Do-it-yourself-Verfahren. Die Perspektive eines anderen Menschen kann zwar manchmal auch ganz hilfreich sein, doch letzten Endes geht es beim sechsten Tor darum, dich auf deine *eigene* innere Führung zu verlassen und deine *eigenen* intuitiven Erkenntnisse zu gewinnen, statt außerhalb deines Ichs nach Weisheit zu suchen. Du sollst die Verantwortung dafür übernehmen, dein Lebensschiff selbst zu steuern, und darauf vertrauen, daß du die intuitiven Fähigkeiten dazu besitzt.

Du selbst bist ein Orakel. Du kannst die Zeichen und Hinweise in deinem eigenen Körper und in deinen Träumen und Wachträumen erkennen, in den Bildern, die sich auf der Oberfläche von Wasserpfützen widerspiegeln, und in der leisen Stimme deines eigenen Herzens. Du bist der Experte im Hinblick auf dein eigenes Leben und dein Schicksal. Wenn du aufmerksam in dich hineinhorchst, kann kein Mensch dich besser kennen als du selbst.

Die Welt ist ein Orakel. Du kannst dir jederzeit Zugang zu intuitiver Weisheit verschaffen, indem du beispielsweise einen schlanken, biegsamen Baum betrachtest, der sich im Wind neigt. Du kannst einen verborgenen Sinn in den Formen der Wolken erkennen, und der Wechsel der Jahreszeiten oder ein Bergbach, der sich einen Abhang hinunterschlängelt, kann dir Einsichten vermitteln, die dein Leben verändern.

Nun, da du die vielfachen Wege deiner intuitiven inneren Führung erforscht hast, solltest du dir einmal folgendes bewußtmachen: Genau wie du ein Auto fahren oder fernsehen kannst, ohne sämtliche Mechanismen eines Verbrennungsmotors oder der elektronischen Wellenübertragung zu verstehen, kannst du auch auf deine Intuition vertrauen und sie dir zunutze machen, ohne genau zu wissen, was dabei in deinem Inneren abläuft. Der Schlüssel, der dir das Tor dazu öffnet, heißt Vertrauen. Jetzt ist es an der Zeit, das, was du in diesem Kapitel gelernt hast anzuwenden, indem du deine eigenen Entscheidungen triffst und auf sie vertraust.

Intuitive Entscheidungsfindung

Das Leben konfrontiert dich tagtäglich mit unzähligen Entscheidungen und Alternativen. Willst du nach rechts oder links einbiegen, dies oder jenes tun, ja oder nein sagen?

Wenn du auf der Straße an eine Abzweigung kommst,
nimm sie.

Yogi Berra

Logik und Verstand allein (wobei wir nur eine Hälfte unseres Gehirns einsetzen) funktionieren nicht unbedingt gut, so sorgfältig wir unsere Informationen auch analysieren mögen. Wir können alle Faktoren, das Für und Wider und sämtliche Vor- und Nachteile gegeneinander abwägen – so lange, bis unser Geist nur noch ein Hund ist, der seinem eigenen Schwanz nachjagt. Dann wird die Analyse zur Paralyse, zur Lähmung.

Vielleicht fällt es dir schwer, wichtige Entscheidungen zu fällen, weil du Angst hast, die falsche Wahl zu treffen. Vielleicht verwechselst du den Weg, der dich wirklich reizt, mit dem, was du deiner Meinung (oder der Meinung anderer Menschen) nach tun *solltest*. Vielleicht versuchst du auch, deine Entscheidung zu früh zu treffen, noch ehe sie notwendig oder relevant ist (das ist das gleiche, wie wenn man darüber nachdenkt, welchen Fuß man zuerst auf eine Straße setzen will, die noch zwanzig oder dreißig Meter entfernt ist); oder du verläßt dich immer noch ausschließlich auf deinen bewußten Verstand und verlierst dich im endlosen Abwägen verschiedener Faktoren.

Deine linke Gehirnhälfte weiß eine ganze Menge, doch ohne die intuitive Weisheit der rechten Gehirnhälfte ist jede Entscheidung etwas Halbfertiges, Unausgegorenes. Jedes Problem (und jedes Gehirn) hat zwei Seiten. Der Schlüssel zum Erfolg liegt darin, eine Mischung und ein harmonisches Gleichgewicht zwischen rechts und links, innen und außen, Ost und West, Logik und Intuition zu finden.

Die folgenden Verhaltensregeln sollen dir helfen, dir deine intuitiven Fähigkeiten zur Entscheidungsfindung zu erschließen und auf sie zu vertrauen:

- **Frage dich einfach: «Und wenn ich es schon wüßte?»** Immer wenn du innerlich unsicher, unschlüssig oder im Zweifel bist, sprich diese magischen Worte vor dich hin: «Und wenn ich es schon wüßte?» – und warte ab, was vor deinem inneren Auge auftaucht.
- **Bleibe ganz locker und entspannt, betrachte die Sache als Spiel.** Je entspannter du bist (beispielsweise im Zustand der Hypnose oder im Schlaf), um so mehr tritt dein normalerweise dominierendes, logisches, linkshirniges Bewußtsein in den Hintergrund und verstummt, und deine intuitiven Fähigkeiten kommen zum Vorschein. Nimm das Leben leicht – oft spielt man gerade dann am besten, wenn es einem gar nicht so wichtig ist, ob man gewinnt oder verliert.
- **Löse dich von deiner Logik.** Logik beeinträchtigt nämlich die Intuition. Setze beide Fähigkeiten ein, aber nicht gleichzeitig. Unwissenheit ist ein Geschenk des Himmels; gehe von keinerlei Erwartungen oder Voraussetzungen aus, sondern warte einfach ab, was sich ergibt.
- **Vertraue auf deine angeborenen Fähigkeiten.** Als ich vor Jahren beim Finale der Trampolin-Weltmeisterschaft einen mehrfachen Salto machte, entschied mein Körper von Sekunde zu Sekunde blitzschnell, welche Bewegung als nächstes kommen mußte. Mein Bewußtsein wäre dazu nie in der Lage gewesen. Ich blieb einfach geistesgegenwärtig, öffnete mich der Weisheit meines Körpers und tat vertrauensvoll alles, was er wollte. Genau wie

ich mich damals auf meinen Instinkt verließ, kannst du dich auf deine Intuition verlassen.

Selbst wenn du diese Verhaltensregeln befolgst, wird es dir vielleicht manchmal an der erforderlichen Weitsicht fehlen, um eine klare Entscheidung zu treffen. Woher sollst du wissen, was für Konsequenzen eine Entscheidung, die du heute triffst, in zehn Jahren haben wird? Das kannst du nicht – jedenfalls nicht mit hundertprozentiger Sicherheit. Aber du kannst dir mehr Weitblick verschaffen, indem du deine intuitive Vorstellungskraft einsetzt.

Timelining: Zukunftsschau mit Hilfe deiner intuitiven Vorstellungskraft

Wenn du deine Phantasie in die Zukunft projizierst, erhältst du eine intuitive Perspektive, die viel tiefer reicht, als wenn du die Dinge einfach nur vom zeitlichen Standpunkt der Gegenwart aus betrachtest. So kannst du mit Hilfe deiner intuitiven Weisheit Entscheidungen treffen, indem du die künftigen Konsequenzen dieser Entscheidungen vorausahnst. Das ist ein ganz einfaches Verfahren, das nur ein paar Minuten dauert; aber es wird dir mehr intuitive Daten liefern, auf denen du deine Entscheidung aufbauen kannst. (Um die Metapher mit der Abzweigung auf der Straße wieder aufzugreifen: Mit Hilfe dieses Verfahrens kannst du deine Vorstellungskraft beide Wege entlangschicken und erspüren, was dich am Ende erwartet.)

Angenommen, du müßtest dich zwischen drei Alternativen entscheiden – A, B und C:

1. Stell dir zunächst einmal vor, du hättest Alternative A gewählt.
2. Dann setze dich mit offenen oder geschlossenen Augen ruhig hin, atme tief und entspanne dich. Stelle dir folgende Frage und warte ab, was dabei vor deinem inneren Auge auftaucht:
   - Wie werde ich in einer *Stunde* aussehen und mich fühlen und was werde ich tun, nachdem ich Alternative A gewählt habe? (Warte, bis deine intuitive Vorstellungskraft ein Bild vor deinen Augen entstehen läßt.)
   - Wie werde ich in einem *Tag* aussehen und mich fühlen, und

was werde ich tun, nachdem ich Alternative A gewählt habe? (Warte wieder ab.)

- Wie werde ich mit Alternative A in einer *Woche* aussehen und mich fühlen, und was werde ich tun? (Warte wieder auf dein inneres Bild.)
- Wie werde ich mit Alternative A in einem *Monat* aussehen, mich fühlen, und was werde ich tun? (Wieder abwarten.)
- Wie werde ich mit Alternative A in einem *Jahr* aussehen, mich fühlen, und was werde ich tun? (Wieder abwarten.)
- Wie werde ich mit Alternative A in *zehn Jahren* aussehen, mich fühlen, und was werde ich tun? (Abwarten.)

3. Anschließend verfährst du genauso mit den Alternativen B und C. Am Ende dieses Prozesses, der nur ein paar Minuten dauert, wird sich eine umfassendere Perspektive vor dir eröffnen als vorher, denn jetzt hast du dir Zugang zu deiner intuitiven Vorstellungskraft verschafft.

Vielleicht fragst du dich jetzt: Wenn ich mir nur vorstelle, wie ich in der Zukunft wohl aussehen und mich fühlen und was ich tun werde, woher weiß ich denn dann, ob das auch wirklich stimmt? Vielleicht erfinde ich ja auch einfach nur ein positiveres Bild von meiner künftigen Situation, weil das die Alternative ist, die ich insgeheim vorziehe? Um dir diese Fragen beantworten zu können, solltest du dir einmal folgendes überlegen: Warum hat deine Phantasie (oder dein Unterbewußtsein) gerade diese Bilder in dir aufsteigen lassen und keine anderen? Und außerdem: Wenn du dir bei einer ganz bestimmten Alternative ein schönes Bild deiner künftigen Situation vorgestellt hast, weil dir diese Alternative lieber ist als alle anderen, dann hast du deine Entscheidung eigentlich schon getroffen, oder nicht?

Intuition und Glaube

Doch letzten Endes wirst du all diese Werkzeuge und Methoden beiseite schieben und deine innere Führung direkt aus der Quelle schöpfen – dem GEIST oder Gott oder der Stimme deines höheren Selbst. Dich auf deine Intuition zu verlassen ist im Grunde genau dasselbe, wie auf Gott zu vertrauen. Letzten Endes muß deine Intuition sich auf den Glauben stützen, denn dein inneres Führungssystem wird dich nicht unbedingt zu risikolosen Entscheidungen hinlenken. Manchmal bringen deine Entscheidungen dich vielleicht tatsächlich dorthin, wo du hinzuwollen *glaubst*. Es kann aber auch passieren, daß du dich auf deine Intuition verläßt, eine Entscheidung triffst und es dir dann eine Zeitlang ziemlich schlechtgeht. Das muß nicht unbedingt bedeuten, daß du eine falsche Entscheidung getroffen hast.

Die konventionelle Wahrheit sagt, daß jeder Mensch Fehler macht. Die metaphysische Wahrheit hingegen besagt, daß man letzten Endes gar keine falsche Entscheidung treffen kann.

Intuition hat nichts mit Gewißheit zu tun, sondern mit Glauben und Vertrauen. Glaube ist der Mut, mit allem, was dir widerfährt, so umzugehen, als sei es genau das, was du für dein höchstes Wohl und einen höchsten Lernprozeß brauchst. Manchmal führt deine Intuition dich nämlich auch auf einen schwierigen Weg, um dich auf die Probe zu stellen, dich innerlich hart und stark zu machen und dir beizubringen, wie man mit Schwierigkeiten umgeht und daran wächst.

Du wirst vom Leben nicht immer das bekommen, was du willst, aber es wird dir garantiert immer das geben, was du brauchst. Es wird dir nicht immer sagen, was du gern hören möchtest, aber es wird dir verraten, in welche Richtung du gehen, was du tun mußt und wem du vertrauen kannst. Dieser Glaube erweckt deine Intuition, und dadurch wirst du lernen, den Horizont deines Wissens, Sehens und Tuns in dieser Welt zu erweitern.

Das siebte Tor

Akzeptiere deine Gefühle

Emotionen sind wie die Wogen auf dem Ozean oder das wechselnde Wetter am Himmel: Sie steigen automatisch in uns auf und ziehen auch von selbst wieder vorbei. Du kannst deine Gefühle nicht durch Absicht oder Willenskraft kontrollieren. Deshalb bist du auch nicht für sie verantwortlich – nur für deine Reaktionen darauf. Lasse deine Gefühle zu, akzeptiere deine Emotionen voll und ganz! Du darfst ihnen nur nicht erlauben, dein Leben zu bestimmen.

Im Zentrum des Wirbelsturms

Das Geheimnis besteht darin, dich nicht gegen deine Emotionen zu wehren oder gegen sie zu rebellieren oder sie mit allen möglichen Tricks umgehen zu wollen, sondern sie einfach so zu akzeptieren, wie sie sind.

Dr. Takahisa Kora

Landkarte: Das Rätsel deiner Emotionen

In unserer höflichen Gesellschaft zeigen wir anderen Menschen selten intensive oder spontane Gefühle; es sieht fast so aus, als hätten wir gar keine. Und doch sind Gefühle die Treibkraft, die den größten Teil unseres Lebens bestimmen – wir streben nach angenehmen Gefühlen und versuchen, unangenehme zu vermeiden. Wir jagen allen Dingen nach, von denen wir hoffen, daß sie uns ein gutes Gefühl vermitteln. Für die meisten Menschen ist die ganze Suche nach Erleuchtung nichts anderes als eine Suche nach dauerhaft angenehmen Empfindungen.

Wenn dein Leben eine Reise ist, dann sind deine Emotionen die Wetterfronten, die du unterwegs durchläufst (und die durch dich hindurchgehen). Dieser Metapher, bei der Emotionen mit dem Wetter verglichen werden, wirst du in diesem Kapitel noch öfters begegnen, denn Gefühle und Emotionen (diese beiden Begriffe sind für mich austauschbar) verhalten sich tatsächlich ganz ähnlich wie das Wetter.

Stelle dir nur einmal vor, wie dein Leben aussähe, wenn du einen großen Teil deiner Zeit und Energie darauf verwenden würdest, jedesmal, wenn es windig oder stürmisch ist, schneit oder heiß wird, das Wetter in Ordnung zu bringen! Und doch tun die meisten Menschen nichts anderes, sobald Stürme und Unwetter in ihrem eigenen Inneren losbrechen. Dann fragen sie Therapeuten um Rat und suchen nach Strategien, um ihre Gefühlswelt wieder in Ordnung zu bringen. Doch so naheliegend das auf den ersten Blick auch erscheinen mag: Du wirst sehen, daß der Versuch, deine Gemütslage zu verbessern, indem du direkt an deinen Gefühlen arbeitest, unrealistisch ist; viel sinnvoller ist es, statt dessen an deinem Verhalten zu arbeiten.

Nachdem du bei den ersten sechs Toren einen tieferen Einblick in die Themen Selbstwertgefühl, Willenskraft, Energie, Geld und Geist gewonnen hast, stehst du nun an der Schwelle zu einer ganz neuen, bahnbrechenden und vor allem realistischen Methode, im täglichen Leben mit deinen Gefühlen umzugehen. Wenn du deine Emotionen (und die Emotionen anderer Menschen) akzeptierst, kannst du all deine zwischenmenschlichen Beziehungen heilen und regenerieren – von oberflächlichen Bekanntschaften bis hin zur tiefsten Freundschaft.

Akzeptiere deine Gefühle ist kein Patentrezept, das dir hilft, dich besser zu fühlen oder von jetzt an nur noch positive Emotionen zu haben, sondern eine realistische Methode, die darin besteht, deine Gefühle als etwas ganz Natürliches anzunehmen, von ihnen zu lernen, sie durch dich hindurchströmen zu lassen und dich dann einfach wieder deinem täglichen Leben zuzuwenden. An diesem Tor wirst du nämlich lernen, deine Beziehung zu deinen Gefühlen zu verändern. Das erfordert Wachsamkeit und innere Offenheit, denn du wirst dich dabei mit Prämissen auseinandersetzen müssen, die du fast seit deiner Geburt stillschweigend akzeptiert und niemals in Frage gestellt hast.

An diesem Tor wirst du die Quelle und die Hauptursachen emotionaler Probleme kennenlernen. Du wirst erfahren,

- warum Gefühle etwas ganz Natürliches sind;
- inwiefern auch negative Emotionen positive Lernerfahrungen beinhalten;
- und warum Therapieansätze, bei denen es darum geht, deine Gefühle zu verändern, nicht funktionieren.

Du wirst

- sieben Methoden kennenlernen, um deine Stimmungslage zu beeinflussen;

- erfahren, wie du dich selbst heilen kannst, indem du deine Gefühle akzeptierst;
- und schließlich eine Gefühlsmeditation erlernen, die dir hilft, dich über alle inneren Stürme zu erheben.

Diejenigen, die am wenigsten Interesse daran haben, dieses Tor zu erforschen, werden vielleicht den größten Nutzen daraus ziehen. Das gilt übrigens auch für alle anderen Tore.

Wie Emotionen entstehen

Die meisten Kinder beginnen ihr Leben in einem emotionalen Paradies. Wenn du ein normales, gesundes Baby warst, hast du dich ständig in einem Zustand reiner Wonne befunden – vorausgesetzt, du warst satt und ausgeruht und hattest saubere Windeln an. (Wenn du das nicht glaubst, schau nur einmal einem Baby in die Augen.) Natürlich hast du auch manchmal intensive (und ganz natürliche) emotionale Höhen und Tiefen erlebt. Du bist bereits mit instinktiven Ängsten und reflexartigen Schreckreaktionen auf diese Welt gekommen, hast bald Zorn und Frustration kennengelernt, und wenn du traurig warst, hast du dafür gesorgt, daß das ganze Haus es erfuhr. Diese Emotionen waren wie Wellen, du ließest sie einfach durch dich hindurchfließen und dann weiterziehen. Du hast deine Emotionen sehr intensiv erlebt und sie ungeniert zum Ausdruck gebracht. Aber sobald deine relativ einfachen Bedürfnisse erfüllt waren (wenn man deine Windeln wechselte, dich fütterte, im Arm hielt und liebkoste), bist du wieder in deinen Ausgangszustand seliger Unwissenheit zurückgekehrt.

Doch als du älter wurdest, verließest du diesen Paradiesgarten der Kindheit, diese glückliche Unwissenheit, und begannst Dinge zu hoffen oder zu fürchten, dir Sorgen zu machen, dir Erwartungen und Urteile über dich selbst und die Welt zu bilden. Das brauche ich nicht näher auszuführen, dein jetziger emotionaler Zustand ist dir sehr wohl bewußt. Trotzdem soll dir ebenso wie bei den vorherigen Toren auch hier wieder ein Selbsteinschätzungstest klarmachen, was für eine Beziehung du zu den Emotionen in deinem Leben hast.

Test: Eine emotionale Selbsteinschätzung

Jeder Mensch – egal, ob im Osten oder im Westen – erlebt seine emotionalen Stürme und Flauten. Der einzige Unterschied besteht darin, daß die Wolken bei manchen Menschen schneller vorüberziehen als bei anderen. Bei der nun folgenden emotionalen Bestandsaufnahme wird dir auffallen, daß wir kaum nach positiven Emotionen fragen, denn die wenigsten Menschen empfinden Glück oder Freude oder Faszination als Problem. Aber du solltest einmal über folgende Fragen nachdenken:

- Wie verhältst du dich normalerweise, wenn du bestürzt, gekränkt oder innerlich aus dem Gleichgewicht geraten bist?
- Wünscht du dir manchmal, dein Ehemann oder Partner, deine Eltern, Kinder oder Freunde wären weniger gefühlsbetont – oder gefühlsbetonter?
- Könnte man dich als «emotionalen» oder «gefühlsbetonten» Menschen bezeichnen? (Was bedeutet dieses Wort für dich?)
- Wie reagierst du, wenn jemand in deiner Umgebung dir kritisch oder negativ begegnet?
- Sind deine eigenen Gefühle – oder die Emotionen anderer Menschen – dir manchmal peinlich?
- Welche Emotionen bereiten dir am meisten Probleme: Angst, Kummer oder Zorn?
- Würdest du dich gern häufiger glücklich oder motiviert fühlen oder mehr inneren Frieden empfinden?
- Wenn du glücklich bist und Liebe empfindest, warum kannst du diese Emotionen dann nicht festhalten?
- Wie lange halten negative Gefühle bei dir an (also zum Beispiel, wenn du zornig oder traurig bist oder Angst hast)?
- Wie lange halten positive Emotionen bei dir an (beispielsweise, wenn du freudig erregt, begeistert oder glücklich bist)?
- Wenn du irgend etwas tun mußt, wartest du dann so lange damit, bis du in einer positiven emotionalen Verfassung (motiviert, begeistert, engagiert) bist?

Diese Fragen sind die Vorbereitung auf einen ganz neuen Umgang mit deinen Gefühlen: Du wirst alle Emotionen in deinem Leben akzeptieren, ja sogar freudig begrüßen und endlich beginnen, das Leben und den GEIST in Farbe und nicht mehr in Schwarzweiß zu erleben.

Der Ursprung deiner Gefühle

Ein Meteorologe kann dir vielleicht die komplizierten Gründe dafür erläutern, warum es heute geregnet hat – ein Zusammenspiel verschiedenster Faktoren: Inversionen, die Strahlströmung und kalte Meeresluft, die sich an den Hängen der Berge erwärmt. Psychologen – die Meteorologen unseres Gefühlslebens – können dir Erklärungen für dein inneres Klima geben. Doch ganz egal, warum – wenn es trotzdem immer noch regnet, mußt du das Unwetter überstehen, als etwas Natürliches akzeptieren und dich weiter um dein Leben kümmern.

Ein Mann schrieb ans Landwirtschaftsministerium, um sich über das Unkraut zu beschweren, das seinen Rasen verschandelte. In seinem Antwortschreiben unterbreitete das Ministerium ihm ein paar Vorschläge, wie er das Problem lösen könnte. Der Mann probierte alle Mittel aus, aber keines konnte das Unkraut völlig ausrotten. Verärgert schrieb er wieder ans Ministerium und erklärte, keiner der Vorschläge habe ihm weitergeholfen. Daraufhin kam nur noch ein ganz kurzer Brief vom Ministerium: «Dann lernen Sie doch einfach, das Unkraut zu lieben.»

Natürlich lieben wir schmerzliche Gefühle – zum Beispiel Angst, Sorgen oder Depressionen – nicht. Wir brauchen sie auch nicht unbedingt zu lieben oder auch nur zu mögen; aber wir müssen sie akzeptieren und trotzdem ganz normal weiterleben, auch wenn uns das manchmal schwerfällt. Unsere Emotionen – so unangenehm sie auch sein mögen – sind nicht das Problem. Probleme bekommen wir nur, wenn wir deshalb die Schule verlassen oder nicht mehr zur Arbeit gehen – das heißt, wenn wir uns so lange nicht um unsere Familie, unsere Pflichten oder unser Leben kümmern, bis wir unsere emotionalen Probleme wieder im Griff haben. Was ist dir lieber: deprimiert allein in deinem Zimmer zu sitzen, während du versuchst, deine Probleme zu lösen, oder aber deprimiert zu sein und dabei trotzdem dein Haus zu putzen oder ein wichtiges Projekt fertigzustellen?

Deine Gefühle zu akzeptieren und dir deinen Willen zurückzuerobern ist im Grunde ganz einfach: Tue *trotz* dieser Gefühle alles, was getan werden muß. Akzeptiere deine Gefühle und lerne aus ihnen, aber lasse dein Leben nicht von ihnen bestimmen. Wenn du auch in emotionalen Krisenzeiten produktiv bleibst, wird deine emotionale Verfassung sich eher verbessern, als wenn du gar nichts tust, als nur zu grübeln und auf sonnigere Zeiten zu warten.

Um dir klarzumachen, warum eine lockere, entspannte Haltung des Annehmens vielleicht die realistische Einstellung zu deinen Emotionen ist, möchte ich zu Beginn dieser Entdeckungsreise ins Reich der Gefühle erst einmal untersuchen, wo Gefühle eigentlich herkommen. Das wird dir zwar nicht helfen, deine Emotionen unter Kontrolle zu bekommen, aber zumindest wirst du dann alles aus einer realistischeren Perspektive sehen und mehr Mitgefühl für dich selbst und andere Menschen aufbringen können. Also wollen wir nun einmal einige der häufigsten Ursachen von Emotionen betrachten. Willkommen beim emotionalen Wetterbericht!

Unser Denken und die Bedeutung, die wir den Dingen zuschreiben: Als ich bei einem Besuch in Europa einmal einen Spaziergang mit einem Freund machte, kam eine Gruppe junger Burschen an uns vorbei, und einer von ihnen machte eine Geste in unsere Richtung. Ich lächelte, weil ich es für eine freundliche Gebärde hielt, und wollte den Jugendlichen schon zuwinken; aber mein Freund war wütend. Offenbar galt die Geste des jungen Burschen, die ich nicht verstanden hatte, in diesem Land als unhöflich und obszön. Aber für mich hatte sie keine Bedeutung gehabt und daher auch keine Emotionen in mir geweckt. Viele Gefühle entspringen unserer geistigen Interpretation dessen, was wir erleben.

Unsere Nahrung: Auch das, was wir essen und trinken, wirkt sich auf unsere Stimmungen aus. Manchmal entstehen negative emotionale Zustände gar nicht in unserem Herzen, sondern eher in unseren Verdauungsorganen. Eine leichte Ernährung, wie ich sie beim dritten Tor beschrieben habe, kann dazu beitragen, unsere Stimmung aufzuhellen.

Erschöpfung: Die meisten Menschen sind nach einem langen Arbeitstag, wenn die Müdigkeit zu groß ist, um sich noch mit einem Problem zu beschäftigen, schlechter gelaunt oder reizbarer als sonst. In solchen Zeiten fängt man normalerweise am leichtesten mit jemandem Streit an, es ist aber nicht unbedingt der beste Zeitpunkt für eine Auseinandersetzung. Wie sehr Erschöpfung sich auf deine Gefühlslage auswirkt, hängt davon ab, ob diese Erschöpfung von Streß und Überarbeitung herrührt oder ob du erschöpft bist, weil du intensiv trainierst oder eine befriedigende Aufgabe erledigt hast.

Rauschzustand: Alle Substanzen, die dich in einen Rausch versetzen, können deine Stimmung heben oder niederdrücken, indem sie Hemmungen abbauen. Wenn du dich wohl fühlst, wirst du durch solche Substanzen vielleicht noch glücklicher; traurige Menschen werden noch trauriger, und wütende Menschen werden abstoßend.

Hormone: Hormone neigen dazu, unsere Stimmungen und Gefühle zu beeinflussen – bei Männern ebenso wie bei Frauen. Und wie alle emotionalen Faktoren neigen sie auch dazu, unser Verhalten zu beeinflussen. Das muß aber nicht unbedingt so sein.

Innere Anspannung und Streß: Anspannung oder Streß (zum Beispiel, wenn man krank ist oder Schmerzen hat) können reaktive Emotionen auslösen oder dazu führen, daß wir überempfindlich reagieren.

Krankheit und Schmerzen: Wer ständig launisch oder reizbar ist, leidet vielleicht an einer chronischen Krankheit oder chronischen Schmerzen. Die wenigsten Menschen sind in Hochform, wenn sie sich krank oder nicht ganz auf der Höhe fühlen. Es erfordert Mut, freundlich zu anderen Menschen zu sein, wenn man Schmerzen hat.

Deine Lebensumstände und deine Umgebung: Natürlich hängt deine emotionale Verfassung auch davon ab, ob du gerade entlassen wurdest oder einen Studienplatz an deiner Traumuniversität bekommen hast. Angenehme Lebensumstände lösen freudigere Gefühle in uns als unangenehme. Wenn man in Las Vegas ankommt, ist man meistens besser gelaunt, als wenn man wieder abreist.

Andere Faktoren: Alles mögliche kann sich auf deine Gefühlslage auswirken, von astrologischen Transiten bis hin zu Biorhythmen – auch Kindheitserinnerungen, Assoziationen, ja sogar Lieder oder Gerüche, die dich an die Vergangenheit erinnern.

Mit dieser Liste von Faktoren, die Gefühle in dir auslösen können, will ich zeigen, daß du unmöglich alle Ursachen analysieren oder verstehen kannst, die für deine emotionalen Höhen und Tiefen verantwortlich sind. Das muß auch gar nicht sein – es genügt zu wissen, daß das Zusammenspiel zwischen deinem Denken und deinen Lebensumständen zu diesen Höhen und Tiefen beiträgt. Die entscheidende Frage ist nicht: «Wo kommen meine Gefühle her?», sondern: «Was soll ich mit ihnen anfangen?» Soll ich überhaupt etwas damit anfangen?

Die Strategie der meisten Menschen besteht darin, ihre Gefühle zu ignorieren oder so zu tun, als existierten sie gar nicht – das heißt, sie verleugnen ihre Emotionen. Doch wenn der innere Druck sich mit der Zeit immer mehr anstaut, kommt es manchmal zu Gefühlsausbrüchen, beispielsweise Streitigkeiten oder Wutanfällen (und hinterher macht man sich dann oft Vorwürfe, weil man «die Beherrschung verloren hat»).

Wenn wir unsere Gefühle verleugnen . . .

An dem Tag, als man dir sagte, daß große Jungen (oder große Mädchen) nicht weinen oder als dich jemand fragte, *warum* du dich eigentlich so aufregst; an dem Tag, an dem dir klarwurde, daß es andere Menschen kränkt oder wütend macht, wenn du deinem Zorn freien Lauf läßt, hörtest du auf, deine eigenen Gefühle zu akzeptieren oder auch nur wahrzunehmen. Du lerntest, deine Emotionen zu intellektualisieren und begannst, sie zu analysieren, unterdrükken, rechtfertigen oder verleugnen. Das war der Anfang deiner Verbannung aus dem Paradiesgarten des unverfälschten Gefühlsausdrucks.

Symptome der emotionalen Selbstverleugnung

Warum sollte ein vernünftiger Mensch überhaupt ein Bedürfnis nach Kontakt zu seiner eigenen Gefühlswelt haben? Ist das nicht ein Relikt aus den sechziger und siebziger Jahren, über das wir längst hinausgewachsen sind?

Ganz so einfach ist es leider nicht. Die Realität sieht ganz anders aus:

- Gefühle lassen sich ebensowenig verleugnen wie Gewitterwolken.
- Um deine Emotionen überwinden zu können, mußt du sie erst einmal akzeptieren.
- Ehe du deine Emotionen akzeptieren kannst, mußt du wissen, was du empfindest – du mußt dieses Gefühl kennen, es dir bewußtmachen und auch ausdrücken können.
- Gefühle lassen sich nicht so überwinden, wie du es dir vielleicht vorstellst.

Wenn wir unsere emotionalen Energien abwerten oder verleugnen, zahlt unser Körper einen Preis dafür. Chronische emotionale Spannungen können Krankheiten und Beschwerden wie Kopfschmerzen, Rückenschmerzen, Arthritis, Bluthochdruck, Verdauungsstörungen und Colitis auslösen oder verschlimmern, und sie können auch zur Verschlimmerung von Magengeschwüren, Schlaflosigkeit und anderen psychosomatischen Erkrankungen beitragen. Wenn wir älter werden, können Spannungen aufgrund unterdrückter Gefühle zu Steifheit in den Gelenken, Muskelschmerzen und ganz allgemein zu mangelnder Beweglichkeit führen. Die Bewegungen tun immer mehr weh, also bewegen wir uns immer weniger und reduzieren damit unseren Spielraum, unsere Lebensmöglichkeiten. Bei manchen älteren Menschen kann man die Wirkung unterdrückter Emotionen erkennen, die sich im Laufe der Jahre in Form chronischer Verspannungen angestaut haben. Solche Restriktionen können sogar zu einem geistigen Zustand führen, den man als «Psychosklerose» bezeichnet: einer Verhärtung unserer inneren Haltung. Der Psychologe Wilhelm Reich erinnerte seine Patienten stets daran, daß nicht zum Ausdruck gebrachte Emotionen in den Beugemuskeln unseres Körpers gespeichert werden und daß unsere Organe die Tränen weinen, die unsere Augen nicht vergießen wollen.

Eines meiner Probleme ist,
daß ich immer alles verinnerliche.
Ich kann meine Wut nicht zum Ausdruck bringen,
statt dessen wächst mir ein Tumor.

Woody Allen

Die Menschen, die am wenigsten Kontakt zu ihren Gefühlen haben, haben normalerweise auch keinen Kontakt zu ihrem Körper. Wenn Sportler physischen Schmerz ignorieren, mag das kurzfristig gesehen von Nutzen für sie sein, aber langfristig bringt es immer Nachteile. Ebenso ist es, wenn wir unsere Gefühle beiseite schieben. Wenn wir unsere emotionale Sensibilität verlieren, geht auch der Kontakt zu unseren intuitiven Fähigkeiten verloren. Wenn wir die Verbindung zu unseren eigenen Gefühlen verlieren, haben wir auch keinen Kontakt mehr zu den Gefühlen anderer Menschen. Das kann so weit gehen, daß wir in einer Art Betäubungszustand leben und das Gefühl haben, gar keine Verbindung mehr zum Leben zu haben. Was manche Menschen als spirituelles Problem erleben (ein Gefühl der Trennung von Gott), ist in Wirklichkeit ein emotionales Problem (ein Getrenntsein von der eigenen Gefühlswelt).

Eine einfache Übung

Wenn du dir nicht mehr sicher bist, was du empfindest – ob du Angst hast oder gekränkt oder wütend bist –, kann die folgende Übung dir helfen, dein emotionales Bewußtsein wieder einzustimmen, und dabei gleichzeitig deine intuitiven Fähigkeiten und dein Einfühlungsvermögen für andere Menschen verbessern.

- Wenn du das Gefühl hast, emotional irgendwie aus dem Gleichgewicht geraten zu sein, aber nicht genau weißt, was du eigentlich empfindest, dann frage dich: «Wenn ich im Augenblick etwas empfinden würde, könnte man dieses Gefühl dann eher als Angst, Kummer oder Zorn beschreiben?»
- Wenn deine Antwort auf diese Frage lautet: «Ich weiß nicht, was ich empfinde», frage weiter: «Na schön, ich weiß nicht, was ich empfinde. Aber *wenn* ich es wüßte – wenn mir plötzlich eine Erkenntnis käme oder wenn das Gefühl so intensiv würde, daß ich es klar definieren könnte –, welcher Emotion käme es dann am nächsten: Angst, Kummer oder Zorn?»
- Und dann gib dir selbst oder einem anderen Menschen gegenüber eine Erklärung ab: «Ich empfinde . . .» Das ist ein erster Schritt, um deine Gefühle wieder in deinen Körper und dein Le-

ben zu integrieren und dir tiefere Ebenen deines wahren Ichs zu erschließen.

Seinen Gefühlen Luft machen: Wie man es nicht tun sollte

Wie schon gesagt: Um deine Gefühle akzeptieren zu können, mußt du sie zunächst einmal kennen. Von den beiden Ebenen emotionaler Unverfälschtheit – seine Gefühle zu kennen und sie auszudrükken – ist das Kennen die wichtigere. Du solltest immer wissen, was du gerade fühlst, aber du brauchst es nicht unbedingt immer zum Ausdruck zu bringen. Manchmal ist uns wohler zumute, wenn wir uns etwas von der Seele reden – manchmal aber auch nicht. Deshalb gibt es keine allgemeingültige Regel, die uns sagt, ob wir unseren Gefühlen Luft machen sollen oder nicht.

Seine Gefühle zu äußern kann ein Zeichen von Mut und Aufrichtigkeit sein und anderen Menschen, die sich über die Auswirkungen ihrer Worte und Taten vielleicht nicht im klaren sind, wertvolles Feedback bieten. Wenn man aus Höflichkeit, stoischer Gelassenheit oder einem Gefühl der Verlegenheit heraus lieber schweigt, leistet man sich und anderen damit keinen guten Dienst. Aber es ist ebenfalls ein schlechter Dienst und sorgt nur für noch mehr emotionalen Aufruhr, wenn man seine Empfindungen in tadelnde Worte kleidet: «Du hast schon wieder alles verdorben! Ich habe so eine Wut auf dich! Du Idiot!» Wenn du deine Wahrheit in respektvoller Form zum Ausdruck bringst, werden die anderen eher darauf hören.

Es ist eine geschickte Strategie, eher in «Ich»- als in «Du»-Sätzen zu sprechen, zum Beispiel: «Wenn du das sagst (oder tust), fühle ich mich . . .» Oder: «Ich wäre dir dankbar, wenn du das sagen oder tun (oder nicht sagen oder tun) würdest.» Wenn nötig, kannst du auch noch hinzufügen: «Ich bin nicht gern mit dir zusammen, wenn du dich so verhältst.» Auf diese Weise hast du dem anderen Grenzen gesetzt und deine Gefühle zum Ausdruck gebracht. Und dabei solltest du es belassen. Du brauchst deine Mitmenschen nicht zu kritisieren, mit herablassenden Ratschlägen zu bevormunden oder ihnen die kalte Schulter zu zeigen. Du kannst anderen Menschen alle möglichen Botschaften senden, vorausgesetzt, du verpackst sie in den richtigen Umschlag und schreibst eine Antwortadresse darauf. Wenn du eine Reaktion darauf erhältst, höre einfach zu.

Es ist im Leben sehr wichtig, seine Gefühle ausdrücken zu können. Aber wenn man Kränkungen und Verstimmungen immer wieder zum Ausdruck bringt, besteht die Gefahr, sie dadurch ständig neu zu entfachen. Lerne, dich zu behaupten und deinen Mitmenschen Grenzen zu setzen. Aber konzentriere nicht dein ganzes Leben auf den endlosen Teufelskreis des Fühlens und Über-Gefühle-Sprechens, und denke auch nicht ständig darüber nach, ob dich vielleicht irgend jemand verletzt hat. Die anderen Menschen müssen nicht unbedingt von allen deinen Gefühlen erfahren. Finde zu einem konstruktiven Gleichgewicht.

Psychotherapeuten: Was sie können – und was sie nicht können

Wenn du physische Schmerzen hast, kannst du zum Arzt, zum Chiropraktiker oder zu irgendeinem anderen Therapeuten gehen. Wenn dich schmerzhafte Emotionen bewegen, kannst du dich in psychotherapeutische Behandlung begeben. Viele Therapeuten konzentrieren sich genau auf das Ziel, um dessentwillen ihre Patienten zu ihnen kommen: Sie wollen ihnen dazu verhelfen, sich besser zu fühlen. Normalerweise tun sie das, indem sie an Gefühlen arbeiten: Sie versuchen innere Einstellungen und emotionale Zustände zu ergründen, an die Oberfläche zu holen und zu korrigieren, indem sie deren Ursachen analysieren, Kindheitsprobleme aufarbeiten und den Patienten seine Gefühle aussprechen und abreagieren lassen. Oder sie arbeiten an seinen Emotionen und seinem Denken, damit er mehr Selbstbewußtsein und Selbstachtung entwickelt und lernt, zu seinen Gefühlen zu stehen und sich so zu geben, wie er ist.

Es kann durchaus sinnvoll sein, solche Ziele zu verfolgen, vor allem, wenn die einzige andere Alternative darin besteht, allein in deinem Zimmer zu sitzen und vor dich hinzubrüten. Es tut gut, deine Probleme vor jemandem auszubreiten. Doch das Ganze kann auch zu einem faszinierenden und möglicherweise endlosen Abenteuer der Selbstanalyse ausarten, bei dem wir einen Teil unseres Tages damit zubringen, unsere Probleme zu analysieren und den anderen Teil damit, sie auszuleben.

Wir sind die archäologischen Fundstätten, aus deren unergründlichen Tiefen sich immer neue Dinge zutage fördern lassen, wenn man danach sucht. Träume liefern uns endlosen Stoff zum Analysieren, ebenso das Auf und Ab unserer Beziehungen, unserer beruflichen Laufbahn und unseres täglichen Lebens. So entwickeln wir uns nach und nach zu sehr erfolgreichen psychotherapeutischen Patienten. Doch letzten Endes gibt es nur drei Möglichkeiten, auf Emotionen zu reagieren, die dir weh tun oder dich seelisch aus dem Gleichgewicht bringen:

- Du kannst sie *verleugnen* (das heißt, sie verdrängen oder unterdrücken).
- Du kannst sie *ausleben* (dein Verhalten von ihnen steuern lassen).
- Oder du kannst sie *beobachten* und aus ihnen lernen, ohne auf sie zu reagieren.

Beobachtung ist der zentrale Aspekt des siebten Tores: deine Gefühle voll und ganz zu akzeptieren, als etwas Natürliches anzuerkennen und deine Zeit, Energie und Aufmerksamkeit dann auf konstruktive Handlungen zu richten statt darauf, dein Gefühlsleben zu korrigieren.

Befreie dich von egozentrischen Emotionen

Wenn du dich zu sehr mit dir selbst und deinen Gefühlen beschäftigst, ist deine Aufmerksamkeit in der Falle der Ich-Fixiertheit gefangen. Wenn du dich dagegen ganz in deine momentane Beschäftigung vertiefst, leidest du selten unter Ängsten oder Sorgen. Doch sobald du versuchst, deine Gefühle oder deine seelische Verfassung zu analysieren, zu verstehen oder zu korrigieren und deine emotionalen Probleme zu lösen, erhöhst du damit automatisch deine Konzentration auf dich selbst.

Patient: «Wenn ich den linken Arm hebe und dabei auf Alufolie beiße, spüre ich so ein komisches Kribbeln am unteren Ende meiner Wirbelsäule. Was kann das nur sein?»
Arzt: «Ich würde sagen, Sie haben zuviel Freizeit.»

Je mehr du auf emotionale Symptome wie Ängste und Sorgen achtest, um so mehr konzentrierst du deine Energie und deine Bemühungen auf diese Symptome statt darauf, was du trotz deiner unangenehmen Gefühle erledigen willst und mußt. Deine Emotionen zu akzeptieren, heißt nicht, sie zu ignorieren oder abzuwerten oder so zu tun, als existierten sie nicht. Es bedeutet vielmehr, daß du sie dir voll und ganz bewußt machst, sie dann einfach so sein läßt, wie sie sind, und dich weiter um dein tägliches Leben kümmerst.

Emotionale Freiheit erlangst du nicht, indem du unangenehme Gefühle linderst oder einen dauerhaften angenehmen Gefühlszustand erreichst (ein utopisches Ziel), sondern durch konstruktives Handeln. Das wird dir helfen, ein erfülltes, sinnvolles Leben zu führen – frei von der Herrschaft deiner versponnenen Gefühlswelt.

Gefühle sind etwas ganz Natürliches

Sobald du begriffen hast, daß Gefühle etwas Natürliches sind (auch wenn du sie vielleicht nicht immer angenehm findest), wird es dir leichter fallen, sie genauso zu akzeptieren, wie du beispielsweise Nieselregen oder Schneegestöber akzeptieren würdest, ohne solches Wetter deshalb unbedingt schön finden zu müssen. Wenn du zum Beispiel erfährst, daß du befördert worden bist, wirst du höchstwahrscheinlich glücklich und aufgeregt sein. Wenn du dagegen vom Tod eines Freundes hörst, wirst du trauern. Solche Gefühle sind ganz natürliche Reaktionen auf deine Lebensumstände, und du mußt deshalb nicht versuchen, sie zu korrigieren oder zu verändern. Der Konflikt mit den eigenen Emotionen ist nämlich viel anstrengender als die Emotionen selbst.

Es ist leicht, die eigenen Gefühle zu akzeptieren, wenn sie positiv sind, aber wer möchte schon gern seelischen Schmerz erleben? Die Antwort liegt auf der Hand: So gut wie niemand. Trotzdem erscheint es mir realistischer zu akzeptieren, was wir ohnehin nicht unter Kontrolle haben, statt vergeblich zu versuchen, solche Gefühle zu vertreiben. Da du nicht mehr unmittelbare Kontrolle über deine Gefühle hast als über das Wetter, bleibt dir nichts anderes übrig, als trotz dieser Gefühle so konstruktiv wie möglich zu handeln –

sie werden ohnehin bald vorübergehen. Inzwischen kannst du das erledigen, was du dir vorgenommen hast.

Alle emotionalen Wolken haben einen Lichtblick

Genau wie physischer Schmerz dich auf ein Problem aufmerksam macht, das behandelt werden muß, erfüllen auch seelische Schmerzen einen sinnvollen Zweck. Jedes Gefühl trägt den Keim einer wertvollen Information in sich. Jede emotionale Belastung enthält eine Lektion für dich, und jede Lektion ist etwas Positives, auch wenn die Emotionen, die sie begleiten, es vielleicht nicht sind.

Wenn es keine Wünsche gäbe,
gäbe es auch keine Zufriedenheit.

Dr. Shoma Morita

Sorgen deuten auf einen ausgeprägten Wunsch nach Erfolg hin. Angst weckt Vorsicht und Wachsamkeit in dir und erinnert dich daran, daß du dich gut vorbereiten und notfalls auch schützen mußt. Du machst dir nur dann Sorgen, wenn dir etwas wirklich am Herzen liegt. Deine Besorgnis ist ein Zeichen dafür, daß du sensibel bist und dir Gedanken machst. In deiner Unsicherheit spiegelt sich das Bedürfnis wider, deine Sache gut zu machen und dich zu bewähren. Schüchternheit erinnert dich daran, daß du gern einen guten Eindruck machen und bei anderen Menschen beliebt sein willst. Zorn deutet auf leidenschaftliche innere Beteiligung hin – oder auf den Wunsch nach Beteiligung. Depressionen können ein Symptom einer sensiblen Seele sein, die schwer am Leid der Welt zu tragen hat. Deine Gefühle zu akzeptieren bedeutet manchmal auch, die positiven Lektionen zu schätzen zu wissen, die sich hinter negativen Emotionen verbergen.

Das wechselnde Klima deiner Emotionen

Vor kurzem kam nach einem meiner Vorträge ein Zuhörer zu mir und sagte: «Ich fühle mich so inspiriert!»

«Machen Sie sich keine Sorgen», sagte ich ihm. «Das geht vorbei.»

Unsere Emotionen wechseln ständig – genau wie das Wetter. Alle Gefühle, ob positiv oder negativ, verblassen mit der Zeit, es sei denn, sie werden immer wieder neu entfacht. Liebe, Haß, Kummer, Erregung, Zorn, Freude, Angst: Sie alle gehen vorbei. Wenn du möchtest, daß die Liebe in deiner Partnerbeziehung nicht stirbt, mußt du sie immer wieder von neuem beleben und pflegen. Wenn du möchtest, daß ein Kummer vergeht, darfst du ihn nicht immer wieder neu wecken, indem du alten Erinnerungen nachhängst.

Führe ein Tagebuch deiner Gefühle

Um zu testen, ob Gefühle sich wirklich ständig ändern, mache einmal folgendes Experiment: Stelle deine Uhr so ein, daß sie einen Tag lang immer zwanzig Minuten nach der vollen Stunde piepst. Teile ein Blatt Papier in drei Spalten ein, und notiere dir jedesmal, wenn die Uhr piepst, folgende drei Dinge: die Uhrzeit, was du gerade getan hast und was für Gefühle dich dabei bewegten.

So ein Tagebuch könnte etwa folgendermaßen aussehen:

Uhrzeit	*Tätigkeit*	*Gefühl(e)*
8.20 Uhr	Kind in die Schule gefahren	gehetzt, geistesabwesend
9.20 Uhr	Mit einem Klienten gesprochen	begeistert, voller Hoffnung
10.20 Uhr	Am Schreibtisch einen Imbiß zu mir genommen	neutral
11.20 Uhr	Telefoniert	gereizt

Wenn du dir dein Tagebuch hinterher anschaust, wirst du feststellen, daß im Laufe des Tages, ja sogar im Laufe von ein paar Stunden die verschiedensten Gefühle in dir aufsteigen. Wir alle erleben ständig faszinierende emotionale Wetterumschwünge. Manchmal hängen diese Gefühle damit zusammen, was wir im Augenblick tun; manchmal entspringen sie aber auch den Gedanken oder Assoziationen, die uns gerade durch den Kopf gehen.

Wenn du dein Leben und Handeln auf diesen wechselhaften Emotionen aufbaust, wirst du eine unbeständige Existenz führen, die von ewigem Auf und Ab geprägt ist. Du wirst immer nur dann etwas tun, wenn du gerade die Motivation dazu verspürst, innehalten, sobald sich die ersten Selbstzweifel in dir regen, einen Neuanfang wagen, wenn dich etwas dazu inspiriert, und gleich wieder aufhören, sobald du den Mut verlierst. Dieses Tor soll dich lehren, deine Emotionen zu akzeptieren, aber nicht dein Leben darauf aufzubauen, ihnen nachzugeben, gegen sie anzukämpfen oder sie zu ändern.

Ein paar Realitäten über dein Gefühlsleben

In dem Kapitel *Bezähme deinen Geist* hast du erfahren, wie wenig Kontrolle du über die Gedanken hast, die dir durch den Kopf gehen. Das gleiche gilt auch für deine Gefühle. Wenn du deine seelische Verfassung mit Willenskraft ändern könntest, sobald du traurig oder ängstlich oder besorgt bist – wenn du das Gefühl einfach wegwünschen und durch ein angenehmeres ersetzen könntest –, dann hättest du es gar nicht nötig, deine Gefühle zu akzeptieren; statt dessen könntest du sie einfach verändern. Aber wenn du dich einmal genau beobachtest, wirst du merken, daß du über deine Emotionen genausowenig Kontrolle hast wie über deine Gedanken (oder über das Wetter).

In der «Gefühlstagebuch-Übung» hast du gesehen, wie deine Gefühle kommen und gehen, ob du sie dir nun wünschst oder nicht. Mache dir das bewußt, denn es ist eine der zentralen Wahrheiten des Lebens: Du kannst dich nicht dazu zwingen, das zu empfinden, was du gern empfinden möchtest. Du kannst dich nicht mit Gewalt dazu bringen, dich in jemanden zu verlieben oder jemandem dankbar zu ein, der dich gekränkt hat. Und du kannst auch nicht vorsätzlich und mit dauerhaftem Erfolg aufhören, dich einsam zu fühlen oder deprimiert zu sein.

Ebenso wahr ist es, daß du nicht die Verantwortung für etwas tragen kannst, was du nicht unter Kontrolle hast. Deshalb verlagerst du, wenn du deine Gefühle akzeptierst, gleichzeitig deine Aufmerksamkeit: Du konzentrierst dich nun nicht mehr darauf, deine Stimmungslage zu verbessern (was ohnehin unmöglich ist), sondern darauf, was du tun kannst, um deine Situation zu verbessern. Indem du konstruktive Maßnahmen zur Verbesserung deiner Lage ergreifst, kannst du auch deine seelische Verfassung positiv beeinflussen.

Sieben Methoden zur indirekten Beeinflussung deiner seelischen Verfassung

Zwar kannst du deine emotionale Verfassung nicht direkt durch bloße Absicht und Willenskraft unter Kontrolle bringen oder verändern, wohl aber kannst du deine Emotionen mit Hilfe verschiedener Faktoren beeinflussen. Diese Faktoren sind: Atmung, Körperhaltung, Entspannung, «Tapetenwechsel», Zerstreuung, Humor und angemessenes Handeln.

Wenn du deprimiert bist, neigst du vielleicht dazu, in vornübergebeugter Haltung allein in deiner Wohnung herumzusitzen und auf den Boden oder ins Leere zu starren. Deine Atmung ist flach, während du darüber nachdenkst, wie du dir dein Leben ruiniert hast. Eine gute Methode, um aus einem solchen depressiven Zustand herauszukommen, besteht darin, dich ganz aufzurichten, tief durchzuatmen und über eine blühende Wiese oder durch ein hellerleuchtetes Einkaufszentrum mit vielen interessanten Geschäften zu gehen und dabei darüber nachzudenken, was du in deinem Leben alles richtig gemacht hast. Tue es einfach – gleichgültig, ob dir danach zumute ist oder nicht. Ich kann dir zwar nicht garantieren, daß das deine Stimmung tatsächlich heben wird, aber es ist zumindest ein guter Anfang.

Nun möchte ich dir einen kleinen Überblick über die Dinge geben, die du tun kannst, um deine Stimmung zu beeinflussen:

Bringe deine Atmung wieder ins Gleichgewicht. Wenn du zornig, traurig oder ängstlich bist, wird auch deine Atmung gehemmt oder gerät aus dem Gleichgewicht. Wenn du bewußt tief und gleichmäßig in den Bauch hinein atmest, wird das deine unangenehmen Gefühle zwar nicht vertreiben, aber du bringst zudem deinen Körper und deine Psyche wieder ins Gleichgewicht und kannst dadurch auch besser sprechen und effektiver handeln.

Achte auf deine Haltung. Körper, Geist und Emotionen

durchdringen und beeinflussen einander. Da du deinen Körper immer noch am ehesten direkt unter Kontrolle hast, solltest du an diesem Punkt ansetzen. Emotionen beeinflussen deine Haltung, also kann deine Haltung auch deine Emotionen beeinflussen. Sitze oder stehe aufrecht da, dann werden sich eher positive Gefühle einstellen. Strecke die Arme seitlich aus und richte deine Handflächen zum Himmel empor. Du kannst auch unter Einsatz deiner Gesichtsmuskeln die Mundwinkel nach oben ziehen und dabei gleichzeitig deinen Mund entspannen und die Zähne entblößen. (Das nennt man Lächeln.)

Vergiß nicht, dich zu entspannen. Probiere einmal dieses einfache Experiment aus: Entspanne deinen Körper so intensiv, wie du es innerhalb von ein paar Atemzügen kannst, atme in den Bauch hinein und löse alle Verspannungen in Brust, Schultern, Nacken oder Unterleib. Sobald du ganz entspannt und locker bist, stelle dir vor, wie schwierig es in diesem Zustand wäre, wütend zu werden oder Angst zu haben. Durch physische Entspannung kannst du eine ganze Menge dazu beitragen, Spannungen zu lösen, die mit Angst oder Zorn zusammenhängen. Durch Entspannung kannst du die schädlichen Auswirkungen emotionaler Anspannung vermeiden; dein Energiestrom fließt ungehemmt, so daß du weiterhin effizient handeln und dich bewegen kannst.

Sorge für Tapetenwechsel. In dem Augenblick, in dem du in eine andere Umgebung kommst, wirst du automatisch ein anderer Mensch – manchmal sind es kaum merkliche, manchmal drastische Veränderungen. In meinem Büro fühle ich mich anders als an einem Strand auf Hawaii. Deine persönlichen Grenzen sind längst nicht mehr so klar umrissen, wie du glaubst; in gewisser Weise verschmilzt du mit deiner Umgebung und sie mit dir. Und es braucht gar nicht unbedingt eine große Ortsveränderung zu sein. Achte einmal darauf, wie du in jedem deiner Zimmer – oder wenn du nach draußen gehst – andere Empfindungen hast. Ein Ortswechsel – und wenn es auch nur ein kleiner Spaziergang ist – kann deine Gewohnheiten oder Gefühle auf wundersame Weise verändern. Ein Szenenwechsel erschließt dir andere Seiten deiner Persönlichkeit.

Lenke dich ab. In dem Kapitel *Bezähme deinen Geist* hast du erfahren, daß du es bis zu einem gewissen Grad selbst unter Kontrolle hast, wohin du deine Aufmerksamkeit lenkst. Du kannst deine Gefühle zwar nicht vertreiben, aber du kannst dich zumindest ablenken, indem du deine Aufmerksamkeit auf irgend etwas Konstruktives richtest.

Niemand ist einsam, während er Spaghetti ißt;
es erfordert viel zuviel Aufmerksamkeit.

Christopher Morley

Ablenkung ist etwas anderes als Verleugnung deiner Gefühle; denn wenn du dich ablenkst, bist du dir eindeutig darüber im klaren, was du empfindest, richtest deine Aufmerksamkeit aber ganz bewußt auf etwas anderes. Nehmen wir einmal an, du hast furchtbare Angst vor Fahrstühlen und erlebst bei jeder Fahrstuhlfahrt alle lästigen Symptome dieser Phobie. Aber leider mußt du an einer wichtigen geschäftlichen Präsentation teilnehmen, die zufällig im zweiundfünfzigsten Stock stattfindet. Du betrittst den Fahrstuhl und fühlst dich sofort hundeelend. Doch es gelingt dir, dich von diesen Gefühlen abzulenken, indem du in Gedanken noch einmal die wichtigsten Punkte deiner Präsentation durchgehst. Das dauert so lange, bis du im zweiundfünfzigsten Stock angelangt bist und die Fahrstuhltür sich vor dir öffnet.

Die Polizei bedient sich häufiger solcher Ablenkungsstrategien, wenn sie in häusliche Auseinandersetzungn eingreift. Manchmal taucht ein Polizeibeamter in Zivil auf, der eine große Pizza-Pakkung in der Hand hält. Statt zu fragen: «Was haben Sie für Probleme?» sagt er: «Hier ist die Pizza, die Sie bestellt haben.» Mit diesem Schachzug durchbricht er das emotionale Muster der häuslichen Streitigkeit. Im täglichen Leben kann man manchmal schon mit ganz einfachen Methoden für Ablenkung sorgen – zum Beispiel, indem man das Thema wechselt. Oder eine Pizza bestellt.

Sei humorvoll. Denn wenn deine Stimmung sich hebt, siehst du jede Situation automatisch aus der richtigen Perspektive. Die folgende Geschichte, die mir ein Leser per Internet schickte, ist ein gutes Beispiel dafür, wie Humor eine spannungsgeladene Situation entschärfen kann:

Eine aufgebrachte Menge von Fluggästen stand in einer langen Schlange an einem United-Airlines-Schalter, nachdem ihr Flug ausgefallen war. Da drängte sich ein ganz besonders wütender Mann vor, warf der Dame am Ticketschalter sein Flugticket hin und schrie: «Ich will einen Platz erster Klasse in der nächsten Maschine. Und zwar sofort!»

Die Frau strich sich eine Locke aus dem Gesicht und antwortete: «Ich helfe Ihnen gern weiter, mein Herr, sobald ich die anderen Leute in der Schlange bedient habe.»

«Sie erwarten, daß ich *Schlange stehe*?» brüllte der Mann noch lauter. *«Wissen Sie, wer ich bin?»*

Die Frau zögerte nur ein paar Sekunden. Dann griff sie zum Mikrofon, schaltete die Verstärkeranlage ein und sagte über Lautsprecher: «Meine Damen und Herren, am Flugsteig siebzehn befindet sich ein Herr, *der nicht weiß, wer er ist.* Vielleicht kann ihm jemand helfen, seine Identität zu finden . . .»

Mit einem Fluch stürmte der Mann davon. Der Humor der Frau hatte zwar nicht dazu beigetragen, seine Stimmung zu heben – aber wenigstens ihre. Und die Fluggäste in der Warteschlange, die vorher wütend gewesen waren, lächelten oder lachten jetzt. Niemand beschwerte sich mehr.

Handle angemessen. Die konstruktivste Methode, deine Stimmungslage zu beeinflussen, ist, etwas zu *tun.* Wenn ich zum Beispiel wegen einer bevorstehenden Prüfung besorgt und voller Selbstzweifel bin, besteht die wirksamste Methode, meine Stimmung aufzuhellen, darin, mich hinter meine Bücher zu klemmen. Selbst wenn die Sorgen und Selbstzweifel dadurch nicht vergehen, habe ich doch zumindest etwas getan: Ich habe mich auf die Prüfung vorbereitet. Genauso konzentrieren Bergsteiger sich einfach aufs Bergsteigen, statt gegen die Angst vor einem Absturz anzukämpfen.

Ein Mann – nennen wir ihn George – erzählte mir, wie sehr er unter Schuldkomplexen litt, weil er seine alte Mutter nicht öfter besuchte. Er wollte wissen, was er gegen diese Schuldgefühle tun könne. «Besuchen Sie Ihre Mutter», riet ich ihm.

Es gibt viele konstruktive Methoden, mit denen du deine seelische Verfassung indirekt beeinflussen kannst. Doch wenn du lernst, deine Emotionen voll und ganz zu akzeptieren, ohne dein Verhalten durch sie bestimmen oder einschränken zu lassen, wird es dir gar nicht mehr so unbedingt nötig erscheinen, deine Gefühle zu verändern oder zu korrigieren.

Die wichtigsten Grundregeln für den Umgang mit deinen Gefühlen

Manche Ideen in diesem Kapitel widersprechen vielleicht deinen bisherigen Prämissen oder Überzeugungen, und deshalb kann es eine Weile dauern, bis sie dir in Fleisch und Blut übergegangen sind. Daher zur Wiederholung hier noch einmal die wichtigsten Punkte:

Gefühle verblassen mit der Zeit. Manchmal geht das schnell, manchmal langsam, aber verblassen werden sie auf jeden Fall – es sei denn, du belebst sie immer wieder neu. Selbst wenn du vor Kummer, Depressionen, Angst oder Enttäuschung völlig niedergeschmettert bist, wird die Intensität dieser Emotionen mit der Zeit nachlassen. Nur wenn du sie immer wieder neu zum Leben erweckst, wirst du weiterhin unter der negativen psychischen Verfassung leiden, in die vergangene Erlebnisse dich versetzt haben.

Das Leben ist nur eine Reihe von Augenblicken. Kein Mensch hat immer die gleichen Gefühle. Selbst wenn du wütend, deprimiert, verrückt, ängstlich oder traurig bist, wird es Augenblicke geben, in denen dich irgend etwas von deinen Gefühlen ablenkt. Es gibt keine erleuchteten Menschen und auch keine netten, schlechten, intelligenten, neurotischen oder dummen Menschen – nur Menschen, die mehr (oder weniger) erleuchtete, nette, schlechte, intelligente, neurotische oder dumme Augenblicke haben.

Du kannst deine Gefühle nicht direkt beeinflussen. Wenn du deprimiert bist, gelingt es dir dann, dich einfach zusammenzureißen? Kannst du dich dazu zwingen, dich in jemanden zu verlieben oder dich wieder zu entlieben? Schauspieler haben ständig mit dieser Herausforderung zu kämpfen, denn viele glauben, sie müßten sich irgendwie in Gefühle hineinsteigern, die sie eigentlich gar nicht haben, um in ihrer Rolle wirklich überzeugend zu wirken. Aber ein Schauspieler braucht die Gefühle, die seine Rolle vorschreibt, nicht unbedingt zu empfinden, er muß sie nur *spielen.* (Deshalb heißt es ja auch «Schauspieler» und nicht «Schaufühler».)

Du bist nicht verantwortlich für deine Gefühle. Du kannst keine Verantwortung für etwas übernehmen, was du nicht unter

Kontrolle hast – nicht einmal, wenn du Haß oder Lust empfindest oder dir die schlimmsten, perversesten, abartigsten Gedanken und Empfindungen durch den Kopf gehen. (Das gleiche gilt übrigens auch, wenn du altruistische, mitfühlende, gütige oder mutige Empfindungen hast: Auch dafür bist du nicht verantwortlich.) Du trägst die Verantwortung dafür, wie du mit deinen Gefühlen umgehst – wie du darauf reagierst –, aber nicht für das, was du empfindest.

Vor ein paar Jahren nahm eine Nonne namens Jean an einem meiner Seminare teil in der Hoffnung, daß es sie von einem schrecklichen Schuldgefühl erlösen könne, das sie schon seit Jahren verfolgte. (Wie alle anderen Gefühle wäre dieser Schuldkomplex längst verblaßt, wenn Jean ihn nicht jedesmal, wenn sie Gedanken oder Gefühle hatte, die ihr «nicht akzeptabel» erschienen, wieder neu zum Leben erweckt hätte.) Wie viele Menschen in unserer westlichen Welt war sie in einer Tradition aufgewachsen, die ihr für alle Gedanken und Gefühle die Verantwortung zuschob – vor allem für lüsterne Gedanken und Empfindungen.

Akzeptiere solche lüsternen Gedanken oder Gefühle einfach, so wie du andere Gedanken und Gefühle annehmen würdest. Du brauchst keine Angst zu haben, daß du damit noch verboteneren Ideen oder Empfindungen Tür und Tor öffnest. Im Gegenteil: Diese innere Haltung ermöglicht es dir, all deine Gefühle als etwas Natürliches hinzunehmen. Wenn du dich nicht mehr krampfhaft bemühst, irgend etwas *nicht* zu denken oder zu empfinden, befreist du deine Energie und deine Aufmerksamkeit für höhere Dimensionen der Erfahrung.

Selbst Menschen, die unter chronischen Depressionen, Ängsten, oder Aggressionen leiden – vielleicht aufgrund eines biochemischen Ungleichgewichts in ihrem Gehirn, das medikamentös behandelt werden muß –, kann es helfen, wenn sie sowohl ihre positiven als auch ihre negativen Gefühle akzeptieren und sich darauf konzentrieren, konstruktiv zu handeln und durch die Stürme des Lebens ihrer Bestimmung entgegenzugehen.

Wenn du dich von der unrealistischen Last der Verantwortung für deine Emotionen – und allen damit verbundenen Schuldkomplexen – befreist, kann das ein großes Gefühl des Glücks und der Erleichterung für dich sein. Aber auch dieses Glücksgefühl und diese Erleichterung werden vorübergehen – genau wie Lust, Haß, Neid,

Kummer, Freude und all die anderen Gefühle, die in dir aufsteigen und wieder abebben wie Wellen auf dem Ozean.

Akzeptiere auch die Gefühle anderer Menschen

Manche Leute machen die Gefühle anderer Menschen zum Mittelpunkt ihres Lebens: Sie versuchen, andere glücklich zu machen. Aber wenn du nicht einmal deine eigenen Gefühle unter Kontrolle hast, wie kannst du dann die Stimmungslage eines anderen Menschen verbessern? Die Wahrheit lautet, daß es schlicht und einfach unrealistisch ist, sich für das Unglück (oder Glück) anderer Menschen verantwortlich zu fühlen.

Sobald du nicht mehr glaubst, für die Gefühle deiner Mitmenschen verantwortlich zu sein, wirst du sie voll und ganz annehmen, statt darauf zu *reagieren.* Wenn du deine eigenen Emotionen als etwas Natürliches hinnimmst, mußt du auch die Emotionen aller anderen Menschen akzeptieren. Ob der Ozean ihrer Gefühlswelt nun glatt und unbewegt oder stürmisch aufgewühlt ist – ihre Emotionen sind ihre eigene Sache.

Genau wie du deinen Gefühlen vielleicht manchmal Luft machen mußt, werden auch andere Menschen hin und wieder das Bedürfnis haben, dir ihre Meinung zu sagen – manchmal ganz sanft und freundlich, manchmal auch in einem Wutausbruch. Nichts ist heilsamer für eine Beziehung, als wenn man den anderen seinen Zorn oder seine Verletzung zum Ausdruck bringen läßt und die Emotionen dieses Menschen als seine jetzige Realität und Wahrheit akzeptiert (die nicht unbedingt *die* allgemeingültige Wahrheit sein muß). Nachdem du deinem Gesprächspartner zugehört hast, kannst du ihn vielleicht sogar fragen, ob es noch etwas gibt, was er sich gern von der Seele reden würde. Das ebnet den Weg für eine viel engere, vertrautere Beziehung zu diesem Menschen. Es bedeutet allerdings nicht, daß du auf jemanden hören sollst, der dich ständig kritisiert. Die Gefühle anderer Menschen zu akzeptieren bedeuet nicht, daß du zum seelischen Mülleimer für sie werden mußt. Denke daran, Grenzen zu setzen.

So kannst du über deine Gefühle hinauswachsen

Wenn du ein Kind nach Hause tragen willst und unterwegs in ein Unwetter gerätst, registrierst du die Unbilden des Wetters um dich herum zwar vielleicht, aber du konzentrierst dich trotzdem weiterhin auf dein Ziel, das Kind heimzubringen. Ebenso kannst du trotz aller emotionalen Unwetter in deinem Innern dein Leben weiterführen. Wenn du den Reifeprozeß des siebten Tores durchläufst, wird irgendwann ein Zeitpunkt kommen, wo du über deine Emotionen hinauswächst – nicht etwa, weil sie plötzlich verschwunden sind, sondern weil du Frieden mit ihnen geschlossen hast und sie einfach durch dich hindurchfließen läßt, so wie der Wind durch einen Wald weht. Du wirst zwar weiterhin wissen und respektieren, was du empfindest. Aber statt dich gegen die Gezeiten deiner Emotionen zu wehren oder dagegen anzukämpfen, wirst du jetzt jedes Wetter aushalten.

Dann kannst du wie in einer Art Gefühlsmeditation einen zornigen Gedanken oder eine zornige Empfindung haben, ohne deshalb automatisch gleich zornig zu reagieren. Damit hast du einen Grad der Meisterschaft über dich selbst erreicht, der so mächtig und ermutigend ist, als wandertest du durch ein Unwetter, ohne naß zu werden. Aber natürlich wird auch dieses Gefühl der Ermutigung irgendwann wieder vergehen, genau wie dein Zorn.

Emotionale Erleuchtung

Die folgenden Reaktionen auf Gefühle könnte man als Zeichen der Erleuchtung oder zumindest als unkonventionell bezeichnen. Nehmen wir an, dein Partner beschwert sich, weil du irgend etwas, was er von dir erwartete, nicht getan hast. Am liebsten würdest du jetzt laut schreien, deprimiert den Kopf hängen lassen oder dich einfach auf dem Absatz umdrehen und gehen. Tue statt dessen etwas völlig Unerwartetes: Umarme deinen Partner, gib ihm einen Kuß und sage: «Ich liebe dich.»

Angenommen, du wurdest bei einer Beförderung übergangen,

mit der du fest gerechnet hattest, und bist jetzt frustriert und entmutigt und hast das Gefühl, daß man deine Leistungen nicht richtig zu schätzen weiß. Platze ins Büro deines Chefs hinein, bedanke dich bei ihm für das wertvolle Feedback und erkläre ihm, daß du sein Urteil respektierst und dich in Zukunft um bessere Leistungen bemühen wirst.

Und wenn du eine Frau zum Essen einlädst, und sie lehnt ab? Vielleicht bist du daraufhin enttäuscht und entmutigt. Lächle sie an, danke ihr dafür, daß sie deine Einladung in Erwägung gezogen hat, und wünsche ihr alles Gute bei der Suche nach ihrem Traumpartner. Dann stelle eine Liste aller Menschen auf, die du statt dessen einladen könntest, und frage so lange weiter, bis jemand deine Einladung akzeptiert.

Einmal war ich auf dem Weg zu einer Verabredung und schon ziemlich spät dran. Trotzdem ging ich noch in einen Eisenwarenladen, wo ich etwas zu besorgen hatte, weil er genau auf dem Weg lag. Ich fand rasch, was ich brauchte, aber der Verkäufer war neu in dem Geschäft und brauchte sehr lange, um mir eine Quittung auszustellen. «Entschuldigen Sie», sagte ich, «aber ich habe eine dringende Verabredung und bin wirklich in Eile . . .» Er blickte auf, und ich fuhr fort: «. . . und deshalb wäre ich Ihnen dankbar, wenn Sie sich Zeit ließen und diese Quittung ganz besonders langsam ausschreiben würden. Das wird eine gute Lektion für mich sein!» Der Mann schaute mich fassungslos an und fing dann an zu lachen.

All diese Beispiele haben eines gemeinsam: Das Verhalten, das die Menschen dabei zeigten, entsprach nicht ihren Gefühlen. Durch solche emotionale Distanz kannst du üben, dich von der Herrschaft deiner Gefühle zu befreien. Dann bist du deinen Emotionen, die kommen und gehen, auftauchen und wieder verblassen wie Gedanken, wie Wolken am Himmel, nicht mehr hilflos ausgeliefert: Dein Verhalten hängt nicht mehr von ihnen ab.

Denke einmal darüber nach, wie sehr dein Leben bisher von deiner wechselhaften emotionalen Wetterlage beeinflußt und in diese oder jene Richtung getrieben wurde. Und dann stelle dir vor, wie frei du wärst, wenn du deine Emotionen und die Emotionen deiner Mitmenschen einfach als natürlichen Bestandteil des Lebens akzeptieren könntest. Statt etwas reparieren zu wollen, was gar nicht kaputt ist, könntest du dann deine ganze Aufmerksamkeit und Energie auf konstruktive Handlungen richten. Eigentlich hast du das schon oft praktiziert; die Lektionen dieses Tors wollen dir nur helfen, es ganz bewußt, klar und absichtlich zu praktizieren. Das befreit deine Aufmerksamtkeit, so daß sie sich allmählich immer höher aufschwingen kann: Nachdem du deine Emotionen akzeptiert hast, wirst du als nächstes lernen, deinen Ängsten ins Auge zu sehen.

Das achte Tor

Sieh deinen Ängsten ins Auge

Angst ist ein wunderbarer Diener, aber ein furchterregender Meister. Genau wie der Schmerz kann sie dich warnen und dir gute Ratschläge mit auf den Weg geben, aber sie kann dein Leben auch überschatten oder einschränken. Die Angst verbirgt sich hinter den verschiedensten Masken – sie sagt zum Beispiel: «Eigentlich interessiert mich das gar nicht» oder «Warum soll ich mir die Mühe machen?» oder «Das kann ich nicht». Du wirst Tag für Tag mit deinen Ängsten konfrontiert – der Angst zu versagen, zurückgewiesen zu werden oder auch nur du selbst zu sein. Aber deine Ängste sind keine Mauern, sondern nur Hürden. Mut bedeutet nicht, keine Angst zu haben, sondern seine Ängste zu besiegen.

Das Leben eines friedvollen Kriegers

Viele unserer Ängste sind dünn wie Seidenpapier,
schon ein einziger mutiger Schritt
könnte uns durch sie hindurchtragen.

Brendan Francis

Landkarte: Eine Entdeckungsreise durch den dunklen Wald deiner Ängste

Jetzt beginnt die letzte Etappe deines Aufstiegs zum Gipfel: durch den Wald deiner Ängste und das Schattenland, das dahinter liegt. Oben auf dem Gipfel wartet die Belohnung auf dich: ein erwachtes Herz und der Aufruf zum Dienst an der Welt – denn das ist der vollkommene Ausdruck der Erleuchtung im Alltag.

Wie oft wird dir bewußt, daß du Angst hast? Die meisten Menschen berichten nur von Ängsten in dramatischen Gefahrensituationen: beim Knurren eines Hundes, beim Quietschen von Bremsen auf der Autobahn oder in den letzten bangen Sekunden vor einer wichtigen Präsentation. Doch die Angst begleitet uns tagtäglich in subtiler, kaum spürbarer Form. Unsere Seele mag unsterblich sein; aber wir sind nun einmal auch physische Geschöpfe, die Schmerzen und Verletzungen erleiden oder sterben können, die peinlichen Situationen ausgesetzt sind, versagen, sich schämen oder sich zurückgewiesen fühlen. Solche Urängste nagen am Fundament fast aller unserer Bemühungen. Ich hätte dieses Tor auch an den Anfang meines Buches stellen können; aber Angst kann ein so furchterregender Gegner sein, daß du schon die ganze Kraft brauchst, die du an den bisherigen Toren gesammelt hast, um dich auf diese Auseinandersetzung vorzubereiten.

Beim letzten Tor hast du gelernt, deine Gefühle – zu denen natürlich auch die Angst gehört – als etwas Natürliches zu akzeptieren. Aber da Angst eine so hemmende (ja sogar zerstörerische) Wirkung auf unser Leben haben kann, die uns häufig gar nicht zum Bewußtsein kommt, möchte ich in einem gesonderten Kapitel darauf eingehen, wie man sich mit seinen Ängsten auseinandersetzt und sie überwindet.

Die Angst ist nicht nur dein Feind, sondern gleichzeitig auch dein Führer und Berater. Es ist ganz normal und richtig – ja sogar ein Zeichen von Vernunft –, dich in physischen Gefahrensituationen von deiner Angst leiten zu lassen, denn in solchen Situationen könnte mangelnde Aufmerksamkeit oder Sorglosigkeit eine Verletzung oder gar den Tod bedeuten.

Aber solche Augenblicke physischer Gefahr sind zum Glück selten. Deine wichtigsten Kämpfe mit der Angst finden nicht in der Außenwelt statt, sondern in deinem eigenen Inneren – in den Abgründen deiner Psyche, auf dem Kampfplatz des seelischen Überlebens und düsterer Schreckensphantasien, wo die Angst chamäleonartig ihre Gestalt wechselt und die verschiedensten Formen annimmt: Selbstzweifel, Unsicherheit, mangelndes Selbstvertrauen, Schüchternheit, Hemmungen – eine Scheu davor, dich durchzusetzen, dich auszudrücken oder auch nur *du selbst zu sein.* Welche Gestalt auch immer die Angst bei dir annehmen mag – deine Bereitschaft, dich offen und ehrlich mit ihr auseinanderzusetzen, entscheidet über dein Schicksal im erhabenen Reich der menschlichen Möglichkeiten. Ob die Angst dein Freund oder dein Feind ist, hängt davon ab, ob du ihr Meister oder ihr Diener wirst. Dieses Tor bietet dir die Chance, dich deinen Ängsten entgegenzustellen und entschlossen in das Leben hinauszutreten, zu dem du geboren wurdest.

Bei den bisherigen Toren ging es hauptsächlich um Gewahrsein, Erkenntnis und die richtige Perspektive. Doch deinen Ängsten kannst du am besten durch *Handeln* gegenübertreten. Deshalb stehen im Mittelpunkt dieses Kapitels ein paar ganz spezielle Übungen – Dinge, die du tun kannst.

Eine einzige mutige Handlung zieht andere nach sich. Solche Augenblicke – solche kleinen Entscheidungen – prägen dein Leben und inspirieren andere Menschen dazu, dir nachzueifern. Willkommen am achten Tor, deiner Initiation ins Reich des friedvollen Kriegers!

An diesem Tor wirst du

- lernen, deine Ängste zu lokalisieren;
- beim Stecknadeltest deine persönliche Stunde der Wahrheit erleben;
- deinen Selbstzweifeln ins Auge sehen und sie überwinden;
- und eine Methode erlernen, wie du deinen Körper direkt von Ängsten befreien kannst, die in bestimmten Körperbereichen als Spannung angestaut sind.

Lerne deinen Gegner kennen

Mein Freund Walter rief mich kürzlich an und erzählte mir, daß er eine Mutprobe in einem Kurs nicht bestanden habe. Dabei mußte er auf einen Telegraphenmast klettern, sich aufrecht hinstellen und dann zu einem ungefähr anderthalb Meter entfernten Trapez hinüberspringen. Zwar war er dabei angeseilt, trotzdem war es keine leichte Aufgabe.

«Nicht bestanden – was heißt das?» fragte ich ihn. «Bist du nicht bis zur Spitze des Telegraphenmastes gekommen?»

«Doch, doch, ich bin ganz bis oben hinaufgeklettert», antwortete er.

«Dann konntest du wahrscheinlich nicht aufrecht auf dem Mast balancieren – du bist heruntergefallen?» vermutete ich.

«Auch nicht.»

«Also hast du das Trapez verfehlt?»

«Nein, nein, das Trapez habe ich schon erwischt», versicherte er mir.

«Jetzt komme ich wirklich nicht mehr mit, Walter. Du hast doch gesagt, du hättest die Mutprobe nicht bestanden!»

«Habe ich auch nicht», bestätigte er. «Ich wollte doch meine Angst überwinden. Aber ich habe während dieser ganzen Mutprobe Todesängste ausgestanden.»

Walter hatte nicht begriffen, wie man seine Angst bekämpft. Du kannst Angst nicht unter Kontrolle bringen, indem du dich zwingst, dich nicht zu fürchten. Diesen Feind kannst du nur besiegen, indem du ihn zu deinem Diener und Ratgeber machst und ihn *niemals* dein

Meister werden läßt. Angst kann dir nie deine Macht nehmen; die Gefahr besteht vielmehr darin, daß du ihr deine Macht kampflos überläßt.

Erfolgsgeheimnis eines Stuntman

Dar war mein Jugendfreund, wir hatten uns bei einem Trampolinkurs kennengelernt. Einmal wollten wir auf einer Leiter bis zu einer Reklametafel hoch über dem Dach der Schule klettern, wo der Kurs stattfand, und anschließend hinunterspringen. Unten war eine dicke Matte ausgebreitet, damit wir uns nicht weh taten. Ich kam nur bis zur fünften Leitersprosse, aber Dar kletterte immer weiter. Zehn Jahre später war er einer der waghalsigsten und erfolgreichsten Stuntmen unserer Zeit.

Bei einem seiner Stunts mußte Dar in rasendem Tempo vorwärtsrennen, dann plötzlich auf dem Absatz herumwirbeln und zurücklaufen, durch ein Glasfenster krachen, sechzehn Stockwerke tief fallen und dann einen Salto mit einer halben Seitwärtsdrehung machen, ehe er schließlich auf einem Airbag landete. Schon die geringste falsche Bewegung oder Fehleinschätzung hätte ihn das Leben gekostet. Bei anderen Stunts mußte er vom Dach des Capitol-Records-Gebäudes in Los Angeles oder aus einem Hubschrauber aus hundert Meter Höhe in die Tiefe springen – auf einen Airbag, der von oben so winzig klein aussah wie eine Briefmarke. Oder er mußte mit dem Auto halb über dem Abgrund des Grand Canyon schweben, dann mitten in der Luft aussteigen und einen Fallschirm öffnen. Einmal sagte er im Spaß zu mir: «Wenn du deinen Fallschirm öffnest, solange die Menschen unter dir noch aussehen wie Ameisen, ist es gut; doch sobald die Ameisen anfangen, wie Menschen auszusehen, wird es schwierig.»

Jedesmal, wenn Dar für einen neuen Fallschirm-Stunt oder waghalsigen Sprung probte, rezitierte er vorher ein Mantra, immer lauter und immer schneller: «I . . . chi . . . diot . . . I . . . chi . . . diooot . . . ICH IDIOT!»

Manche hielten Dar für ebenso verrückt wie furchtlos – doch in Wirklichkeit war er weder das eine noch das andere. Er hatte lediglich ein Geheimnis, das er vor vielen Jahren auf jener Leiter über dem Dach der Trampolin-Schule gelernt hatte: Dar Robinson, einer der waghalsigsten Teufelskerle des zwanzigsten Jahrhunderts, stand bei jedem seiner Stunts Todesängste aus. Sein Herz klopfte zum Zerspringen; er mußte sich zwingen, nicht so hastig zu atmen, und schwitzte und zitterte genau wie wir alle – und dann tat er, was er sich vorgenommen hatte. Das können auch wir – du und ich – in unserem täglichen Leben tun.

Ralph Waldo Emerson hat einmal geschrieben: «Tue, wovor du Angst hast, und deine Angst wird sterben.» Weise Worte, aber leider völlig falsch. Die Angst stirbt niemals, vielleicht verschwindet sie nicht einmal. Und wenn sie doch verschwinden sollte, so kann sie jederzeit wiederauferstehen und dir an der nächsten Straßenecke hämisch entgegengrinsen. Deine Aufgabe besteht darin, nicht auf den Tod deiner Angst zu warten, sondern ihr die Stirn zu bieten, solange du lebst.

Die Anatomie der Angst

Die Symptome der Angst zu begreifen – zu wissen, was für physische Empfindungen du hast, wenn du dich fürchtest –, kann dir zwar helfen, besser mit ihr fertigzuwerden, so wie ein Hintergrundwissen über den physischen Vorgang der Geburt vielen Frauen hilft, die mächtigen, rhythmischen Wellen, die ihren Körper dabei erschüttern, besser zu verkraften. Dieses Wissen glättet die Wogen zwar nicht, hilft uns aber, die Segel richtig zu stellen, alle Luken zu schalken und den Sturm tapfer zu überstehen.

Bei einer kleinen Angst – einer vagen Besorgnis, Befürchtung oder Nervosität – wirst du die Symptome wahrscheinlich kaum spüren: eine leichte Veränderung deiner Atmung, ein unmerkliches und unbemerktes Ansteigen der Muskelspannung im ganzen Körper oder in bestimmten Körperbereichen, ein Stirnrunzeln und gewisse typische Gesten der Nervosität – du beißt dir auf die Lippen oder beißt die Zähne zusammen. Doch wenn du eine Situation als akute Gefahr oder Bedrohung empfindest, werden chemische Botenstoffe wie Adrenalin und Glukose in deinen Blutkreislauf ausgeschüttet, um deine Muskeln zu stärken und dich darauf vorzubereiten, der Gefahr ins Auge zu sehen, zu kämpfen oder zu fliehen. Vielleicht wird dein Mund dann trocken. Dein Herz schlägt schneller. Du atmest sehr rasch oder flach oder hältst sogar vorübergehend ganz den Atem an. Angst ist eine unangenehme psychische Empfindung. Das soll sie auch sein, genau wie der Schmerz eine unangenehme physische Empfindung ist – beide wollen deine Aufmerksamkeit wecken. Aber manchmal mußt du ertragen, was dir Schmerzen bereitet, und tun, was dir Angst einjagt.

Die verschiedenen Schichten der Angst

Eigentlich hast du gar keine Angst davor, eine Rede zu halten, in aller Öffentlichkeit ein Lied zu singen, eine Prüfung zu absolvieren, eine Tarantel über deinen Arm krabbeln zu lassen oder aus einem Flugzeug zu springen. Was dir angst macht, sind vielmehr deine eigenen Schreckensphantasien, was dabei alles schiefgehen könnte: Vielleicht vergißt du den Text deiner Rede, singst falsch, fällst durch die Prüfung, wirst von der Spinne gebissen oder vergißt, den Fallschirm zu öffnen. Und im Grunde fürchtest du dich nicht einmal vor diesen Ereignissen selbst, sondern vor ihren emotionalen oder physischen Konsequenzen – der Blamage, dem beschämenden Gefühl, eben doch nur mittelmäßig zu sein, Schmerzen oder dem Tod. Und immer malst du dir das Schlimmste aus.

Wenn du das Wort «Kreuzfahrt» erwähnst, werden manche Menschen sich dabei vielleicht festliche Mahlzeiten am Kapitänstisch, fröhliche Gesellschaftsspiele an Deck oder einen malerischen Sonnenuntergang vorstellen, während ängstlichere Naturen sofort an den Untergang der *Titanic* denken. Das gleiche gilt für ein Camping im Wald – manche Menschen malen sich bei diesem Gedanken eine herrliche Aussicht, ein gemütlich knisterndes Lagerfeuer und einen sternenübersäten Himmel aus, andere denken an Schlangen, Insekten und Bären. Wie du inzwischen schon weißt, prägt deine Erwartungshaltung dein Leben: Wenn du immer nur das Schrecklichste erwartest, wird auch dein Leben schrecklich sein. Eines der Erfolgsgeheimnisse im Kampf gegen deine Ängste besteht also darin, dir stets vorzustellen, daß alles positiv ausgeht – dir die Bilder vor Augen zu halten, die du dir ersehnst, statt dich auf die Schreckensvorstellungen zu konzentrieren, die deine Angst dir eingibt.

Wann man auf seine Angst hören sollte – und wann nicht

Ich wurde schon oft gefragt, woher man denn eigentlich wissen kann, wann man auf seine Angst hören und wann man lieber versuchen soll, sie zu überwinden. Als allgemeine Faustregel gilt: Wenn es sich um eine physische Gefahr handelt, laß dich von deiner Angst leiten und bereite dich sorgfältig auf die betreffende Situation vor – oder gehe von vornherein keine unnötigen Risiken ein. Doch wenn die Bedrohung nur in deiner Psyche existiert – wenn du beispielsweise Angst davor hast, dich zu blamieren, bloßgestellt oder zurückgewiesen zu werden –, dann solltest du dagegen ankämpfen.

Physische Ängste sind etwas sehr Direktes, Objektives, Realistisches. Wenn beim Fallschirmspringen etwas schiefgeht (was allerdings ziemlich unwahrscheinlich ist), läufst du Gefahr, dich zu verletzten oder gar zu sterben. In solchen Situationen rät deine Angst dir, Vorsichtsmaßnahmen zu ergreifen.

Psychische Ängste hingegen haben eher indirekten, subjektiven, symbolischen Charakter. Die Welt geht nicht unter, wenn du den Text deiner Rede vergißt, beim Singen nicht immer den richtigen Ton triffst oder durch eine Prüfung fällst – dabei besteht keine Lebensgefahr und auch nicht das Risiko einer physischen Verletzung. Wenn du deine Psyche ergründest, wirst du außerdem feststellen, daß du dich eigentlich gar nicht vor dem Versagen selbst fürchtest, sondern davor, was dieses Versagen für dich bedeutet: Dein seelisches Überleben ist in Gefahr. Es ist die uralte Angst des Menschen davor, sein Gesicht zu verlieren, zurückgewiesen, verlassen oder aus der Gesellschaft ausgestoßen zu werden, nichts wert oder nur mittelmäßig zu sein – ein Scharlatan, ein Idiot.

Test: Was für eine Beziehung hast du zur Angst?

Die Krieger früherer Jahrhunderte wußten, daß man seinen Feind genau kennen muß, um ihn besiegen zu können. Mache einmal eine Bestandsaufnahme der Ängste, die in deinem Leben eine Rolle spielen, und frage dich, inwieweit sie mit deinen Zielen und Bedürfnissen zusammenhängen:

- Bist du ein risikofreudiger Mensch?
- Könnte man dich als ängstlich, schüchtern oder unsicher bezeichnen, leidest du an Selbstzweifeln?
- Hast du dir schon einmal bewußtgemacht, wie du mit deinen kleinen Alltagsängsten umgehst?
- Erinnere dich einmal an eine Situation, in der Angst dich davon abhielt, das zu tun, was du wolltest.
- Und nun erinnere dich an eine Situation, in der du etwas getan hast, obwohl du Angst davor hattest.
- Leidest du unter Phobien?
- Vor welchen fünf Dingen hast du am meisten Angst? Vor dem Versagen? Davor, dein Gesicht zu verlieren (Blamage, Beschämung, Spott)? Davor, zurückgewiesen zu werden, unzulänglich oder nur mittelmäßig zu sein? Vor Auftritten in der Öffentlichkeit? Schmerzen? Höhenangst? Angst vor Insekten, Tieren/irgendeinem bestimmten Tier, geschlossenen Räumen oder Menschen?
- Wenn du einem Kind das Leben retten könntest, indem du das tust, wovor du am meisten Angst hast – würdest du es wagen?
- Wie könnte dein Leben sich verändern, wenn du deine Ängste überwindest?

Je besser du deine Ängste verstehst, um so mehr Macht gewinnst du über sie. Wenn dein Bewußtsein in eine Angst eindringt, trifft es sie mitten ins Mark und beginnt, sie von innen her aufzulösen. Viele Menschen begreifen nur nicht, was Angst und Mut eigentlich ausmacht.

Wie Ängste dein Leben einschränken können

Wo immer deine Angst auch herkommen mag – wenn du vor ihr davonläufst (so wie viele Menschen emotionalen Auseinandersetzungen aus dem Weg gehen, statt sich dem Problem zu stellen und es zu lösen), erlegst du deinem Leben viele Beschränkungen auf:

- Du wirst zu deinem eigenen Gefängniswärter – du umgibst deine Erlebnisse und Erfahrungen mit Käfigwänden, um Gefahren von dir fernzuhalten; doch letzten Endes sperrst du dich dadurch nur selbst ein.

- Vielleicht scheust du dich auch davor, etwas Neues auszuprobieren, weil du dich nicht inkompetent fühlen oder lächerlich machen willst.
- Vielleicht bemühst du dich niemals hundertprozentig um irgend etwas, damit du dich hinterher mit dem Gedanken trösten kannst: «Wenn ich mir wirklich Mühe gegeben hätte, dann hätte ich es auch geschafft.»
- Es kann sein, daß du Situationen zu vermeiden versuchst, über die du keine Kontrolle hast, weil es dir Angst einjagt, nicht alles unter Kontrolle zu haben.
- Vielleicht hinderst du dich unbewußt selbst am Erfolg, weil du fürchtest, daß er dir nicht die ersehnte Erfüllung bringen könnte – oder daß du hinterher nichts mehr zu tun hast.
- Womöglich sagst du anderen Menschen nicht offen deine Meinung, weil du fürchtest, daß sie dann ähnlich reagieren könnten, was dir unangenehm wäre.
- Vielleicht sagst oder signalisiert du deinen Mitmenschen und dir selbst auch: «Ich kann das nicht, weil ich an einer unüberwindlichen Angst leide. Ich habe eine Phobie.» Das dient dir dann als Erklärung und bequeme Ausrede zugleich.

Phobien und andere psychologische Kategorisierungen

Phobie ist eine hochtrabende psychologische Bezeichnung für eine große Angst. Kleine Ängste lösen geringfügige, kaum merkliche physische Reaktionen aus, große Ängste hingegen rufen dramatische Reaktionen hervor. Wenn unsere physischen Reaktionen auf Fahrstühle, enge Räume, leere Plätze, Höhen, Hunde, Katzen, Schlangen, Spinnen, Mäuse, Nachtfalter und andere Insekten sehr unangenehm sind, bezeichnen wir sie als Phobien.

> Langfristig betrachtet, ist es nicht sicherer,
> Gefahren aus dem Weg zu gehen,
> als sich ihnen zu stellen.
> Die Ängstlichen trifft es genauso häufig
> wie die Tapferen.
>
> *Helen Keller*

Wir sagen oft «Ich kann nicht», obwohl wir in Wirklichkeit meinen: «Ich will nicht.» Manche Dinge können wir tatsächlich nicht – beispielsweise auf ein Hausdach springen oder einen Rennwagen überholen. Aber unsere Ängste *können* wir überwinden. Vielleicht ist das ein sehr unangenehmes Gefühl – vielleicht zittern und schwitzen wir dabei, fallen in Ohnmacht oder haben grippeähnliche Symptome –, aber wir können es.

Einer meiner Freunde namens David hat Angst vor dem Fliegen (das heißt, eigentlich vor dem Abstürzen). Sobald er in einem Flugzeug sitzt, bekommt er feuchte Hände, sein Herz fängt an zu rasen, er zittert und hält die Armlehnen so fest umklammert, daß seine Fingerknöchel ganz weiß werden. Manche Psychologen würden wahrscheinlich sagen, daß er an einer Phobie leidet. Doch trotz all dieser Symptome fliegt David Jahr für Jahr Tausende von Kilometern rund um die Welt, weil sein Beruf es erfordert. Seine Angst (Phobie) ist immer noch da. Er hat auch gar nicht versucht, sie zu bekämpfen. Die Menschen, die behaupten, sie könnten nicht fliegen, weil sie unter Flugangst leiden, können in Wirklichkeit nur deshalb nicht fliegen, weil sie sich kein Flugticket kaufen und nicht ins Flugzeug steigen. David dagegen kauft sich ein Ticket und steigt ins Flugzeug. So kämpft er gegen seine Angst an.

Meine Ängste sind immer noch da.
Aber ich lasse mein Leben nicht mehr
von ihnen bestimmen.

Erica Jong

Deine Angst ist nicht das Problem

Angst ist wie eine harmlose kleine Spinne, die uns erschrocken zusammenfahren läßt, oder eine unglückliche Biene, die sich auf unser Lenkrad verirrt hat und die wir deshalb jetzt für unseren Autounfall verantwortlich machen. Das Problem ist nicht unsere Angst, sondern unsere Reaktion darauf – beispielsweise die Art, wie wir mit Tieren oder Insekten umgehen, vor denen wir uns fürchten. Angst ist das zähnefletschende, in die Enge getriebene Tier in unserem Inneren – der niedrigste gemeinsame Nenner menschlicher Erfahrung. Unsere Angst schlägt die kleine Spinne oder Wespe tot. Und unsere Angst ist auch der Sündenbock, dem wir die Schuld geben, wenn wir vor einer intimen Beziehung zurückschrecken oder uns auf andere Art und Weise in unser Schneckenhaus zurückziehen.

Trotzdem wollen wir unserer Angst für die Warnungen dankbar sein, die sie uns zuflüstert oder zuschreit. Sie ist wie eine überängstliche Mutter, deren Ratschläge wir uns immer anhören sollten; aber wir müssen sie nicht unbedingt immer befolgen. Erweise dem verängstigten Kind in deinem Inneren, das manchmal weise und manchmal töricht, manchmal eine Hilfe und manchmal ein Handikap ist, mehr Respekt als Gehorsam. Schätze deine Angst als warnende Stimme, aber betrachte sie gleichzeitig als Mauer, die du erklimmen, oder als Hürde, die du überspringen mußt – als eine Herausforderung, einen Aufruf zum Handeln.

Deine Ängste hast du zwar nicht unter Kontrolle, wohl aber deine Reaktion darauf: Du kannst langsamer atmen, deine Glieder ausschütteln und dadurch deine Muskeln entspannen. Du kannst die Angst in deinem Inneren spüren und das, wovor du Angst hast, trotzdem tun.

Die Menschen mit den heftigsten Ängsten werden am meisten vom Durchgang durch das achte Tor profitieren.

Wie man seine Ängste durch Zorn überwindet: eine Übung

Ist es dir schon einmal passiert, daß du zuerst Angst hattest und anschließend wütend wurdest? Was ist dabei passiert? Wenn du dich nicht an eine solche Situation erinnern kannst, versuche dir vorzustellen, was dann geschehen könnte. Vielleicht kommst du dabei zu dem Schluß, daß Wut stärker ist als Angst und daß man durch Zorn seine Angst überwinden und aktiv werden kann. Das ist völlig richtig. Die folgende Visualisierungsübung vermittelt deinem Unterbewußtsein in symbolischer Verschlüsselung eine Methode, wie dein Zorn deine Angst überwinden kann. Wenn du die einzelnen Übungsschritte genau nachvollziehst, wirst du im tiefsten Inneren deiner Psyche eine Verhaltensschablone schaffen, auf die du jederzeit zurückgreifen kannst, wenn du sie im täglichen Leben brauchen solltest.

- Stell dir vor, du hast dein ganzes Leben in einem nur trübe erleuchteten Zimmer verbracht. Draußen wartet ein neues Leben in Freiheit auf dich. Du würdest so gern hinausgehen und intensiver am Leben teilhaben.
- Du gehst zum Ausgang und willst gerade ins Freie treten, da taucht eine Gestalt vor dir auf: Herr (oder Frau) Angst versperrt dir den Weg nach draußen. Male dir aus, wie Herr oder Frau Angst aussehen könnte. Wie ein Elternteil oder wie ein Lehrer? Wie ein Fremder? Ist es ein Gespenst oder Ungeheuer, ein Außerirdischer oder Clown? Stelle dir diese Gestalt genau vor.
- In dem Augenblick, wo du hinausgehen willst, tritt Herr oder Frau Angst vor dich hin und sagt: «Halt! Das kannst du nicht, das darfst du nicht, du wirst es nicht schaffen, es ist zu gefährlich, es geht nicht.» *Bleibe daraufhin stehen,* obwohl es dein sehnlichster Wunsch ist, ins Licht hinauszugehen. Spüre, was für ein Gefühl es ist, wenn die Angst dich von etwas abhält. Stelle dir vor, wie Herr oder Frau Angst dir den Weg versperrt, dich einschüchtert, entmutigt, lähmt. Wie fühlst du dich dabei?
- Und nun wiederhole genau den gleichen Prozeß noch einmal. Lasse den Film wieder vor deinem inneren Auge ablaufen: Du willst hinausgehen, läßt dich aber durch deine Angst davon abhalten. Durchlebe diese Szene immer wieder – dreimal, sechsmal, zehnmal – und lasse dich jedesmal von deiner Angst zurückhalten. Tue das so oft, wie es notwendig ist – so lange, bis du wütend wirst. Nicht nur ein bißchen traurig oder entmutigt oder gereizt oder verärgert, sondern *richtig wütend.* In diesem Augenblick bist du bereit, etwas anderes zu tun.
- Verwandle deinen Zorn in Entschlossenheit. Atme tief ein, laß den Film noch einmal vor deinem inneren Auge ablaufen und gehe zum Ausgang. Herr oder Frau Angst steht immer noch da und will dir Einhalt gebieten. Aber diesmal achtest du nicht mehr darauf, sondern gehst einfach hinaus – hinaus ans Sonnenlicht, hinaus in ein neues Leben.
- Und nun integriere diese Erfahrung in dein Alltagsleben. Nachdem du diese Übung erlernt hast, konzentriere dich auf eine ganz bestimmte Angst, die dich im Leben schon öfters behindert oder von einem Vorhaben abgehalten hat. Das kann alles mögliche sein: die Angst, anderen Menschen offen deine Meinung zu sa-

gen oder die Angst vor dem Bungeejumping. Stelle dir vor, wie diese Angst dich immer wieder zurückhält, bis du ihrer erst überdrüssig, dann gereizt und schließlich wütend wirst. Und dann verändere in Gedanken den Ausgang dieser Geschichte, indem du einfach durch die Angst hindurchgehst. Gehe hinaus und tue, was du dir vorgenommen hast.

Die Lektion und Moral dieser Übung lautet: Wenn dir die Angst den Weg versperrt, kannst du entweder wütend werden oder dich von ihr zurückhalten lassen. Du hast die Wahl.

Symbolische Mutproben

Die Ängste, die uns in unserem täglichen Leben am meisten Probleme bereiten, sind eher psychischer als physischer Natur. Vielleicht bist du es gewohnt, in halsbrecherischem Tempo durch die Straßen zu fahren, und findest überhaupt nichts dabei; doch wenn du vor einer größeren Gruppe von Menschen eine Rede halten oder jemanden fragen mußt, ob er (oder sie) eventuell Lust hätte, mit dir auszugehen, fangen deine Knie an zu zittern.

Aktivitäten, die den Adrenalinspiegel in die Höhe treiben (aber relativ ungefährlich sind) – zum Beispiel Wildwasserkanu, Fallschirmspringen, Klettern, Bergsteigen, Bungeejumping oder Feuerlauf –, scheinen auf den ersten Blick die beste Methode zu sein, deine Angst zu überwinden. Doch in Wirklichkeit ist das nur eine Show – ein symbolischer Kampf gegen die Angst, der dich vielleicht auf die wahrhaft furchterregenden Herausforderungen des täglichen Lebens vorbereiten kann: zum Beispiel darauf, offen deine Meinung zu sagen, zuzugeben, daß du unrecht hattest, das Risiko einer Blamage oder Zurückweisung einzugehen – oder einfach nur du selbst zu sein.

Die folgenden Aktivitäten können jedem Menschen als Vorbereitung und ungefährliche Übung für den Kampf gegen die eigenen Ängste dienen.

Filme: Thriller, Horrorfilme, Science-fiction und ähnliche Filme, die dem Abreagieren innerer Spannungen dienen, bieten dir eine Chance, es aus sicherer Entfernung mit Mördern, Verrückten und Ungeheuern aufzunehmen, ein Held oder ein mutiger Abenteurer zu sein.

Virtuelle Realitäten: Noch lebensnäher als der Film läßt die moderne virtuelle Realität uns das Erlebnis einer Autofahrt in atemberaubendem Tempo, eines Flugs durch die Luft oder sogar eines Tauchabenteuers in den Tiefen des Ozeans nachempfinden. Auf diese Weise kann man sich völlig gefahrlos auf Abenteuer und Herausforderungen einlassen, bei denen man normalerweise sein Leben aufs Spiel setzen würde.

Fahrgeschäfte im Freizeitpark: Auch Achterbahnen und ähnliche Fahrgeschäfte, die einen gewissen Nervenkitzel erzeugen, bieten ein Maximum an Angst bei einem gleichzeitigen Minimum an Risiko. Im Gegensatz zum Film oder zur virtuellen Realität bewegt man sich dabei tatsächlich mit halsbrecherischer Geschwindigkeit, erlebt die Einwirkung physischer Kräfte und wirbelt durch schwindelerregende Achterschlaufen und Haarnadelkurven – das flaue Gefühl im Magen ist nicht nur nachempfunden, sondern ganz echt.

Sportarten und Trainingsprogramme, die mit gewissen Mutproben verbunden sind: «Wenn ich *das* geschafft habe, dann schaffe ich alles!» Für Menschen, die sich nach einem solchen Rauscherlebnis sehnen, gibt es inzwischen die verschiedensten Seminare und Trainingsprogramme zur Persönlichkeitsentwicklung, bei denen man seinen eigenen Ängsten entgegentreten kann, zum Beispiel:

- **Feuerlaufen:** Früher praktizierten das nur Yogis und Schamanen; doch mittlerweile sind schon Tausende von Menschen über glühende Kohlen gelaufen und haben auf diese Weise symbolisch ihre Angst besiegt.
- **Fallschirmspringen:** Die heutigen Tandemsprünge und neuen Fallschirme ermöglichen einem den Sprung ins Leere ohne großes Risiko.
- **Wildwasserkanu:** Je nach Strömung kann das eine gemütliche Paddeltour oder ein intensiver Kampf gegen die Elemente sein.
- **Bungeejumping:** Warum springt man kopfüber von einem Turm oder Kran, nur von einem elastischen Seil um Hüfte oder Fußknöchel gehalten? Für Menschen, die auf der Suche nach einem billigen Nervenkitzel sind, gibt es kaum etwas Besseres.

- **Bergsteigen und Klettern:** Sicher angeseilt klettern und balancieren die Teilnehmer auf Bäumen, Masten oder Tauen in bis zu fünfzehn Metern Höhe herum. Dabei wird man mit dem «Das-kann-ich-nicht»-Gefühl konfrontiert. Und dann tut man es einfach trotzdem.

Außerdem gibt es natürlich auch noch die Möglichkeit, an öffentlichen Darbietungen oder Wettkämpfen teilzunehmen. Jeder, der schon einmal eine witzige Rede bei einer Familienfeier halten mußte, bei einer Theateraufführung mitgewirkt, einen Vortrag gehalten, ein Musikinstrument gespielt, auf der Bühne gesungen oder an einem wichtigen sportlichen Wettkampf teilgenommen hat, weiß, in was für Ängste einen solche öffentlichen Auftritte versetzen können. Dabei muß man seiner Angst nicht weniger tapfer entgegentreten als beim Fallschirmspringen. Für viele Menschen ist die Angst vor einem Auftritt in der Öffentlichkeit sogar noch ein bißchen schlimmer als die Angst vor dem Tod.

Du siehst: Man muß nicht unbedingt aus einem Flugzeug springen, um Mut zu beweisen. Wenn du wirklich eine schwierige Mutprobe bestehen willst, verabrede dich mit einer Frau, führe sie in ein Restaurant und singe beim Abendessen ein paar Takte aus einem Liebeslied. (Viele meiner Freunde würden, wenn man sie vor die Wahl stellte, ob sie lieber in aller Öffentlichkeit singen oder mit einem Fallschirm aus dem Flugzeug springen würden, ohne Zögern zum nächsten Flughafen fahren.)

Jeder hat seine eigenen Ängste. Unsere Alltagsängste sind am wichtigsten und stellen uns vor die größte Herausforderung. Nimm dir einmal ein paar Minuten Zeit, um über die Ängste nachzudenken, mit denen du in deinem täglichen Leben konfrontiert wirst.

Tue es einfach: Eine Übung zur Überwindung deiner Ängste

- Wähle irgendeine Aktivität, die dich besondere Überwindung kostet (zum Beispiel, in aller Öffentlichkeit eine Rede zu halten oder zu singen, um eine Verabredung oder eine Gehaltserhöhung zu bitten, über eine deiner Lieblingsphantasien zu sprechen) – irgend etwas, was du wirklich gern tun würdest, aber noch nie getan hast, weil du dabei vielleicht versagen oder zurückgewiesen werden oder dir lächerlich vorkommen könntest.

- Nimm dir fest vor, diesen Plan innerhalb der nächsten sechs Wochen in die Realität umzusetzen.
- Erzähle einem Freund von deinem Vorhaben und den Gründen dafür, schreibe jemandem einen Brief darüber, oder schließe einen Vertrag mit dir selbst und unterzeichne ihn.
- Triff alle Vorbereitungen, die nötig sind, um dein Vorhaben auch wirklich in die Tat umzusetzen.
- Sobald der Zeitpunkt näherrückt, wo du deiner Angst ins Auge sehen und sie überwinden mußt, denke daran, in der Gegenwart zu bleiben. Wenn du an dein Vorhaben denkst, wirst du wahrscheinlich nervös, ängstlich oder vielleicht auch nur aufgeregt sein. Möglicherweise erscheint es dir plötzlich gar nicht mehr so schrecklich, wie du vorher gedacht hattest. Oder vielleicht doch. Indem du deine Aufmerksamkeit auf den gegenwärtigen Augenblick richtest, beschränkst du deine Angst auf den Zeitpunkt, zu dem sie völlig normal und angemessen ist – nämlich dann, wenn du das, wovor du Angst hast, wirklich tun mußt, und nicht schon Stunden oder Tage vorher.
- Anschließend zeichne oder male ein Bild, in dem du darstellst, was dieses Erlebnis für dich bedeutet hat. Du kannst es natürlich auch in ein paar Zeilen beschreiben, aber eine Zeichnung bringt die Erfahrung deines Unterbewußtseins besser zum Ausdruck. Du brauchst das, was du da zeichnest oder malst, nicht unbedingt zu verstehen. Bringe einfach spontan zu Papier, was dir einfällt.
- Als Nachfaßaktion kannst du dir von nun an jeden Monat irgend etwas aussuchen, was du gern tun würdest, aber bisher noch nicht getan hast – und zwar zumindest teilweise aus Angst. Und dann wiederholst du den gleichen Prozeß: Fest vornehmen, alle nötigen Vorkehrungen zu treffen und dann handeln. Das kann eine der Mutproben sein, die ich vorhin beschrieben habe: ein Abenteuer in einer virtuellen Realität, eine Achterbahnfahrt, vielleicht sogar eine Spritztour mit dem Wildwasserkanu oder ein Fallschirmsprung. Es kann aber auch irgendeine unmittelbare, praktische Aufgabe in deinem täglichen Leben sein.

Ängste überwindet man durch Handeln

Die Ängste, denen du in deinem täglichen Leben und im Kontakt mit anderen Menschen begegnest, sind viel wichtiger als die ausgefallensten Mutproben. Wenn du merkst, daß du vor einer Handlung zurückschreckst, weil du nervös bist oder weil sie dir irgendwie widerstrebt, ist deine Stunde der Wahrheit gekommen. Was wirst du jetzt tun?

Jeder Mensch, der schon einmal eine Stunde der Wahrheit erlebt hat – der trotz seiner Angst aus dem Flugzeug gesprungen ist, auf der Bühne Klavier gespielt, vor einem Publikum eine Rede gehalten oder sonst irgendwie den «Sprung ins kalte Wasser» gewagt hat –, weiß etwas, was ängstlichere Naturen nicht wissen: Sobald man mittendrin steckt und seine ganze Aufmerksamkeit auf die Aktivität richtet, vor der man vorher solche Angst hatte, denkt man gar nicht mehr daran, was alles passieren könnte, sondern konzentriert sich hundertprozentig darauf, was gerade passiert. Die Angst ist vielleicht immer noch da, aber man spürt sie nicht mehr.

Auch wenn du dir etwas noch so fest vorgenommen hast – es ist trotzdem nur eine Absicht, ein Plan, etwas, was in deiner Phantasie existiert. Wie fest entschlossen oder mutig du tatsächlich bist, erfährst du erst, wenn du deinen Mut und deine Entschlossenheit durch Handeln auf die Probe stellst – in der Stunde der Wahrheit, in der es um alles oder nichts, um Leben oder Tod geht. Der folgende Test ist eine praktische Methode, mit deren Hilfe du Mut und Entschlossenheit in dir entdecken, fördern und beweisen kannst. Er steht symbolisch für alle Augenblicke im Leben, in denen du deine Ängste überwinden mußt.

Der Stecknadeltest: Entschlossenes Handeln in der Stunde der Wahrheit

Was tätest du, wenn vor dir plötzlich ein Auto auf deine Spur wechseln oder ein Mensch auf der Straße dich laut beschimpfen oder angreifen würde? Würdest du vor Angst erstarren, in Panik geraten oder ruhig und entschlossen handeln? Die folgende Übung – der Stecknadeltest – ist eine symbolische Lektion, bei der es darum geht, in deiner persönlichen Stunde der Wahrheit Mut zu beweisen.

Du brauchst dazu nur eine Holzfläche (beispielsweise eine Tischplatte) und ein paar ganz gewöhnliche, nicht verbogene Stecknadeln, wie man sie zum Säumen von Hosen verwendet. Der erste Schritt der Übung besteht darin, eine dieser Stecknadeln so in die Tischplatte oder eine andere Holzfläche zu stecken, daß sie senkrecht hochsteht. Dann schlägst du mit der flachen Hand darauf, so daß sie sich verbiegt.

Die Stecknadel steht für die Ängste, die zwischen dir und deinem Ziel stehen. Die Übung – auf die Tischplatte zu schlagen und die Nadel umzubiegen – symbolisiert das entschlossene Handeln, das notwendig ist, um deine Ängste zu überwinden und dein Ziel zu erreichen. Mit diesem Wissen kannst du nun mit der Übung beginnen:

- Schlage mit der ausgestreckten Handfläche so kräftig auf die Tischplatte, daß es knallt und du ein leichtes Brennen in der Handfläche verspürst. Das ist die Probe für die nun folgende Übung, bei der du mit der offenen Handfläche direkt auf eine senkrecht hochstehende Stecknadel schlagen wirst, die du zuvor in die Holzplatte gesteckt hast.
- Teste deine Stecknadeln zunächst einmal, indem du eine von ihnen zwischen zwei Finger nimmst und verbiegst. Vielleicht willst du auch erst einmal eine Nadel senkrecht in die Tischplatte stekken und mit einem Buch daraufschlagen, um zu sehen, wie sie sich verbiegt. Dann bist du bereit für die Übung.
- Konzentriere dich auf die Nadel und nimm dir fest vor, mit der Handfläche auf Nadel und Tischplatte zu schlagen, als sei die Nadel gar nicht da. Richte deine Gedanken nicht *auf* die Tischplatte, sondern *durch* die Tischplatte hindurch, so wie Karatekämpfer durch das Holzbrett hindurchdenken müssen, um es mit der Handkante entzweischlagen zu können.
- Sobald du innerlich darauf vorbereitet bist, tust du es einfach. Dies ist deine Stunde der Wahrheit.
- Wenn du deine ausgebreitete Handfläche mit aller Kraft und lautem Knallen auf die Tischplatte niedersausen läßt, wirst du nicht einmal merken, daß dort eine Stecknadel war. Sie wird sich umbiegen, und deine Handfläche wird hinterher vollkommen unverletzt sein. (Das einzige unangenehme Gefühl, das du eventuell

spürst, ist das leichte Brennen, wenn deine Handfläche auf die Tischplatte trifft.)

- Bitte keine halbherzigen Versuche – *mache es richtig.* Beinahe genug ist noch lange nicht genug. Wenn du zögerst – wenn die Angst deinen Entschluß ins Wanken bringt und du die Handfläche hohl machst oder nicht schnell und kräftig genug zuschlägst –, wirst du dein Ziel viel eher verfehlen und dir vielleicht sogar die Hand an der Nadel einritzen.
- Entweder du entscheidest dich gegen diese Mutprobe, oder du läßt dich hundertprozentig darauf ein. Es ist ganz normal, dabei Vorbehalte, Angst oder Zweifel zu haben. Du darfst deinen Plan nur nicht von diesen Gefühlen durchkreuzen lassen.
- Wenn du es geschafft hast, achte einmal darauf, was für ein Gefühl es ist, dein Vorhaben trotz aller Ängste oder Zweifel durchgeführt zu haben.

Wenn du den Stecknadeltest lieber nicht machen möchtest, respektiere diese Entscheidung, aber sei dir gleichzeitig darüber im klaren, daß diese Mutprobe eine Chance für dich ist. Du kannst nur von den Dingen profitieren, die du auch wirklich tust.

Selbstzweifel: der große Hochstapler

Wie du gesehen hast, sind nicht alle Ängste so klar umrissen wie die Furcht vor dem Stecknadeltest oder davor, von einem hohen Sprungbrett ins Wasser zu springen oder eine Rede zu halten. Manche Menschen merken erst, daß sie manipuliert oder verführt oder ausgenutzt werden, wenn man sie buchstäblich mit der Nase darauf stößt. Genauso erkennen wir die subtilen, heimtückischen Mechanismen der Angst vielleicht nicht, solange sie sich nur als vages, kaum spürbares Unbehagen oder leiser Zweifel bemerkbar machen. Oft ist uns gar nicht bewußt, daß wir es mit der Angst zu tun haben, wenn sie in Form von Nervosität, Zögern, Widerstreben, mangelndem Interesse oder Selbstzweifeln (ihrer heimtückischsten Verkleidung) auftritt.

Als du noch klein warst, wäre es dir nie in den Sinn gekommen, an dir selbst zu zweifeln. Beobachte nur einmal kleine Kinder beim

Stehen- oder Laufenlernen: Sie fallen dauernd hin und versuchen es trotzdem immer wieder. Doch als du dann älter wurdest und dich mit den anderen verglichst, fingst du an, dir feste Vorstellungen von deinen Fähigkeiten zu machen. Fast alle Vorstellungen, die wir von unseren Fähigkeiten haben, rühren daher, daß wir kein Talent zu haben glauben, obwohl es uns in Wirklichkeit nur an Erfahrung fehlt.

Mir ist es ganz ähnlich ergangen: Ich kam zwei Wochen zu spät in den Kindergarten. Als ich anfing, Bäume zu malen, hatten die anderen Kinder es schon fast eine Woche lang geübt, aber das wußte ich nicht. Ich wußte nur eines: Wenn ich meine Bäume mit denen der anderen Kinder verglich, so hatten ihre Bäume Äste und Blätter, während mein erster Baum wie ein grüner Lutscher aussah. Daraus schloß ich, daß die anderen begabter waren als ich. Wenn man mich dann später vor die Wahl stellte, ob ich lieber malen oder im Sandkasten spielen wollte (im Sandkasten spielen konnte ich wirklich gut) – was glaubst du wohl, wie ich mich entschied?

Jeder Mensch trägt in seinem Inneren eine kurze (oder auch längere) Liste von Dingen mit sich herum, die er nicht besonders gut zu können glaubt. Vielleicht können wir solche Überzeugungen sogar mit Beispielen aus unserer eigenen Erfahrung belegen. Doch was früher vielleicht stimmte, muß heute nicht unbedingt immer noch gelten. Albert Einstein war ein schlechter Mathematikschüler, und Babe Ruth wurde oft ausgelacht, bevor er zum Meister des Home-run wurde.

Wie man das Unmögliche tut

Hier erwartet dich jetzt eine Aufgabe, die dich ernsthaft bezweifeln lassen wird, ob du die Fähigkeit hast, sie zu bewältigen. Deine bisherigen Fähigkeiten werden dir sagen «Das schaffe ich nicht», und auch dein Verstand wird entschieden nein sagen.

Der folgende Test wird dir beweisen, daß du mehr kannst, als du glaubst.

- **Lies dir zunächst einmal folgende Liste von zwanzig Begriffen durch:** ein Tisch, ein Kaninchen, ein Telefon, ein Auto, eine Apfelsine, Bluejeans, eine angezündete Zigarre, ein kleines Aquarium, ein Fernsehgerät, eine Handtasche, ein alter Wecker, ein Motorrad, ein Kühlschrank, Joggingschuhe, ein Berg, gelbe Farbe, ein Wasserfall, Unterwäsche, ein Tennisball und ein alter Physiker.

- Würdest du mir glauben, wenn ich dir versichere, daß du in der Lage sein wirst, diese Liste innerhalb der nächsten vier Minuten auswendig zu lernen – und zwar nicht nur vorwärts, sondern auch rückwärts? Du kannst sogar noch viel mehr: Wenn ich dir irgendeinen Begriff aus der Liste nenne, wirst du genau wissen, welcher davor und welcher danach kommt.
- Aufgrund früherer Erfahrungen hast du vielleicht große Zweifel daran, ob dir das gelingen wird. Bitte bewerte deine Zweifel anhand einer Punktzahl von 1 bis 10. (1 bedeutet «geringe Zweifel», 10 bedeutet «große Zweifel». Trage diese Zahl hier ein . . . oder sage sie laut vor dich hin.
- Und nun setzte deine natürliche Gabe der Phantasie ein, um dir rund um diese zwanzig Begriffe einen kleinen Film vorzustellen. Stelle dir zuerst einmal einen kleinen *Tisch* vor. Strecke die Arme aus und male dir aus, wie du die Tischbeine umfaßt. Dabei spürst du, wie der Tisch sich auf und ab bewegt. Warum? Weil ein rosa *Kaninchen* auf der Tischplatte herumhüpft wie auf einem Trampolin. Beim nächsten Sprung nach oben greift es nach dem *Telefonhörer*, der von der Decke herabhängt, denn das Telefon hat geklingelt. Siehst du vor dir, wie das Kaninchen den Telefonhörer an der Decke ergreift? In diesem Augenblick kracht ein großes *Auto* durch die Zimmerdecke und landet auf einer riesigen, leuchtend orangefarbenen *Apfelsine* im Wohnzimmer. Es zerquetscht die Apfelsine, so daß der Saft über die *Bluejeans* spritzt, die an der Wand hängt. Wenn man eine Bluejeans mit Orangensaft übergießt, öffnet sich natürlich der Hosenschlitz, und eine brennende *Zigarre* fällt heraus. Sie versinkt zischend in einem kleinen *Aquarium* und verwandelt es auf wundersame Weise in einen *Fernseh*bildschirm. Und was gibt es dort zu sehen? Eine Teleshopping-Sendung, in der gerade eine glänzende *Handtasche* gezeigt wird. Die Tasche geht auf, und heraus springt ein lauter rasselnder *Wecker*, der sich dreht – und dann noch einer. Die beiden Wecker verwandeln sich in Räder eines *Motorrads*, das plötz-

lich aus dem Fernsehschirm herausgeknattert kommt und mit dem *Kühlschrank* zusammenstößt. Die Kühlschranktür geht auf, und heraus fallen mehrere Paar *Joggingschuhe*, die einen *Berg* hinaufrennen und oben auf dem Gipfel einen großen Eimer mit *gelber Farbe* umstoßen. Als die gelbe Farbe den Berg hinunterfließt, verwandelt sie sich in klares, reines Wasser: Ein *Wasserfall*, so mächtig wie die Niagarafälle, ergießt sich über den Abhang, so daß die *Unterwäsche*, die unten auf einer Wäscheleine hängt, pitschnaß wird. Aus den Unterhosen fällt ein leuchtendgelber *Tennisball* und landet auf dem Kopf eines *alten Physikers*, der gerade in diesem Augenblick einen genialen Geistesblitz hat.

- Und nun wollen wir den Inhalt des Films noch einmal wiederholen. Der erste Gegenstand, den du in der Hand hieltest, war ein . . ., darauf hüpfte ein . . . auf und ab, das dann nach dem . . . an der Decke griff. Leider stürzte die Decke ein, als ein . . . krachend hindurchfuhr und auf der riesigen . . . landete. Der Saft spritzte über die . . ., die an der Wand hing, der Reißverschluß ging auf, und heraus fiel eine . . ., direkt ins . . . hinein, das sich daraufhin in einen . . . verwandelte. Dort wurde eine . . . gezeigt, aus der ein sich drehender . . . sprang, und dann noch einer. Die beiden verwandelten sich in Räder eines . . ., das aus dem Fernsehbildschirm hervorkam und mit einem . . . zusammenstieß, aus dem daraufhin viele . . . herausfielen. Sie rannten einen . . . hinauf und verschütteten . . ., die sich in einen mächtigen . . . verwandelte. Dieser machte die . . . auf der Leine pitschnaß, und es fiel ein . . . heraus, der auf dem Kopf eines . . . landete. Dieser hatte daraufhin eine phantastische Idee.
- Und jetzt schließe die Augen und lasse den Film rückwärts ablaufen: Zuerst kommt der Physiker und am Schluß der Tisch. Viel Spaß!
- Wenn ich jetzt zum Beispiel *Apfelsine* sage, welcher Gegenstand kommt davor auf der Liste? . . . Und welcher danach? . . . Und wie steht es mit dem Kühlschrank? Was kommt davor, was danach?

Mache dir bewußt, daß du gerade etwas getan hast – vielleicht nicht perfekt, aber doch ziemlich gut –, obwohl du deine Fähigkeit dazu vorher ernstlich bezweifelt hattest. Genauso, wie du das hier geschafft hast, kannst du auch den nächsten Zweifel überwinden, der in dir aufsteigt.

Übe einfach, mutig zu sein: Natürlich wirst du dabei auch hin und wieder auf die Nase fallen. Ich stürzte als Turner zwanzig- bis dreißigmal am Tag, wenn ich eine neue Bewegungsabfolge einübte. Wenn das Versagen zum täglichen Leben gehört, verliert es seinen Schrecken.

Es ist eine sehr wertvolle Erfahrung für dich zu versagen, abgewiesen zu werden, dich zu blamieren oder zu schämen. Denn dann merkst du, daß die Welt deshalb noch lange nicht untergeht. Das Leben geht weiter. Und wenn wir es immer wieder versuchen, verbessern wir uns mit der Zeit immer mehr.

Kompetenz lindert Ängste: Es gibt ein Sprichwort, das besagt, daß wir alle unwissend sind – nur über verschiedene Themen. Genauso könnte man sagen, daß wir alle Angst haben – nur vor unterschiedlichen Dingen. Wir beide, du und ich, fürchten uns vielleicht davor, auf einem zehn Meter hohen Sprungturm zu stehen und einen Schwalbensprung zu machen. Ein erfahrener Kunstspringer hätte davor kaum oder gar keine Angst, denn ein so einfacher Sprung ist für ihn kein Risiko mehr. Doch als er seinen ersten Schwalbensprung machte oder einen anderen neuen Sprung einübte, mußte auch er erst einmal seine Angst überwinden.

Je besser wir eine Fähigkeit beherrschen, um so weniger Angst haben wir davor. Kompetenz schenkt Selbstvertrauen. Zweifelst du daran, ein guter Koch zu sein? Glaubst du, keine sportliche Begabung zu besitzen oder deine Bewegungen nicht gut koordinieren zu können? Hältst du dich für schlecht in Mathematik, weil du in der fünften Klasse Probleme mit Textaufgaben hattest? Glaubst du, daß du kein Talent dazu hast, elektronische Geräte anzuschließen? Dann stelle dich dieser letzten Herausforderung:

- Überlege dir irgend etwas, was du gern können würdest, dir aber nicht zutraust (wofür du wahrscheinlich auch Gründe nennen kannst).
- Und dann setze dir ein klar definiertes Ziel, zum Beispiel: «Ich werde die Schnüre aller meiner elektronischen Geräte aus den Steckern ziehen und sie hinterher wieder zusammenbauen» oder «Ich werde Radschlagen (oder irgendeine andere physische Fä-

higkeit) lernen» oder «Ich werde ein Gourmetmenü mit fünf Gängen kochen».

- Sobald du dein Ziel formuliert hast, setze einen realistischen Termin dafür fest. «Irgendwann einmal» ist zu vage.
- Dann erstelle eine Liste der Dinge, die du tun kannst, um dich darauf *vorzubereiten* – einen Schritt-für-Schritt-Plan, um das, was du dir vorgenommen hast, zu erlernen. Vielleicht mußt du dazu ein paar Anrufe tätigen, dir in der Bücherei irgendein Nachschlagewerk besorgen, Unterricht nehmen oder dich von einem Freund beraten lassen, der Erfahrung damit hat.
- Mit anderen Worten: Suche dir ein Ziel aus, und dann versuche einfach dein Glück. Zweifle an dir, wenn du möchtest, und dann tue es, weil du es kannst.

Ziele zu wählen, deren Erreichung wir uns nicht zutrauen, und *es dann einfach zu tun*, gehört zu den stärkendsten, regenerierendsten, ermutigendsten Erfahrungen, die ich kenne. Denke an Bob Dylans Worte: «Wer nicht ständig damit beschäftigt ist, geboren zu werden, der liegt im Sterben.»

Wie man seinen Körper von Ängsten befreit

Angst entsteht als Gedanke oder Gefühl, Überzeugung oder Erwartung; doch schließlich wird sie in deinem Körper in Form physischer Anspannung und gehemmter oder flacher Atmung gespeichert. Eine Möglichkeit, mit deinen Ängsten fertig zu werden, besteht darin, direkt an deinem Körper zu arbeiten, indem du die als Spannung gespeicherte Angst beseitigst.

Professor Oscar Ichazo, der Begründer der Arica-Schule, hat die Theorie aufgestellt, daß es im menschlichen Körper verschiedene Angstzonen gibt – Bereiche, in denen unterschiedliche Ängste gespeichert werden. Wenn man diese Körperbereiche buchstäblich bis auf die Knochen hinunter massiert, kann man seinen Körper nicht nur von der physischen Anspannung, sondern auch von der Angst befreien.

Durch chronische Ängste entstandene Muskelverspannungen

schränken unseren Bewegungsspielraum ein und verursachen physischen Schmerz oder sogar Empfindungsstörungen. Wir beginnen unsere Bewegungen und unser Denken einzuschränken, und dadurch geht uns ein Teil unserer Bewußtheit, Intelligenz, Spontaneität und anderer Gehirnfunktionen verloren. Durch Selbstmassage können wir solche Spannungen in unserem Körper selbst behandeln. Wenn wir alle Spannungsbereiche sanft, tief und respektvoll massieren, wird unser Körper dadurch vitaler, elastischer und jugendlicher.

Ich will dir nun einen Überblick über die verschiedenen Angstzonen im menschlichen Körper geben. Gleichgültig, ob du unter den hier aufgezählten Ängsten leidest oder nicht: Es wird eine tiefgreifende Wirkung auf dich haben zu *spüren*, wie du eine bestimmte Angst beseitigst, indem du beim Massieren tief in deine Muskeln und bis an die Oberfläche der Knochen vordringst und diese Massage als eine Art Reinigungsmittel betreibst. Vertraue auf deinen Instinkt, er wird deine Hände schon so leiten, daß du den richtigen Druck ausübst.

Du kannst dir mehrere Stunden Zeit nehmen, um deinen ganzen Körper zu massieren oder jeden Tag in deiner Freizeit immer nur an einem kleinen Körperbereich arbeiten. (Wenn du jeden Tag auch nur für fünf Minuten lang eine einzige Angstzone bearbeiten würdest, hättest du bis zum Ende des Jahres immerhin schon über dreißig Stunden damit verbracht, deinen Körper von angestauten Ängsten und Verspannungen zu befreien.)

Für die Massage im Rückenbereich brauchst du einen Partner. Nimm nicht zuviel Massageöl, und achte darauf, daß deine Fingernägel kurz geschnitten sind. Massiere langsam und geduldig, sanft und dennoch tief eindringend, mit einer respektvollen Haltung gegenüber dem eigenen Körper. Beginne mit einem leisen Streicheln, ehe du mit den Händen tiefer in deine Muskeln hineindrückst.

Die Angstzonen deines Körpers

- **Füße (Angst davor, du selbst zu sein):** Ziehe, drehe und beuge eine Zehe nach der anderen; arbeite an der Fußoberseite und rund um das Sprungbein, und mache anschließend eine Fußsohlen-Tiefenmassage.

- **Waden und Schienbeine (Angst davor zu handeln):** Fahre mit sanften, glättenden Bewegungen an der Oberseite und den Seiten deiner Schienbeine entlang; im oberen und unteren Wadenbereich wird tiefer und kräftiger massiert.
- **Knie (Angst vor dem Tod):** Löse Spannungen im Inneren deiner Knie/den Kniekehlen; dann bewege deine Kniescheiben und versuche, mit den Fingern so weit wie möglich dahinter zu gelangen.
- **Oberschenkel (Angst, nicht fähig genug zu sein):** Bearbeite den oberen Oberschenkel- und Leistenbereich und alle Muskeln rund um die Beckenknochen; anschließend werden die Schenkel tief und kräftig massiert.
- **Genitalien einschließlich Steiß- und Sitzbein (Angst vor Sexualität):** Bearbeite alle empfindlichen Körperbereiche rund um die Genitalien, After und Steißbein.
- **Becken vom Schambein bis zum oberen Ende des Kreuzbeins (Angst vor dem Leben, Schüchternheit):** Massiere den oberen Beckenbereich von der Wirbelsäule bis zum Schambein tief und gründlich.
- **Zwerchfell, untere Rippen bis hinunter zum Hüftbein (Angst davor, zu essen und Nährstoffe zu assimilieren, zu atmen, seinen Platz auf der Welt einzunehmen):** Massiere von der Wirbelsäule ausgehend unter den Rippen entlang bis zum Solarplexus (unter dem Brustbein).
- **Brustkorb bis Schlüsselbein (Angst vor Zorn, äußert sich in Form von Seufzen und Traurigkeit):** Fahr mit den Fingern unter dein Schlüsselbein und massiere deine Brustmuskulatur (zwischen sämtlichen Rippen).
- **Hände bis zur Oberseite der Handwurzelknochen (Angst davor, etwas zu tun):** Massiere zwischen allen Fingern und drücke auf den Punkt zwischen Daumenballen und Zeigefinger.
- **Unterarm und Ellbogen (Angst vor Bestrafung):** Arbeite dich an der Vertiefung zwischen den beiden Knochen deines Ellbogengelenks entlang und von der Armbeuge bis zur Innenseite deines Handgelenks.
- **Schultern, Deltamuskeln und Achselhöhlen bis zu den Ellbogen (Angst, enttäuscht zu werden):** Bearbeite deine Schultermuskulatur, dann Bizeps und Achselhöhlen.

- **Oberer Rückenbereich, Kapuzen- und Rautenmuskeln (Angst davor, die Kontrolle zu verlieren; Unfähigkeit, Aufgaben zu delegieren – man trägt die ganze Last der Welt auf seinen Schultern):** Massiere unter den Schulterblättern deines Partners und alle Muskeln im oberen Rückenbereich.
- **Unterer Rückenbereich vom Becken bis zu den Schulterblättern (Angst davor, etwas zu verlieren):** Massiere rechts und links an der Wirbelsäule deines Partners und an seinen Schulterblättern entlang.
- **Bereich zwischen Schädelbasis und oberem Rücken beziehungsweise Trapezmuskel (Angst davor, sich in Gesellschaft falsch zu benehmen oder zu blamieren):** Bearbeite alle Muskelfasern an der Schädelbasis deines Partners entlang bis hinunter zu den oberen Rückenmuskeln.

Kopf und Gesicht (dieser Teil der Massage kann allein oder mit einem Partner durchgeführt werden: Massiere langsam und behutsam an allen Knochenoberflächen entlang. Verstärke den Druck an den Stellen, wo du es verkraften kannst, in den empfindlicheren Bereichen massierst du sanfter und vorsichtiger. Glätte deine Stirn von der Mitte zu den Seiten hin. Drücke den Zeigefinger zwischen deine Augenbrauen und fahre glättend am oberen Rand der Augenhöhlen entlang. Massiere zuerst deine Schläfen und Wangenknochen, dann rund um Nase, Lippen und Kinn. Massiere mit kräftigem Druck den Bereich um deinen Kieferknochen. Dann massiere den äußeren Ohrbereich, wobei du deine Ohren sanft drehst und biegst. Zum Schluß gönnst du dir eine kräftige Kopfhautmassage.

- **Angst vor Mißverständnissen:** Ohren, Nackenbereich und Warzenfortsatz (Processus mastoideus – der warzenförmige Fortsatz des Schläfenbeins hinter dem äußeren Gehörgang)
- **Sorgen und Hang zum Grübeln:** Stirn von den Augenbrauen bis zum Haaransatz
- **Zorn:** Augenbrauen und der Bereich zwischen den Augenbrauen
- **Vorurteile; Tendenz, andere Menschen zu verurteilen:** Ränder der Augenhöhlen und die daran befestigten Muskelbänder

- **Scham:** Wangenknochen
- **Angst vor Kontrolle von außen:** Nase
- **Angst, enttäuscht zu werden:** Linien von den Nasenflügeln zum Mund
- **Angst vor Ekelgefühlen:** Mund, Lippen und Muskeln rund um den Mund
- **Angst, minderwertig zu sein:** Kinn
- **Angst vor abstoßenden Dingen (Anblicken, Gerüchen, äußeren Umständen):** Kieferknochen

Durch diese intensive Körperarbeit sollen die Restspannungen beseitigt werden, die mit deinen früheren und zukünftigen Ängsten zusammenhängen. Die Ängste gehen dadurch nicht weg – nur die damit verbundenen Spannungszustände. Indem du die Verspannungen löst, wirst du lernen, deinen Körper entspannt und deinen Geist beweglich zu halten, so daß du trotz deiner Ängste mutig, entschlossen und effizient handeln kannst.

Nimm Abschied von deinen Ängsten

Je mehr Angst du vor einer Herausforderung hast, um so größer wird dein Hochgefühl hinterher sein, wenn du sie überstanden hast. Es gibt kaum etwas Befriedigenderes im Leben, als sagen zu können: «Ich habe es geschafft!» Jedesmal, wenn du deiner Angst die Stirn bietest, indem du tust, was getan werden muß, gehst du den Weg der Erleuchtung im Alltag. Und du wirst feststellen, daß die Angst keine Mauer ist, sondern ein Tor zu neuen Möglichkeiten – nicht das Ende der Welt, sondern der Anfang. Manchmal müssen wir einfach den Sprung in die Tiefe wagen; unterwegs werden uns schon Flügel wachsen.

Überall, wo ein Weg endet, beginnt ein neuer. Nachdem du dich mit dem wichtigen Problem deiner Alltagsängste befaßt hast, bist du nun bereit für das nächste Tore: das Schattenreich deiner Psyche. Dort wirst du den verleugneten Seiten deiner Persönlichkeit wiederbegegnen und die Chance erhalten, wieder ein guter Mensch zu werden.

Das neunte Tor:

Erleuchte deinen Schatten

Als Kind warst du reines Potential. Du warst ein ganzer Mensch: offen und unverfälscht, stark und nachgiebig, gut und schlecht, diszipliniert und spontan zugleich – ein Gefäß voller Möglichkeiten. Doch als du älter wurdest, verleugnetest du bestimmte Teile deiner Persönlichkeit, die nicht den Wertvorstellungen entsprachen, die du dir allmählich zu eigen machtest. Du schufst dir falsche Bilder von dir selbst, wurdest «dieses», aber nicht «jenes». Aber irgendwann werden diese verborgenen Gegenpole deiner Persönlichkeit dich einholen. Denn gerade das, was du nicht siehst, kann dir weh tun. Indem du deinen Schatten erleuchtest, wirst du wieder ein ganzer, wirklicher Mensch. Du befreist die Energie, die du vorher brauchtest, um dein Selbstbild zu verteidigen, und entwickelst neue Energie und Einsicht, Demut und Mitgefühl.

Ein Weg zu mehr Echtheit und Mitgefühl

Ich ging in den Wald,
weil ich bewußt leben und nur
mit den Grundtatsachen des Lebens konfrontiert werden wollte,
um zu sehen, ob ich nicht lernen konnte,
was diese Erfahrung zu lehren hatte,
statt in der Stunde meines Todes zu entdecken,
daß ich gar nicht gelebt hatte.

Henry David Thoreau

Landkarte: Auf der Suche nach Echtheit und Unverfälschtheit

Schon der alte griechische Weise Sokrates riet uns: «Erkenne dich selbst.» Das war für ihn das Allerwichtigste. Und sein berühmtester Schüler Platon schrieb in seinen *Dialogen*: «Das Leben, das nicht erforscht wird, ist es nicht wert, gelebt zu werden» – deutliche, unmißverständliche Worte.

Ein moderner Weiser namens Henry Palmer hat es etwas anders ausgedrückt:

> Seit der Zeit der alten Brahmanen Indiens, durch die ganze griechische und römische Kultur hindurch bis hin zu den modernen Seminaren zur Persönlichkeitsentwicklung ist eine Lehre unverändert erhalten geblieben, wenn auch in den verschiedensten Formulierungen. Sie zieht sich wie ein roter Faden durch sämtliche Philosophien, spirituelle Praktiken und Selbsthilfeprogramme. Diese Lehre lautet: *Erkenne dich selbst.*
>
> Ist das nur ein besonders guter Rat, der zehn Jahrtausende lang von Generation zu Generation weitergereicht wurde, oder reichen die Wurzeln dieser Lehre tiefer? Ist sie vielleicht Ausdruck eines wichtigen Ziels, das der menschlichen Seele innewohnt?
>
> Selbst das oft zitierte ausgesetzte Kind, das völlig isoliert auf einer einsamen Insel aufwächst, ohne erkennbare Sprache oder Tradi-

tionen, wird eines Tages ans Tor zu diesem inneren Weg gelangen. Wer bin ich? Warum existiere ich? Was ist das Leben? Solche Fragen lassen sich nicht durch weltliche Dinge befriedigen. Sie weisen den Weg zu einer inneren Suche: durch die unerforschten Stürme unseres Denkens bis ins Reich unserer Seele.

In dem Kapitel *Siehe deinen Ängsten ins Auge* hast du die menschliche Urangst vor der Mittelmäßigkeit kennengelernt – davor, als Narr und Scharlatan entlarvt zu werden. Diese Ängste verschwinden nicht einfach, indem wir uns innerlich Mut zusprechen oder irgendwelche Rollen spielen, mit denen wir uns in Wirklichkeit nur selbst betrügen. Wir können uns nur von ihnen heilen, indem wir einen tiefen Blick in unseren eigenen Schattenbereich wagen und entdecken, daß wir *tatsächlich* Narren und Scharlatane sind – und gleichzeitig auch Helden und Schurken, Diebe und Liebende, böse Kobolde und weise Heilige. Wir alle sind Diamanten mit unzähligen verschiedenen Facetten und Unebenheiten.

Jeder Mensch ist ein Mond
und hat seine dunkle Seite,
die er nie jemandem zeigt.

Mark Twain

Manche deiner Charaktereigenschaften sind dir bewußt, aber das ist nur die sprichwörtliche Spitze des Eisbergs. Andere Seiten deiner Persönlichkeit hast du im Laufe der Zeit verleugnet, und mit ihnen hast du dich gleichzeitig von einem Teil deiner eigenen Kraft, Kreativität und Genialität abgeschnitten. Jetzt ist es an der Zeit, Licht in diesen Schattenbereich zu bringen und wieder ein ganzer, wirklicher Mensch zu werden, der nichts mehr zu verleugnen oder zu verteidigen braucht.

Nachdem du einen Blick in die verborgene Schatzkammer deines Unterbewußtseins geworfen und es schätzen gelernt hast, bist du nun bereit, tiefer in deine eigene Persönlichkeit vorzudringen – ins Schattenreich, wo die verlassenen und verleugneten Teile deiner Identität wie verirrte Kinder darauf warten, wieder zurückgeholt zu werden.

Warum du bestimmte Teile deines Charakters – Eigenschaften,

die zum vielfältigen Ganzen deiner Persönlichkeit beitragen und dir Kraft geben – ablehnst, wird dir bald klarwerden. Der Schatten ist das Reich der Ängste und gefallenen Engel, wo dein Selbstbild in sich zusammenbricht und deine Illusionen einer neuen, umfassenderen Realität weichen – einer Realität der Demut und Echtheit und des Mitgefühls. Du wirst dich vielleicht älter, aber zweifellos auch weiser fühlen, wenn du diesen Schatten kennengelernt hast.

Denke daran, daß der höhere Sinn deiner Erkundungsreise durch die zwölf Tore – und der Grund, warum du verborgene oder geheime Seiten deiner Persönlichkeit erkennen und eingestehen mußt – darin besteht, dein Bewußtsein und deine Aufmerksamkeit auf eine höhere Stufe emporzuheben, damit du die ganze Breite des Lebens erfahren und jene Energien befreien kannst, die du zuvor benötigt hast, um dein Selbstbild zu verteidigen.

Auf dieser Forschungsreise wirst du über Dunkelheit und Licht nachdenken – und darüber, was es bedeutet, ein ganzer Mensch zu werden. Außerdem wirst du Licht in deinen eigenen Schattenbereich werfen, dir über seinen Sinn und seine Macht klarwerden und begreifen, warum dieser Bereich erforscht werden muß. Als nächstes wirst du bewährte Methoden kennenlernen, deine Schattenseite auf konstruktive Weise zum Ausdruck zu bringen, und dich schließlich mit dem Drei-Fragen-Realitäts-Check beschäftigen – vielleicht dem konstruktivsten Verfahren, um deinem Schatten zu begegnen, ihn zu akzeptieren und wieder ein ganzer, wirklicher Mensch zu werden.

Dunkelheit und Licht

Als Socrates und ich eines Nachts die Straße entlanggingen und zwei finstere Gestalten auf uns zukommen sahen, erklärte Socrates mir: «Manchmal muß man sich erst mit der Dunkelheit auseinandersetzen, ehe man das Licht sehen kann.» Diese Worte haben für uns alle prophetische Bedeutung.

Wo Licht ist, da ist auch Schatten. Es gibt kein Außen ohne Innen, keine Höhen ohne Tiefen. Überall, wo etwas offenbart wird, bleibt auch irgend etwas verborgen. Nationen, Organisationen, spirituelle Gruppen, Religionen und Kulturen – sie alle haben ihren kollektiven Schatten. Doch hier geht es um deinen *persönlichen* Schatten, den du akzeptieren und wieder in deine Persönlichkeit integrieren mußt, um das neunte Tor durchschreiten zu können. Denn, wie C. G. Jung postuliert, *gibt es kein Licht ohne Schatten und keine psychische Ganzheit ohne Unvollkommenheit.*

In der bezaubernden Geschichte von James Barrie verliert Peter Pan im Hause der Darlings, wo er Wendy beim Erzählen von Gutenachtgeschichten belauscht hat, seinen Schatten. Er *muß* diesen Schatten um jeden Preis finden, selbst auf die Gefahr hin, entdeckt zu werden – als der gesehen zu werden, der er ist. So wie ihm geht es uns allen.

Ohne seinen Schatten fühlt Peter sich unvollkommen, und das ist er auch. Ob Barrie den tieferen Sinn seiner Geschichte wirklich begriffen hat oder ob sie einfach nur seinem kreativen Unbewußten entsprang, ist nicht so wichtig wie die Wahrheit, die diese Geschichte uns offenbart: daß wir alle unseren Schatten wiederfinden müssen.

Test: Erste Begegnung mit deinem Schatten

Wie bei den bisherigen Toren ist es auch hier sinnvoll, erst einmal über ein paar Fragen nachzudenken:

- Wenn dich jemand beleidigt oder beschimpft oder dir etwas vorwirft, verteidigst du dich dann automatisch?
- Wie oft hast du schon gestohlen oder gelogen? Bist du sicher?
- Ärgert es dich manchmal, wenn du mehr gibst, als du erhältst?
- Bekommst du von den Geschenken des Lebens den Anteil, der dir deiner Meinung nach zusteht?
- Nimmst du deinen Eltern die Fehler übel, die sie gemacht haben?
- Hast du das Gefühl, mehr für deinen Ehepartner oder Lebensgefährten zu tun als er/sie für dich?
- Kennst du dich selbst?
- Bist du ein guter Mensch? Bist du gleichzeitig auch ein schlechter Mensch?
- Nenne zwei oder drei Charakterzüge oder Verhaltensweisen, die dich an anderen Menschen am meisten stören. Gibt es einen Teil deiner Persönlichkeit, der sich gern genauso verhalten würde?

Beim Durchgang durch dieses Tor werden dir vielleicht ein paar erleuchtende Erkenntnisse kommen, denn wenn du deinen Schattenbereich erforschst, wird dir klar, daß jeder Mensch ein wenig von den Eigenschaften der ganzen Menschheit in sich trägt. Du wirst ein echterer Mensch werden und mehr Mitgefühl für andere empfinden.

Wirf Licht in deinen Schattenbereich

Um es mit den Worten C. G. Jungs auszudrücken: Der Schatten ist die Summe jener Seiten deiner Persönlichkeit, die du verleugnest und abwertest. Anders gesagt: Dein Schatten ist das, was du auf gar keinen Fall sein möchtest.

Stell dir vor, du bringst eines Tages einen großen Wolfshund mit nach Hause, den die anderen Menschen, mit denen du zusammenlebst, nicht mögen. Irgendwann magst du ihn dann wahrscheinlich auch nicht mehr und sperrst ihn in den Keller. Dieser Wolfshund hat durchaus positive Eigenschaften – er ist treu, mutig und sensibel –, aber er kann auch sehr stark, ja sogar wild und bösartig sein. Also erzählst du den anderen, daß er nicht mehr da ist. Du leugnest, daß er immer noch in deinem Haus lebt, und nach einer Weile vergißt du seine Existenz völlig. Aber er ist immer noch da und wird immer wilder und bedrohlicher. Wenn du ihn doch nur ans Tageslicht holen und zu ihm stehen würdest! Warum läßt du ihn nicht draußen herumlaufen und spielen und machst dir seine Kraft zunutze? Er könnte zum Beispiel deinen Schlitten durch den Schnee ziehen oder dein Haus beschützen. Dadurch, daß du ihn verleugnest, beraubst du dich seiner Kraft und seiner positiven Eigenschaften. Vielleicht bricht er ja eines Tages aus seinem Keller aus – eine beutegierige, zerstörerische Bestie. Zumindest fürchtet ein Teil deines Ichs das. Und dabei ist er in Wirklichkeit nur ein allein gelassener, im Keller eingesperrter Wolfshund mit vielen verschiedenen – nicht nur schlechten – Eigenschaften.

Dein persönlicher Schatten besteht aus allen Charaktereigenschaften, die du verleugnest, unterdrückst, verdrängst – er ist der Staub, den du unter den Teppich deines Bewußtseins kehrst. Diese abgelehnten Seiten deines eigenen Ichs müssen nicht unbedingt schlecht, unmoralisch oder negativ sein. Aber sie wirken vielleicht so, und deshalb verleugnest du sie. Wenn du in einer pazifistischen Familie aufgewachsen bist, wirst du wahrscheinlich die forsche, aggressive Seite deiner Persönlichkeit ablehnen. Wenn du dagegen aus einer Familie stammst, in der Konkurrenzkampf großgeschrieben wurde, stört dich vielleicht deine sanfte, sensible Seite. Alles, was du – aus welchem Grund auch immer – an dir ablehnst, wird zu einem Teil deines Schattens.

Dein Schatten enthält auch Charaktereigenschaften, die durchaus positiv sein können. Viele Männer, die Angst ablehnen, schieben ihre sensiblen, liebevollen, kindlichen Eigenschaften in ihren Schattenbereich ab. Viele Frauen, für die Zorn etwas Negatives ist, verbannen ihre forschen, starken, kämpferischen Qualitäten ins Reich des Schattens. Asoziale Menschen leben die Eigenschaften aus, die ihre Gesellschaft ablehnt, und verleugnen ihre Angst, Verwirrung und Verletzlichkeit, ja sogar ihr Mitgefühl, weil sie solche Eigenschaften für Schwäche halten.

Realität, Licht und Schatten

Alles auf der Welt trägt seinen Gegenpol in sich. Jeder Clown, jeder Komödiant hat seine traurige, zynische Seite, und jeder liebenswürdige Mensch hat einen verdrießlichen Schatten. In jedem Pessimisten steckt ein hoffnungsfroher Optimist, und unter der Oberfläche des Puritaners lauert ein ausschweifender Genießer, der um Sex und Schokolade bettelt. Die Wahrheit des Schattens lautet: Du trägst alle Eigenschaften in dir – Höhen und Tiefen, den Heiligen und den Sünder, den Moralapostel und den Lüstling. Und was ist daran eigentlich so falsch? Sollten wir uns denn nicht auf das Positive konzentrieren und das Negative meiden, uns ans Gute halten und das Böse scheuen?

Deinen Schattenbereich zu erleuchten, bedeutet nicht, den Teufel zum Abendessen einzuladen oder dein Verhalten von deinen negativen Eigenschaften und Impulsen lenken zu lassen. Im Gegenteil: Wenn du deine dunkle Seite erkannt hast, kannst du viel klarere Entscheidungen darüber treffen, wie du dich verhalten willst. Wenn ich zum Beispiel weiß, daß ein Teil meiner Persönlichkeit zur Faulheit neigt, kann ich mich ganz bewußt hinter meine Arbeit klemmen, statt meiner Neigung zur Vermeidung von Anstrengungen nachzugeben.

Das Streben nach Echtheit, Selbsterkenntnis und Selbstachtung

Für manche Menschen ist Persönlichkeitsentwicklung ein endloses Programm ständiger Selbstverbesserung: Sie arbeiten dauernd an sich, um liebenswertere, glücklichere, selbstsicherere Menschen zu werden. Viele Menschen sind nur deshalb unsicher, weil sie ihre Selbstachtung auf einer künstlichen, konstruierten Maske aufgebaut haben. So entsteht keine Selbstachtung, sondern *Selbstbild-Achtung.* Sogar begabte, wohlhabende und erfolgreiche Menschen bleiben innerlich ruhelos, ängstlich und unsicher, wenn sie ihr wahres Gesicht hinter einer sozialen Maske verbergen. Wirkliche Selbstachtung kann man nur durch Authentizität, durch den unverfälschten Ausdruck der eigenen Persönlichkeit erlangen – und durch Mitgefühl mit sich selbst. Und diese beiden Eigenschaften entwickelt man erst dann, wenn man sowohl sein Licht als auch seinen Schatten erkennt und akzeptiert. Das Annehmen des eigenen Schattens ist eine der tiefgreifendsten Persönlichkeitsveränderungen, zu denen ein Mensch in der Lage ist, und nicht ohne größere moralische Anstrengung möglich, wie C. G. Jung feststellt. Denn dabei muß man *die dunklen Seiten seiner Persönlichkeit als gegenwärtig und real akzeptieren.*

Du kannst dich nicht annehmen – geschweige denn du selbst werden –, wenn du dich nicht kennst. Sobald du dich kennst und akzeptierst – sobald du du selbst wirst –, kannst du auch die anderen Menschen in deiner Welt akzeptieren und in Harmonie mit ihnen leben.

Sobald du dich selbst so annehmen kannst, wie du bist, wirst du auch das Mitgefühl aufbringen, deinen Partner, deine Eltern, deine Kinder und Freunde so zu akzeptieren, wie sie sind. Dann wird die Welt zu einer Party, bei der jeder sich so geben darf, wie er ist. Und wenn du deinen Schatten und deine Welt annimmst, eröffnet dir das paradoxerweise den Weg zu vielen Veränderungen. Dann erkennst du nämlich, wie ermüdend die soziale Fassade sein kann, die du bisher aufrechterhalten hast. Mit dieser Erkenntnis wird das Leben für dich eine Chance zu entspanntem innerem Wachstum und ist keine ständige Flucht vor der Minderwertigkeit mehr. Du verbesserst dich selbst immer weiter, ohne irgend jemandem etwas beweisen zu müssen. Du wirst mehr und mehr zu dem Menschen, der du bist.

Warum muß man seinen Schattenbereich erkunden?

Die Realität ist ein Tanz der Polaritäten: Tag und Nacht, Licht und Dunkelheit, Oben und Unten. Natürlich ist es viel angenehmer, sich unserer lichten Seite – unseren Hoffnungen und Träumen – hinzugeben, als unsere Schattenseite zu erforschen. Warum also sollen wir die Büchse der Pandora öffnen? Wenn es Teile deiner Persönlichkeit gibt, die du nicht magst, warum kannst du sie dann nicht einfach auf sich beruhen lassen – nach dem Motto: «Schlafende Hunde soll man nicht wecken»? Da dein Schatten per definitionem etwas ist, was du lieber nicht betrachten möchtest, würdest du die Aufgabe, ihn zu akzeptieren, vielleicht lieber auf später verschieben. Viel später.

Das Licht war schon immer beliebter als der Schatten. Doch obwohl die Erforschung des neunten Tores nicht zu den leichtesten oder angenehmsten Aufgaben in diesem Buch gehört, wird sie vielleicht die größte innere Wandlung in dir bewirken: Dieses Tor wird dich zu Selbsterkenntnis, Mitgefühl, Vergebung, Freiheit und unverfälschtem Ausdruck deiner eigenen Persönlichkeit hinführen. Es gibt viele Gründe, warum du deine dunklere Seite erleuchten, annehmen und wieder in deine Persönlichkeit integrieren solltest:

Du wirst dadurch wieder ein ganzer Mensch. Indem du deine Schatteneigenschaften freudig akzeptierst, erweiterst du das Repertoire deiner Gefühle, Neigungen, Impulse und Charaktereigenschaften – erst jetzt steht dir die ganze Skala menschlicher Möglichkeiten offen, mit allen Höhen und Tiefen. Und sobald du in dir selbst vollständig bist, bringst du diese Ganzheit auch in all deine Beziehungen ein und wirst somit auch einen ganzen, innerlich ausgewogenen Partner suchen.

Du gewinnst dadurch an Echtheit und Unverfälschtheit. Vielleicht wirst du jetzt sagen: «Ich bin kein Engel – manchmal kann ich sogar ziemlich unhöflich sein. Ich mache viele Fehler. Eigentlich bin ich zu selbstkritisch. Ich brauche meinen Schatten gar nicht mehr kennenzulernen, ich sollte lieber die lichte Seite meiner Persönlichkeit mehr zu schätzen wissen.» Die meisten Menschen haben Schwierigkeiten damit, entweder ihre Schatten- oder ihre Lichtseite zu akzeptieren. Doch bei diesem Tor geht es nicht darum, sich auf seine guten oder schlechten Eigenschaften zu besinnen, sondern ein ganzer, echter Mensch zu werden. Indem du deinen Schatten erleuchtest, gewinnst du gleichzeitig dein Licht zurück. Solange du dich nicht für die ganze Skala deines Menschseins öffnest – für deine Weisheit ebenso wie für deine Torheit –, wirst du immer irgendwie das leise Gefühl haben, daß du eigentlich gar nicht richtig existierst und der Welt nur einen Teil deiner selbst zu enthüllen wagst. Die meisten von uns fürchten, daß die anderen Menschen sie ablehnen könnten, wenn sie sie wirklich kennen würden. Deshalb zeigen wir der Welt immer nur einen kleinen Teil von uns. Doch sobald du deinen Schatten erkennst und akzeptierst, hast du nichts mehr zu verbergen. Dann gewinnst du die Unverfälschtheit und den Charme eines kleinen Kindes zurück.

Du bekommst wieder Kontrolle über dein Leben. Dein Schatten ist per definitionem das, was du bisher noch nicht gesehen hast. Und gerade das, was du nicht siehst, kann dich verletzen oder Kontrolle über dich ausüben, denn die Dinge, die du verleugnest, können irgendwann in destruktiver Form aus den Tiefen deines Unterbewußtseins auftauchen. Hier nur ein Beispiel dafür:

Vor einiger Zeit erschien in der Presse ein Artikel über eine angesehene literarische Agentin. Sie hatte das Manuskript eines Romans vier großen Verlagen angeboten und wollte dem meistbietenden den Zuschlag geben. Doch im letzten Augenblick sprangen drei der vier Interessenten ab, so daß nur noch ein einziger Verlag übrig war. «Ein Teil meines Ichs, von dessen Existenz ich bisher nichts gewußt hatte, beschloß, diesem Verleger nichts davon zu sagen, daß die anderen kein Interesse mehr hatten», erklärte die Agentin später. Der Verleger bot eine ziemlich hohe Garantiezahlung für das Manuskript. Doch als er erfuhr, daß die anderen drei Interessenten abgesprungen waren, zog er sein Angebot wieder zurück. Hätte die Agentin vorher gewußt, daß ein Teil ihrer Persönlichkeit zu so unredlichem Verhalten fähig war, hätte sie vielleicht reiflicher über ihr

Verhalten nachgedacht und wäre anders mit der Situation – und mit sich selbst – umgegangen.

Diesen Teil ihrer selbst, «von dem sie gar nicht wußte, daß es ihn gibt», kennen beispielsweise auch jene spirituellen Lehrer, deren habgieriger Schatten mit dem Geld der Schüler des Ashrams durchbrannte, oder die Fernsehpriester, deren lüsterner Schatten heimlich mit Prostituierten schlief.

Du kannst deinen Schatten erhellen, indem du abgelehnte Charaktereigenschaften wie Aggressivität oder Gewalt auf konstruktive Weise zum Ausdruck bringst und abreagierst – beispielsweise beim Sport oder Kampfsport. Ein sehr ehrlicher Mensch mit einer unehrlichen Schattenseite könnte beispielsweise Phantasiegeschichten für Kinder erfinden, Schriftsteller oder Schauspieler werden. Wir müssen die unredlichen oder lüsternen Seiten unserer Persönlichkeit unbedingt verleugnen oder unterdrücken, um gute Staatsbürger zu sein – wir dürfen sie nur nicht mit Leben erfüllen. Du brauchst die lieblose Seite deines Charakters nicht zu verleugnen, akzeptiere sie und verhalte dich trotzdem liebevoll gegenüber deinen Mitmenschen. Gerade diejenigen, die sich übertrieben bemühen, gute oder friedfertige Menschen zu sein, und den Gegenpol ihrer Persönlichkeit völlig verleugnen, werden wahrscheinlich irgendwann unangenehme Bekanntschaft mit diesem Gegenpol machen.

Du entwickelst mehr Mitgefühl. Als ich meine verantwortungslosen, faulen, unreifen, selbstsüchtigen, unehrlichen, schwachen, ängstlichen, rücksichtslosen und manipulatorischen Teilpersönlichkeiten kennenlernte, fiel es mir plötzlich viel schwerer, andere Menschen zu verurteilen. Wir gehen Menschen, die sich als etwas ausgeben, was sie gar nicht sind, gern aus dem Weg, lachen über sie oder haben eine schlechte Meinung von ihnen – so lange, bis wir bei uns selbst ähnliche Ängste und Heucheleien entdecken.

Bei der Schattenarbeit geht es nicht um Selbstkritik – nicht darum, sich selbst zu ertappen wie einen Verbrecher im Dunkeln. Werturteile treiben deine verborgenen Charaktereigenschaften nur noch tiefer in die Höhle der Selbstverleugnung hinein, wie einen verängstigten Wolfshund. Statt dessen solltest du deinen Schatten lieber im Haus deines Geistes willkommen heißen. Erforsche deinen dunklen Wald, laß Licht in ihn eindringen – nicht, indem du dir mit dem Schwert des Urteils einen Weg hindurchbahnst, sondern indem du ein Leuchtfeuer des Mitgefühls darin anzündest.

> Ich glaube, letzten Endes bleibt einem nichts anderes übrig,
> als sein Leben in die Arme zu nehmen.
>
> *Arthur Miller*

Du befreist die Energie und Aufmerksamkeit, die bisher dazu benötigt wurde, dein idealisiertes Selbstbild aufrechtzuerhalten. Kennst du dich selbst bereits? Hast du deinen Schattenbereich schon erleuchtet? Hast du durch den Spiegel deiner Beziehungen einen Blick auf jene Schicht geworfen, die unter dem Furnier deiner persönlichen Ausstrahlung und deines Selbstbilds liegt? Wenn ja, dann kannst du jetzt dir selbst gegenüber eingestehen: «Ich bin ein Moralapostel und ein Lüstling; ich bin arrogant, egoistisch, dumm, heuchlerisch, habgierig, rücksichtslos, angeberisch und voreingenommen, ein Rassist und Sexist. Das ist zwar nicht meine *ganze* Persönlichkeit, aber ein Teil davon.» Wenn du deinen Schatten kennenlernst und annimmst, wirst du an dir selbst weniger zu verteidigen und an anderen Menschen weniger zu verdammen haben.

Du ebnest dir den Weg durch die nächsten Tore. Solange du die dunklen Seiten deiner Persönlichkeit nicht siehst, bist du wie ein Gast auf einem Maskenball: Du verliebst dich in andere Masken, doch es findet nie ein wirklicher Kontakt von Herz zu Herz statt. Indem du dich von deinem Schatten abwendest, kehrst du gleichzeitig auch deinem Licht den Rücken zu. Sobald du gesehen hast, was es in diesem Schattenreich zu sehen gibt, und deine eigene Realität kennst, bist du viel besser darauf vorbereitet, dich deiner Sexualität zu öffnen, dein Herz zu erwecken und deiner Welt zu dienen.

Wie du deinen Schatten finden kannst

Wenn die Schattenseite deiner Persönlichkeit deinem Bewußtsein per definitionem unbekannt ist – verborgen im labyrinthischen Irrgarten deines Unterbewußtseins –, wie kannst du sie dann finden oder gar akzeptieren und willkommen heißen?

Träume

Träume sind der Spielplatz deines Schattens. Er wohnt in der unwirklichen Landschaft deiner Träume und offenbart sich dir durch deinen eigenen reichen Vorrat an verschlüsselten, symbolischen Bildern. Wenn du dein Gedächtnis erforschst, um Hinweise auf deinen Schatten zu erhalten, denke daran, daß jedes Symbol und jede Gestalt, die in einem Traum auftaucht, ein Aspekt der Persönlichkeit des Träumenden ist. Mutter, Vater, Fremder, Heiliger, Vampir, Clown, Hexe, Wolf, Schlange, Verbrecher, Prinzessin und andere archetypische Bilder – sie alle sind Seiten deines Schattens, deines Selbst.

Meditation

Die Meditation ist nicht nur eine gute Methode, um Einblick in das Wesen deines Denkens zu erhalten, sondern gleichzeitig auch einer der wichtigsten Wege, um Bekanntschaft mit dem eigenen Schatten zu schließen. Bei der Meditation offenbaren sich ebenso wie in deinen Träumen Inhalte deines Unterbewußtseins, die du vor der Welt und vor deinem eigenen Bewußtsein versteckst. Beichten ist gut für die Seele, und Meditation ist eine Form der Beichte und Katharsis. Beim Meditieren steigen Schattengedanken aus Bereichen der Dunkelheit und des Lichts an die Oberfläche deines Bewußtseins, so daß du sie wahrnehmen und loslassen kannst. Die Wahrheit, von der du gefürchtet hast, daß sie dich zerstören könnte, ist in Wirklichkeit die Wahrheit, die dich befreien kann.

Beobachte dich selbst in deiner Beziehung zu anderen Menschen

Deine Beziehungen und Kontakte zu anderen Menschen – vor allem jene, die dir emotional etwas bedeuten – verraten viel über deine Schattenseite. Beobachte einmal, was dich an anderen Menschen am meisten stört oder ärgert. Das sind die Gestalten deines eigenen Schattens – jene Eigenschaften, die du am heftigsten abstreiten würdest, wenn man sie dir unterstellte.

Wenn wir einen Menschen hassen,
so hassen wir in seinem Bild etwas,
was in uns selber ist.
Was nicht in uns selber ist,
das regt uns nicht auf.

Hermann Hesse

Dein Schatten lebt ein geheimes Leben: Triebkräfte, Impulse, unerkannte Gefühle, unterdrückte Rollen, die danach schreien, endlich zum Ausdruck gebracht zu werden. Wenn du Licht in diese Teile deiner Persönlichkeit bringst, kannst du ihren Ausdruck in positive, konstruktive Richtungen lenken.

Schreiben, Malen und Schauspielerei

Wenn du Tagebuch führst, ein Bild malst oder auf einer Theaterbühne stehst, kannst du all deine Gedanken und Gefühle ungehemmt zum Ausdruck bringen. Das eröffnet einen Kommunikationskanal zwischen Bewußtsein und Unterbewußtsein. Dadurch verwandelst du dich in die facettenreichen Figuren deines eigenen Lebensromans oder -dramas.

Finde dein Gleichgewicht

In jeder Brust wohnen zwei Seelen, so wie zwei Menschen in einem Ruderboot sitzen – der eine ist Wissenschaftler und der andere Mystiker; der eine Demokrat, der andere Republikaner; der eine reich, der andere arm; der eine Mann, der andere Frau; der eine Idealist, der andere Pragmatiker. Durch die Doppelnatur des menschlichen Bewußtseins kommt es zu einem ständigen Tauziehen zwischen gegensätzlichen Wertvorstellungen. Trotzdem müssen diese Polaritäten deiner Persönlichkeit lernen, miteinander zu kooperieren, wenn sie das andere Ufer erreichen wollen. Oder wie Benjamin Franklin gesagt hat, als er die Unabhängigkeitserklärung unterzeichnete: *We must includ all hang together, or most assuredly, we shall all hang separately.* («Wir müssen alle zusammenhalten, sonst wird es jedem einzelnen von uns ganz sicher an den Kragen gehen.»)

Hilfen zur Selbsterkenntnis

Du kannst dir auch Zugang zu deinem Schatten verschaffen, indem du dich selbst durch eine Art innere Linse beobachtest. Im Spiel der Polaritäten neigen wir dazu, eine Seite unserer Persönlichkeit positiver zu bewerten als die andere. Die entgegengesetzte Eigenschaft wird dann zum Teil unseres Schattens. Das Modell der folgenden neun Polaritäten wurde erstmals von Professor Oscar Ichazo enthüllt, einem genialen spirituellen Lehrer unserer Zeit. Denke einmal eingehend über diese Polaritäten nach, denn sie liefern dir Schlüssel zu einem erleuchteten Verständnis der Schattenseite deiner Psyche:

- In jedem Puritaner steckt ein Genießer, in jedem Genießer steckt ein Puritaner – und die beiden verleugnen sich gegenseitig.
- In jedem eingebildeten Pfau steckt ein ängstliches Küken, hinter jedem ängstlichen Küken verbirgt sich ein eingebildeter Pfau – und beide lassen kein gutes Haar aneinander.
- In jedem Arbeitstier steckt ein Faulpelz, in jedem Faulpelz steckt ein Arbeitstier – und insgeheim beneidet jeder den anderen.
- Hinter jeder Betriebsnudel verbirgt sich ein einsamer Wolf, hinter jedem einsamen Wolf verbirgt sich eine Betriebsnudel – und die beiden verabscheuen sich gegenseitig.
- In jedem Alleswisser steckt ein Zweifler, in jedem Zweifler steckt ein Alleswisser – und der eine treibt den anderen auf die Palme.
- In jedem kompetenten Menschen steckt ein Bluffer, in jedem Bluffer steckt ein kompetenter Mensch – und die beiden bekommen ständig Streit miteinander.
- In jedem Menschen mit Teamgeist steckt ein Rebell, in jedem Rebellen verbirgt sich ein Mensch mit Teamgeist – und die beiden können einander nicht ausstehen.
- In jedem sturen Menschen wohnt ein Gefühlsmensch, in jedem Gefühlsmenschen verbirgt sich ein sturer Mensch – aber die beiden verleugnen sich gegenseitig.
- In jedem Gläubigen wohnt ein Skeptiker, in jedem Skeptiker wohnt ein Gläubiger – und die beiden lehnen einander ab.

Die wenigsten von uns haben nur eine Seite dieser Polaritäten in sich ausgeprägt. Bei der Arbeit verhältst du dich vielleicht ziemlich kaltblütig, aber dafür bist du in deinem Privatleben gefühlsbetonter (oder umgekehrt). Was das Essen anbelangt, bist du vielleicht ein Puritaner, was den Sex angeht, eher ein Hedonist. In deinem Wachbewußtsein magst du eine Betriebsnudel sein, doch in deinen Träumen und Tagträumen kommt der einsame Wolf zum Vorschein. Vielleicht bist du sogar wie der Schriftsteller Leo Tolstoj und die heilige Theresia von Avila in der ersten Hälfte deines Lebens ein sinnenfreudiger Genießer und entwickelst dich erst in der zweiten Lebenshälfte zum sittenstrengeren Menschen.

Wenn du diese Charakterseiten und Werte, die du vorher abgelehnt hast, wieder in deine Persönlichkeit integrierst, wirst du zu einem harmonischeren Gleichgewicht in deinem Leben finden. Ausgewogenheit, Weisheit und die richtige Lebensperspektive kommen ganz von selbst, wenn du deinen Schatten akzeptierst und wieder ein ganzer Mensch wirst.

Nachdenken und Versenkung

Es ist schwierig, sich selbst richtig kennenzulernen, denn die meisten Menschen achten nur auf jene Seiten ihrer Persönlichkeit, mit deren Hilfe sie sich ein akzeptables, positives Bild von sich selbst aufbauen können. Mit der Zeit verbannen wir alle Erinnerungen, die nicht in dieses idealisierte Selbstbild passen, in ein Schließfach, das als unser Schatten bezeichnet wird. Meist erinnern wir uns noch sehr genau an die Schwierigkeiten, die andere Menschen uns gemacht haben, aber die Probleme, die wir den anderen bereitet haben, vergessen wir. Wir messen unseren glanzvollen Augenblicken übertriebene Bedeutung zu und schreiben unsere eigene Lebensgeschichte um. Normalerweise tun wir das nicht bewußt oder gar mit Absicht, aber es ist dennoch eine typisch menschliche Verhaltensweise. Je idealisierter das Bild ist, das wir von uns selbst haben, um so mehr glauben wir, daß die Welt uns etwas schuldig ist – und um so frustrierter sind wir, wenn das Leben unsere Erwartungen nicht erfüllt. Je realistischer wir unseren Schatten sehen, um so bescheidener, mitfühlender und dankbarer für die unverdienten Geschenke des Lebens werden wir.

Daraus ergibt sich die Frage: Wie können wir unser Leben erforschen und unsere Schattenseite kennenlernen, um uns selbst realistischer zu sehen – als echtes, ganzes menschliches Wesen und nicht mehr als lächelnde Pappfigur? Wie können wir durch die schmeichelhaften Verzerrungen unseres Selbstbilds hindurch- und darüber hinaussehen, um zu wahrer Selbsterkenntnis zu gelangen?

Eine Möglichkeit dazu ist die Versenkung. Im Gegensatz zur Meditation – einer distanzierten Beobachtung sämtlicher Dinge, die im Bewußtsein aufsteigen – ist Versenkung ein bewußtes, konzentriertes Nachdenken über eine bestimmte Frage oder ein bestimmtes Thema, das zu Selbsterkenntnis und neuen Einsichten führt. Ich möchte dir nun eine sehr wirkungsvolle Versenkungsmethode vorstellen, mit deren Hilfe du den Schattenbereich deines Alltagslebens erforschen kannst.

Der Drei-Fragen-Realitäts-Check

Diese Form der Selbsterforschung, die ursprünglich von Ishin Yoshimoto – einem erfolgreichen Geschäftsmann und buddhistischen Laienpriester – entwickelt wurde, wird inzwischen schon mit großem Erfolg bei der psychologischen Beratung, bei der Suchtbehandlung und Rehabilitation von Häftlingen sowie in Schulen und Unternehmen eingesetzt. Yoshimoto nannte seine Methode *naikan*, was soviel wie «nach innen schauen» bedeutet. Ihr Hauptzweck besteht darin, eine umfassendere, realistischere Sicht der eigenen Persönlichkeit zu entwickeln.

Wähle irgendeinen Menschen aus, den du kennst, und denke einmal über deine Beziehung zu diesem Menschen innerhalb eines begrenzten Zeitraums nach – das kann der heutige Tag, der letzte Monat, das letzte Jahr oder die letzten drei Jahre sein. Und dann frage dich:

- Was habe ich von . . . bekommen?
- Was habe ich . . . gegeben?
- Was für Probleme oder Schwierigkeiten habe ich . . . bereitet?
- Schreibe zu jeder einzelnen Frage kurze, aber präzise Antworten auf.

Vielleicht möchtest du über deine Beziehung zu deinem Ehe- oder Lebenspartner, einem Bruder oder einer Schwester, einem Freund oder Geschäftspartner nachdenken – doch normalerweise wendet man den Drei-Fragen-Realitäts-Check zuerst auf seine Eltern an und beginnt mit seiner Mutter. Im folgenden Beispiel analysiere ich meine Beziehung zu meiner Mutter, als ich etwa zehn bis vierzehn Jahre alt war:

Was habe ich bekommen? Der Nutzen dieser ersten Frage hängt davon ab, wie gut du dich noch an Einzelheiten erinnern kannst; Verallgemeinerungen wie «Sie hat immer alles für mich getan» bringen nicht viel. Zu solchen speziellen Erinnerungen kann zum Beispiel folgendes gehören: «Meine Mutter hat über tausendmal das Abendessen für mich gemacht. Sie hat mich jeden Tag zur Schule gefahren. Sie hat viele Stunden damit zugebracht, meine Hausaufgaben durchzusehen. Sie hat meine Kleider gewaschen und sorgfältig zusammengelegt.» (Hüte dich davor, die Bemühungen eines Menschen abzutun, nur weil du sie für dessen Aufgabe oder Pflicht hältst. Die Absicht oder Motivation hinter den Geschenken, die du erhalten hast, ist nicht so wichtig wie die Tatsache, daß du von den Bemühungen eines anderen Menschen profitiert hast.)

Was habe ich gegeben? Auch die Antworten auf diese Frage sollten ganz präzise sein. Es ist nicht besonders sinnvoll, wenn ich jetzt schreibe: «Meine Mutter war immer stolz auf mich, weil ich gute Zeugnisse bekam» (denn in Wirklichkeit habe ich damit etwas für mich selbst getan, nicht für sie). Statt dessen müßte ich ganz andere Dinge aufzählen: «Ich habe ihr Wohnzimmer gestrichen. Ich habe im Sommer gejobbt und ihr von diesem Geld zum Geburtstag Blumen und Ohrringe gekauft.»

Was für Probleme oder Schwierigkeiten hatte sie durch mich? Wenn wir unser Leben wirklich einer eingehenden Prüfung unterziehen wollen, ist es notwendig und wichtig, uns die Probleme und Schwierigkeiten einzugestehen, die wir anderen bereiten. Deshalb empfiehlt Yoshimoto, uns für die Beantwortung dieser dritten Frage am meisten Zeit zu nehmen – sie ist die wichtigste und gleichzeitig auch die schwierigste.

Wohlgemerkt: Die Frage: «Was für Probleme hat . . . mir bereitet?» fehlt in diesem Realitäts-Check. Wie die meisten anderen Menschen hatte ich es ohnehin schon zu einer wahren Meisterschaft darin gebracht festzustellen, was für Schwierigkeiten oder Unannehmlichkeiten andere Leute mir bereiteten. Doch als mir dann bewußt wurde, wie oft *ich* die Ursache von Sorgen, Problemen oder Unannehmlichkeiten für meine Mitmenschen gewesen war (was ich vorher vergessen oder einfach als unwichtig abgetan hatte), veränderten meine innere Einstellung und mein Verhalten sich dadurch mehr als bei sämtlichen Seminaren zur Persönlichkeitsentwicklung, an denen ich je teilgenommen hatte. Beim Nachdenken über die Schwierigkeiten, die ich meiner Mutter bereitet hatte, überwältigte mich die Erinnerung an die vielen Male, wo ich krank gewesen war und sie einfach nachts aufweckte oder wach hielt, ohne daran zu denken, daß sie am nächsten Morgen zeitig aufstehen und zur Arbeit gehen mußte; an die Sorgen, die ich ihr durch mein zu schnelles Fahren bereitet hatte; an eine laute Party mit Schulkameraden, die bis spät in die Nacht hinein dauerte; und daran, wie ich mich immer beschwerte, wenn sie mir nicht die richtige Sorte Kartoffelchips gekauft hatte. Nach und nach stiegen immer mehr solche schmerzliche Details in meiner Erinnerung auf.

Als ich über meine Beziehungen zu anderen Menschen nachdachte – was ich von ihnen bekam, was ich ihnen gab und was für Probleme oder Schwierigkeiten ich ihnen bereitete –, nahm eine Realität vor meinen Augen Gestalt an, die viel weniger schmeichelhaft war als die Dinge, die ich normalerweise immer in Erinnerung behielt. Dadurch veränderte sich meine ganze Einstellung: Statt meiner vorherigen vagen Ressentiments empfand ich jetzt plötzlich Dankbarkeit. Statt mich wie bisher darauf zu konzentrieren, was die anderen mir meiner Ansicht nach schuldig waren, hatte ich nun den intensiven Wunsch, Schulden zurückzuzahlen, die mir vorher gar nicht bewußt gewesen waren. Ich hatte begonnen, meinen Schattenbereich zu erleuchten und ein ganzer Mensch zu werden.

Die Drei-Minuten-Bestandsaufnahme am Ende eines jeden Tages

Sich jeden Abend ein paar Minuten Zeit für den Drei-Fragen-Realitäts-Check zu nehmen, ist – neben allen anderen, bereits beschriebenen Vorzügen dieser Methode – die wirksamste Konfliktlösungsstrategie, die ich kenne. Wenn du dich selbst realistisch betrachtest – einschließlich der Schwierigkeiten, die du anderen bereitet hast –, erwacht ein Mitgefühl in dir, das Konflikte lösen kann. Wenn du wütend auf einen Ehepartner oder Lebensgefährten, Geschäftspartner oder Nachbarn bist, so stelle dir die drei Fragen: Was habe ich bekommen? Was habe ich gegeben? Was für Probleme habe ich verursacht? Du wirst feststellen, daß dein Zorn sich schon nach kurzem Nachdenken in Dankbarkeit verwandelt. Statt den anderen zu kritisieren, betrachtest du ihn mit Güte und Freundlichkeit, statt ein idealisiertes Bild von dir selbst vor Augen zu haben, siehst du jetzt alles aus der richtigen Perspektive. Eine solche Selbsterforschung kann mit der Zeit sogar zu einer Art Gebet werden.

Vor einiger Zeit waren meine Frau und ich nach der Rückkehr von einer Reise beide müde und gereizt und bekamen Streit miteinander. Zornig ging ich in mein Arbeitszimmer hinauf. Trotzdem nahm ich mir ein paar Minuten Zeit, um über den Tag nachzudenken, und begann mit der Frage, was ich an diesem Tag von meiner Frau bekommen hatte. Zu meinem eigenen Erstaunen erinnerte ich mich daran, daß sie die Flugtickets für mich aufbewahrt, sich angestellt und mir etwas zu essen geholt hatte, während ich in der Wartehalle gesessen und gelesen hatte, und sie hatte auch noch andere Dinge für mich getan, die ich als selbstverständlich betrachtet und gleich wieder vergessen hatte. Dann versuchte ich mir ins Gedächtnis zu rufen, was *ich ihr* gegeben hatte: Aber außer daß ich ihr Gepäck im Mietwagen verstaut und uns beide zum Flughafen gefahren hatte, fiel mir nichts ein. Und als ich meine Aufmerksamkeit auf die Probleme und Schwierigkeiten richtete, die ich ihr bereitet hatte, überwältigten mich Schuldgefühle – ich erinnerte mich an meine verletzenden Worte und daran, wie ich unachtsam Saft über ihr Kleid und den Brief geschüttet hatte, den sie gerade schrieb. All diese Dinge hatte ich sofort wieder beiseite geschoben und vergessen. An diesem Abend ging ich nur mit dem Wunsch zu ihr hinauf, mich für die Schwierigkeiten zu entschuldigen, die ich ihr gemacht hatte, nett zu ihr zu sein und sie um Verzeihung zu bitten – die mir mit einem Kuß gewährt wurde.

Es ist seltsam: Früher vergab ich meinen Mitmenschen ihre Fehler und kleinen Unterlassungssünden. Inzwischen ist mir klargeworden, daß es nicht meine Aufgabe ist, anderen zu verzeihen, sondern sie um Verzeihung zu bitten. Das hat mein Schatten mich gelehrt.

Selbsterforschung, Selbstbild und Selbstwertgefühl

Damit verlassen wir das neunte Tor – *Erleuchte deinen Schatten.* Zum Schluß möchte ich noch einmal auf das Thema Selbstwertgefühl zu sprechen kommen. Das spielt auch in diesem Kapitel eine sehr wichtige Rolle, denn wenn du – vor allem durch den Drei-Fragen-Realitäts-Check – deinen Schattenbereich erforschst, wird dein Selbstwertgefühl dadurch wahrscheinlich insoweit sinken, als es nur auf einem illusorischen, schmeichelhaften Selbstbild beruhte. Doch gleichzeitig bietet dieses Verfahren dir ein viel vollständigeres, ausgewogeneres, realistischeres Bild deines Verhaltens und deiner Beziehungen zu anderen Menschen. Letzten Endes ist es eine große Erleichterung, wenn man zu der Erkenntnis kommt: Ich bin nicht hundertprozentig in Ordnung, meine Mitmenschen sind nicht hundertprozentig in Ordnung – und das ist ganz in Ordnung so.

> Ich habe diesen Preis nicht verdient,
> aber ich habe Arthritis,
> und das verdiene ich auch nicht.
>
> *Jack Benny*

Die Erforschung deines Schattenbereichs wird dir deutlich machen, daß du die Wohltaten des Lebens nicht etwa durch deine guten Werke verdient hast, sondern daß der GEIST dich ständig unterstützt und segnet – ob du nun glaubst, das zu verdienen oder nicht. Die Sonne, die Luft und das Vogelgezwitscher, die Liebe und Unterstützung deiner Familie oder deiner Freunde sind immer da. Der GEIST überschüttet dich jeden Tag auf hundert verschiedene Arten mit seinen Geschenken. Das ist nicht nur eine sentimentale Binsenweisheit, sondern eine Realität, die sich dir von Augenblick zu Augenblick offenbaren wird, wenn deine Aufmerksamkeit frei dafür ist.

Nachdem du dich selbst so gesehen hast, wie du bist, und sowohl dein Licht als auch deinen Schatten akzeptieren kannst, wirst du nicht mehr vom Gefühl deines eigenen Werts abhängig sein, sondern statt dessen auf den angeborenen, uneingeschränkten Wert der ganzen Realität vertrauen – dazu gehören alle Lebewesen, Dinge und Menschen, auch du selbst. Indem du zu deiner eigenen Ganzheit zurückfindest, überwindest du dein Bedürfnis nach Selbstwertgefühl und bist einfach bereit, die Wohltaten und Chancen, die das Leben dir bietet anzunehmen – ob du sie nun verdient zu haben glaubst oder nicht.

Wenn ich mich darauf konzentriere zu erhalten, was mir zusteht,
werde ich immer enttäuscht sein,
aber wenn ich darauf achte,
was ich jetzt in diesem Augenblick bereits alles bekomme,
und mich dann bemühe,
es den Menschen in meiner Umgebung zu vergelten,
habe ich eine ehrliche Chance, Erfüllung zu finden.

David K. Reynolds

Die Realität ist: Manchmal verhalten wir uns gut gegenüber unseren Mitmenschen, manchmal herzlos, manchmal ehrlich und manchmal weniger ehrlich. Manchmal geben wir ihnen etwas, doch viel häufiger sind wir die Nehmenden. Indem du deinen eigenen Schatten erleuchtest, wirst du auch Mitgefühl für die Schwächen, Illusionen und Schattenseiten anderer Menschen aufbringen können.

Nun, da du die Tür zu deinem persönlichen Schattenbereich geöffnet hast, bist du bereit, die Schatten deiner Sexualität zu akzeptieren und zu erleuchten.

Das zehnte Tor:

Öffne dich für deine Sexualität

Hunger und Appetit – auf Essen, auf das Leben, auf die Befriedigung deiner sexuellen Triebe – sind etwas genauso Natürliches für dich wie die Wolken für den Himmel oder die Wellen für das Meer. Wenn du die drängenden Kräfte deiner Triebe unterdrückst oder ausbeutest, bereitest du den Weg für Zwangsverhalten, fixe Ideen und schuldbeladene Geheimnisse. Du sollst nicht in deinen Lebensenergien schwelgen oder sie verleugnen, sondern sie beobachten, akzeptieren und klug in die richtigen Kanäle lenken. Indem du dich für deine Sexualität öffnest, feierst du deine menschliche Natur.

Feiere das Leben

Alle Tiere außer dem Menschen wissen,
daß die wichtigste Aufgabe des Lebens darin besteht,
es zu genießen.

Samuel Butler

Landkarte: Befreie deine Lebensenergien

Erleuchtete Sexualität hat weniger mit den Raffinessen des Liebesspiels zu tun als mit deiner Fähigkeit zu Intimität und Freude in allen Lebensbereichen. Im Licht eines spirituellen Lebens betrachtet, ist Sexualität deine grundsätzliche Einstellung zu den Freuden des Lebens, deine Verbindung zur Quelle deiner kreativen Energien, dein leidenschaftlicher Verkehr mit dem Leben, deine Verbundenheit mit dem GEIST durch die Arme eines geliebten Menschen.

Die reine Triebbefriedigung, bei der das erotische Feuer durch gedankenlose, pulsierende sexuelle Stimulation geschürt wird, hat sicherlich auch ihren Platz und ihren Zeitpunkt im heiligen Kreis einer festen Beziehung. Doch in diesem Kapitel geht es um mehr als bloßes erotisches Spiel – nämlich darum, wie man sich die Möglichkeit eröffnen kann, wirklich zu lieben, Freude und Liebe zu erschaffen, das Herz und die Hitze der Leidenschaft, Sex und Geist miteinander verschmelzen zu lassen – über den zerklüfteten Gebirgskamm der Ekstase ins Reich der Seele zu gelangen.

Das sind vielleicht ziemlich hochgesteckte Ziele, wenn man bedenkt, daß das sexuelle Leben der meisten Menschen nicht sonderlich inspirierend ist. Was wir als Sex bezeichnen, ist häufig nicht mehr als eine ziemlich mittelmäßige Paarungsroutine, die uns eine gewisse Befriedigung verschafft: Man tanzt den horizontalen Tango, stimuliert sich gegenseitig sexuell – als Ablenkung oder um sich abzureagieren, als Suche nach Trost oder einfach nur, um sich in Schlaf zu wiegen.

Obwohl die meisten Menschen sich für sexuell erfahren, ja sogar raffiniert halten, ist unser sexuelles Raffinement oft nur eine Pose oder Illusion. Unsere Libido zu befreien, uns von der Last unserer kulturellen Traditionen zu lösen, unser Leben zu verändern, ist nicht so einfach, wie es uns auf den ersten Blick vielleicht vorkommt. Dich für deine Sexualität zu öffnen bedeutet nicht, häufiger oder seltener Geschlechtsverkehr auszuüben, es geht vielmehr darum, einen erleuchteten Ausdruck für die Sexualität zu finden, der mit deiner persönlichen und spirituellen Weiterentwicklung im Einklang steht. Denn wo bleibt die Befriedigung, wenn man nicht innerlich wächst? Trotz vieler Orgasmen – auch wenn wir unzählige Male den Zyklus von Begierde und Befriedigung durchlaufen haben – fühlen wir uns am Ende vielleicht trotzdem immer noch nicht als ganze Menschen. Dieses Gefühl der Unzufriedenheit kommt daher, daß nur wenige Menschen Sexualität als spirituelle Praxis betrachten und betreiben.

Manche sexuell besonders aktiven Menschen sind vielleicht überzeugt davon, in erotischer Hinsicht keine Hemmungen zu haben; trotzdem bleiben sie spirituell unbefriedigt, ohne zu wissen, warum. Sie segeln über das salzige Meer der sinnlichen Leidenschaft, und ihre Gefühle verdursten dabei.

Und dann gibt es auch noch jene Menschen – Frauen ebenso wie Männer –, deren sensible sexuelle Natur wie eine Rose ist, versteckt in einer Schachtel in einem Zimmer im Turm einer Festung oder in einer Eishöhle. Sie fürchten sich insgeheim vor ihrer animalischen Natur, dem Kontroll- und Gesichtsverlust, den die sexuelle Intimität erfordert.

Erst wenn du deine Sexualität voll und ganz akzeptierst, kannst du auch deine menschliche Natur akzeptieren und dich endlich als ganzer Mensch fühlen. Die Sexualität – ein elementarer Trieb und Impuls – drängt uns zur Vereinigung mit dem Partner und kann uns dadurch zur Vereinigung mit Gott hinführen.

Dich für deine Sexualität zu öffnen ist natürlich kein Freibrief dafür, dich selbst oder andere Menschen sexuell zu benutzen. Es bedeutet vielmehr, dein wahres Wesen zum Ausdruck zu bringen (solange du andere Menschen damit nicht verletzt) und voll und ganz zu akzeptieren, daß du Liebe verdient hast. Natürlich weißt du das schon – aber weißt du es auch wirklich zu würdigen? Akzeptierst du dich selbst tatsächlich hundertprozentig so, wie du bist? Liebst du dich? Vielleicht gibt es Probleme, an denen du noch arbeiten mußt – vielleicht hast du im Bereich der Partnerschaft und Sexualität noch nicht zu Ganzheit und harmonischem Gleichgewicht gefunden. Wenn du dich selbst so akzeptierst, wie du bist, und dich von allen Werturteilen über deine eigene Unvollkommenheit löst, heilst du jene Bereiche, in denen dein Leben festgefahren ist, und deine gefangene Lebensenergie kann wieder frei fließen.

Nun, da du neun Pfeile in deinem Köcher gesammelt hast – an jedem Tor einen –, bist du endlich bereit, dich für die Sinnlichkeit deiner Seele zu öffnen, und zwar auf eine Art und Weise, die du dir vielleicht noch gar nicht richtig vorstellen kannst. Du wirst deinem Partner oder deiner Partnerin beim Sex viel aufrichtiger, spielerischer, ausdrucksvoller, lebendiger und aufmerksamer gegenübertreten als bisher. Vielleicht nicht bei jedem Geschlechtsverkehr (manchmal ist man schließlich auch müde oder fühlt sich nicht ganz auf der Höhe) – doch im Lauf der Zeit, wenn du Vertrauen zu deinem Geist, deinem Körper und dem Leben selbst entwickelst, wirst du die Möglichkeiten der sexuellen Vereinigung immer intensiver ausschöpfen.

Beim Durchgang durch das zehnte Tor geht es um verschiedene Themen:

- die Illusion sexuellen Raffinements;
- den Konflikt zwischen sexueller Begierde und unserer Gesellschaft;
- den gesunden Menschenverstand und deinen sexuellen Schatten;
- deine sexuelle Identität und die beiden Gehirnhälften (eine Möglichkeit, Ganzheit und harmonisches Gleichgewicht zu erreichen);
- Realismus und Idealismus;
- das Dilemma zwischen Puritaner und Hedonist (Triebbefriedigung und Selbstverleugnung);
- Sexualität und spirituelles Leben (ein Kulturexperiment) und schließlich und endlich sexuelle Praktiken, mit deren Hilfe man Fleisch und Geist zu einer Einheit verschmelzen kann.

Doch ehe wir beginnen, wollen wir erst einmal eine kleine Pause einlegen, um eine emotional-sexuelle Bestandsaufnahme zu machen.

Test: Deine Einstellung zur Sexualität

Denke einmal über folgende Fragen nach. Das kann einen Prozeß der Selbsterforschung in Gang setzen, so daß du aus den anschließenden Informationen größeren Nutzen ziehst:

- Hast du irgendwelche sexuellen Probleme, Phantasien, Wünsche oder Sorgen, die du deinem Ehepartner oder Lebensgefährten bisher noch nicht anvertraut hast? (Natürlich mußt du deinem Partner nicht unbedingt alles verraten, was dir durch den Kopf geht; aber falls du etwas verheimlicht hast – was waren deine Gründe dafür?)
- Hast du manchmal sexuelle Phantasien, die um einen Menschen des gleichen Geschlechts kreisen? Findest du das in Ordnung?
- Hast du dich jemals gefragt oder dir Sorgen darüber gemacht, ob du vielleicht nicht männlich (oder weiblich) genug bist?
- Würdest du dich in sexueller Hinsicht eher als Puritaner oder eher als Genießer bezeichnen? (Hältst du dich an die ungeschriebenen Gesetze, oder lebst du einfach deine Triebe aus?) Hältst du eines von beiden für besser? Warum?
- Könnte es sein, daß dein Ehe- oder Lebenspartner dich in sexueller Hinsicht gern anders hätte, als du bist?
- Hättest du deinen Ehe- oder Lebenspartner in sexueller Hinsicht gern anders, als er ist?
- Liegen diese Unterschiede eher im physischen, emotionalen oder geistigen Bereich?
- Langweilt der Sex dich manchmal? Was könntest du tun, damit er dich mehr befriedigt?
- Würdest du dich als heterosexuell, homosexuell oder bisexuell bezeichnen? (Sprichst du aus Erfahrung oder nur aufgrund deiner Phantasien und Gefühle?)
- Leidest du an sexuellen Schuld- oder Schamgefühlen? In welcher Hinsicht?
- Welche sexuellen Aktivitäten magst du besonders und warum?

- Vor welchen sexuellen Handlungen würdest du zurückscheuen? Warum?
- Hast du ein größeres oder geringeres Bedürfnis nach Orgasmen als dein Ehepartner oder Lebensgefährte?
- Masturbierst du? Warum/warum nicht?
- Falls du verheiratet bist oder in einer festen Zweierbeziehung lebst: Warst du während dieser Zeit schon einmal mit einem anderen Partner/einer anderen Partnerin sexuell intim? Was hast du daraus gelernt? Würdest du es wieder tun?
- Falls du keinen Partner hast: Warst du schon einmal mit einem verheirateten Mann/einer verheirateten Frau sexuell intim? Was hast du daraus gelernt? Würdest du es wieder tun?
- Hält dich etwas davon zurück, deine sexuelle Identität *voll und ganz* zu akzeptieren – all deine Gedanken, Wünsche und Phantasien, den gesamten Ausdruck deiner Sexualität? Wenn ja: Was ist es?

Zunächst einmal solltest du allein über diese Fragen nachdenken. Doch da Sexualität (normalerweise) ein Ausdruck der Intimität zwischen zwei Menschen ist, möchtest du anschließend vielleicht ein paar dieser Fragen – oder andere damit zusammenhängende Themenkomplexe – mit deinem Partner diskutieren.

Öffne dich und werde wieder ein richtiger Mensch

Die erste Hürde, die dich daran hindert, mit dem ganzen Spektrum deiner sexuellen Möglichkeiten Kontakt aufzunehmen, ist der Makel, die (häufig verborgene) Schande, die der Sexualität anhaftet. Das macht es vielen Menschen sehr schwer, offen, ehrlich und in aller Deutlichkeit über Sex zu sprechen.

Wenn ich in meinen Vorträgen Fragen zum Thema Ernährung, Geld oder Religion zur Diskussion stelle, scheint es den Leuten überhaupt nichts auszumachen, darüber zu reden, Doch sobald das Gespräch auf das Thema Sexualität kommt – wenn ich meine Zuhörer frage, ob sie masturbieren, wie sie sich in sexueller Hinsicht verhalten oder was für Phantasien sie haben –, spüre ich förmlich, wie sich die Energie im Raum verändert. Jeder spürt es. Nur nervöses Gelächter durchbricht hier und da die peinliche Stille. Das liegt daran, daß unser Sexualleben – ja sogar die Frage nach unseren sexuellen Phantasien – für uns ein sehr emotionsgeladenes Thema ist. Wir haben Angst oder scheuen uns davor, offen über Sexualität zu sprechen – manchmal sogar mit unserem eigenen Partner.

Nehmen wir einmal an, eine verheiratete, heterosexuelle Persönlichkeit des öffentlichen Lebens – beispielsweise ein hochrangiger Politiker – erzählt seinem Therapeuten von sexuellen Phantasien, in denen er mit anderen Männern, minderjährigen Jungen oder Mädchen oder gar Tieren Geschlechtsverkehr ausübt. Nehmen wir weiter an, daß ein Bericht über dieses Gespräch in die Medien gelangt. Damit wäre seine politische Karriere, die er sich vielleicht durch langjährige Arbeit im Staatsdienst aufgebaut hat, irreparabel geschädigt – und das nur wegen ein paar bloßer Phantasien, die an und für sich ja völlig harmlos sind.

Vielleicht bezweifelst du, daß das tatsächlich so schreckliche Konsequenzen hätte. Aber denke nur einmal daran, was mit dem ehemaligen amerikanischen Generalstabsarzt Jocelyn Elders passiert ist, nur weil er die Unverfrorenheit besaß, darauf hinzuweisen, daß Selbstbefriedigung auch ihre positiven Seiten hat – vor allem, was die Sicherheit anbelangt – und daß Kinder das wissen sollten. Oder erinnere dich an die Schlagzeilen und den Spott, als der frühere Präsident Jimmy Carter – wohl einer der gütigsten und moralischsten amerikanischen Präsidenten der letzten Jahrzehnte – so ehrlich war zuzugeben, daß auch er lüsterne Gedanken und Gefühle hatte. Dieses persönliche Eingeständnis eines völlig normalen menschlichen Phänomens hat seinem Ruf bleibenden Schaden zugefügt.

Im sexuellen Bereich geht viel mehr als bei den Themen Essen oder Geld das Gespenst der Moralität um, das anklagend seinen knochigen Finger ausstreckt, als würden wir schon allein dadurch zu moralischen Menschen, daß wir unser Sexualleben so gestalten, wie andere es für richtig halten. Aber warum engen unsere Anschauungen über Sex unser Leben so sehr ein? Die Antwort liegt in dem Sozialisationsprozeß, den wir in unserer Jugend durchlaufen.

Als kleine Kinder haben wir ungeniert unsere Genitalien (und auch alle anderen Körperbereiche, in denen Berührungen angenehm sind) berührt und dabei ein ganz natürliches Vergnügen empfunden. Wir kannten weder Scham noch Schuldgefühle noch Verlegenheit – so lange, bis wir diese Gefühle von unseren Eltern oder anderen Menschen lernten, die einen ähnlichen Sozialisationsprozeß durchlaufen hatten. Und als wir älter wurden, brachten die verschiedensten Faktoren – von der Religion über das Fernsehen bis hin zu den gesellschaftlich anerkannten Wertmaßstäben normalen und abnormalen Verhaltens – unsere sexuelle Identität noch mehr durcheinander.

Sex ist etwas, was ich eigentlich nicht verstehe . . .
Ich stelle immer diese Sex-Regeln für mich selber auf,
und dann übertrete ich sie gleich wieder.

J. D. Salinger

Sexualität und Sozialisation

Der Tod mag ein schwieriger Übergang sein, aber er kann nicht viel schlimmer sein als die Pubertät. Wenn man in die Pubertät kommt, weicht die sexuelle Unschuld der Kindheit den Problemen und Widersprüchen des Jugendalters. Man ist in einem hormonellen Expreßzug eingesperrt, der einen mit halsbrecherischem Tempo ins Erwachsenendasein befördert: Zwei Realitäten kollidieren miteinander.

Die eine Realität ist das eindringliche Gebot der Gesellschaft, deine erwachende Sexualität, die in dir auf und ab tigert wie ein gefangenes Raubtier, unter Kontrolle zu halten, zu unterdrücken und zu sublimieren. Eingeimpft wird es dir von deinen Eltern, deiner Kirche oder anderen Religionsgemeinschaften und kulturellen Traditionen. Die andere Realität ist die wachsende Lebensenergie und sexuelle Begierde, die in dir erblüht wie eine Frühlingsblume oder tobt wie ein Waldbrand. Du fällst dem Krieg zwischen Körper und Glaube, Begierde und Moral, Lust, Scham und Gewissensbissen zum Opfer.

Dieser Konflikt lebt in allen zivilisierten Männern und Frauen überall auf der Welt ständig weiter; doch in der Sturmflut der Pubertät überfällt er uns gerade dann, wenn wir am wenigsten darauf vorbereitet sind. Manche Jugendliche erhalten Hilfe und gute Ratschläge von ihren Eltern und Erziehungsberechtigten, doch den meisten werden nur Regeln vorgehalten. Trotzdem fordert der Körper früher oder später sein Recht, und dann fühlen wir uns schuldig, weil wir uns gut fühlen.

Religion, Sexualität und du

Keiner von uns – ob wir nun einer Glaubensgemeinschaft angehören oder nicht – kann sich dem Einfluß religiöser Traditionen auf seine innere Einstellung völlig entziehen. Manche unserer sexuellen Scham- oder Schuldgefühle – unserer widersprüchlichen Empfindungen im Hinblick auf Sexualität und Spiritualität – entspringen den religiösen Traditionen, nach deren Lehren und Glaubenssätzen der Geist höher steht als das Fleisch, Buße wertvoller ist als Vergnügen und Idealismus besser als Realismus.

Die religiösen Dogmen sind keineswegs falsch, sie sind nur nicht realistisch. Und das sollen sie auch gar nicht sein. Der Sinn der Religion besteht darin, unsere höchsten Ideale und Möglichkeiten zum Leben zu erwecken, hohe Anforderungen an unsere Seele zu stellen, das Höchste und Beste in uns zutage zu fördern. Die Religion ist ein Aufruf an uns, menschliche Reife zu erlangen.

Aus religiöser oder spiritueller Sicht betrachtet mag es vielleicht tatsächlich am besten sein, enthaltsam zu leben und seine sexuellen Energien so lange in andere kreative Beschäftigungen umzukanalisieren, bis man verheiratet ist. Aber das tun wir unvollkommenen menschlichen Wesen eben meistens nicht. Sogar vielen Priestern und Nonnen, die ihr ganzes Leben ihrer göttlichen Berufung geweiht haben, fällt es oft schwer, den Idealen ihrer Kirche zu entsprechen.

Gib mir Keuschheit
und Selbstbeherrschung –
aber bitte noch nicht jetzt.

Heiliger Augustinus

Gleichgültig, welchem Glauben wir angehören – wir müssen uns klarmachen, daß Sexualität an sich weder etwas Moralisches noch etwas Unmoralisches ist. Solche Ideen sind nur eine Erfindung des Menschen. Es gibt keine allgemeingültigen sexuellen Verhaltensregeln. Jede Kultur und jede Epoche hat ihre eigenen Ansichten und Vorstellungen davon, was in sexueller Hinsicht richtig oder falsch ist. Oder wie Bertrand Russell es einmal so treffend formuliert hat: «Sünde ist etwas Geographisches.» Laut einer anthropologischen Studie, die ich vor Jahren einmal gelesen habe, üben die Eingeborenen der Trobriand-Inseln völlig unbefangen in aller Öffentlichkeit Geschlechtsverkehr miteinander aus. Aber in der Öffentlichkeit zu essen, halten sie für ungehörig und eine Schande.

Selbst wenn wir die Zwänge religiöser Dogmen und angeblicher Sünden und Schanden überwunden haben, müssen wir uns noch mit einem anderen Faktor auseinandersetzen, der sich gegen eine natürliche, ausgewogene, heilige Sexualität wehrt – unserem eigenen Verstand.

Sexuelle Identität und die beiden Gehirnhälften

Die große kosmologische Wahrheit und das große kosmologische Symbol Chinas – vor allem der taoistischen Philosophie – ist die Vorstellung von Yin und Yang, dem dynamischen Gleichgewicht der Gegensätze. Yin ist das empfängliche (weibliche) Prinzip, Yang das aktive (männliche). Diese Lebenssicht beruht auf einer genauen Beobachtung der Welt des Kosmos – des Wirkens der Naturgesetze. Ob du nun Mann oder Frau bist – die linke Hälfte deines Gehirns wird häufig mit traditionellen männlichen Eigenschaften wie Härte, Extravertiertheit, Aktivität, Durchsetzungsvermögen, Aggressivität und linearem, logischem, deduktivem Denken in Verbindung gebracht. Die rechte Gehirnhälfte hingegen wird oft mit weiblichen Charaktereigenschaften wie Weichheit, Sanftheit, Introvertiertheit, Empfänglichkeit, Passivität, Stille und dem Emotional-Intuitiven assoziiert.

Ganzheit und Gleichgewicht: Das Beste von beiden Geschlechtern kombinieren

Es steht fest, daß sowohl Männer als auch Frauen Eigenschaften besitzen, in denen sich beide Gehirnhälften – die rechte und die linke – widerspiegeln. Dennoch sind die linkshirnigen Eigenschaften eher männlich und die rechtshirnigen eher weiblich. Darüber sind sich fast alle Menschen einig. Ist das auch wieder eines der typischen Geschlechterklischees? Vielleicht. Ein heikles Thema, bei dem man leicht aneckt? Zweifellos. Gilt diese Vorstellung für alle Männer und Frauen? Wohl kaum. Doch wenn du beide Gehirnhälften miteinander zu vereinen und ins Gleichgewicht zu bringen beginnst, erweiterst du den Horizont deiner Geschlechterrolle und kannst sogar über sie hinauswachsen. Dann kannst du jederzeit sowohl Yin- als auch Yang-Qualitäten in dir zum Leben erwecken. Du wirst ein ausgewogener, ganzer Mensch – zur Härte ebenso fähig wie zur Weichheit, zur Extraversion ebenso wie zur Introversion. Du kannst aktiv oder rezeptiv sein – je nach den Erfordernissen des Augenblicks. In manchen Situationen setzt du dich durch, in anderen bist du aufnahmebereit und empfänglich. Du kannst klar und logisch denken, aber auch deine sensiblen, emotionalen und intuitiven Qualitäten zum Vorschein bringen, wenn es notwendig ist.

Wenn du deine beiden Gehirnhälften integrierst und ein ganzer Mensch wirst, bleibst du zwar in anatomischer Hinsicht trotzdem weiterhin Mann oder Frau, aber dein Charakter und deine Eigenschaften entwickeln sich weiter und erreichen einen Zustand der Androgynie. Das *Webster's American Heritage Dictionary* definiert Androgynie als «weder eindeutig männlich noch eindeutig weiblich – beispielsweise in Kleidung, äußerer Erscheinung und Verhalten». Dann kannst du dir sowohl männliche als auch weibliche Eigenschaften und Fähigkeiten erschließen und sie verkörpern.

Ich bin nur ein Mensch,
der im Körper einer Frau gefangen ist.

Elaine Boosler

Im Kampf der Geschlechter spiegelt sich eindeutig der Kampf wider, der in jedem von uns tobt: der Konflikt aller Männer und

Frauen mit ihrem gegengeschlechtlichen Schatten. Erst wenn die männliche und die weibliche Hälfte unseres Gehirns einen Zustand harmonischen Gleichgewichts erreichen, können wir wirklich auf andere Menschen zugehen und sie akzeptieren – nicht nur als Lebensgefährten und Geschlechtspartner, sondern als Brüder, Schwestern und Mitmenschen in einer spirituellen Gemeinschaft.

Wenn du bisexuell bist,
verdoppeln sich automatisch deine Chancen
für eine Verabredung
am Samstagabend.

Woody Allen

Sexuelle Differenzierung und Zweifel

In den meisten früheren Gesellschaften, wo ihre Muskelkraft die Männer dazu prädestinierte, auf die Jagd zu gehen und in den Krieg zu ziehen, und die Frauen aufgrund ihrer Fähigkeit, Kinder zu gebären, den Nachwuchs aufzogen und sich um Heim und Herd kümmerten, war eine ausgeprägte Polarität zwischen aktiv und rezeptiv, männlich und weiblich ganz natürlich und auch notwendig. Doch heute setzen sich diejenigen, die versuchen, extrem männlich oder weiblich zu wirken und sich so zu verhalten, nur unnötigen Problemen und Ungewißheiten aus.

Die alten Kriterien und Fragen, was einen «richtigen Mann» oder eine feminine Frau ausmacht, existieren immer noch, obwohl sie längst nicht mehr sinnvoll sind. Schließlich brauchen wir nur einen Blick in unsere Unterhose zu werfen, wenn wir uns unseres Geschlechts vergewissern wollen. Leider werden Menschen, die Eigenschaften des anderen Geschlechts an den Tag legen, in vielen Kulturen verspottet. Die Tatsache, daß Homosexualität in unserer Gesellschaft so sehr gefürchtet und verunglimpft wird, ist nur ein Beweis dafür. Um deine eigene, einmalige Sexualität hundertprozentig akzeptieren zu können, statt dich an die anerkannten Verhaltensklischees anzupassen, darfst du nicht davor zurückschrecken, dich mit solchen Fragen auseinanderzusetzen.

Gesunder Menschenverstand und sexuelle Orientierung

Es kommt ziemlich häufig vor, daß Heterosexuelle sich beim Masturbieren gleichgeschlechtliche Partner vorstellen, während die sexuellen Phantasien Homosexueller oft um das andere Geschlecht kreisen – falls wir überhaupt so etwas wie Phantasie besitzen. Unsere Phantasien machen uns nicht zu Homosexuellen, Bisexuellen oder Heterosexuellen, sie machen uns lediglich zu sexuellen Wesen. An der Schwelle zu einem neuen Jahrtausend sollten wir eigentlich wichtigere Sorgen haben als die sexuelle Orientierung unserer Mitmenschen. Wie oder mit wem ein Mensch seine Sexualität auslebt, erscheint mir nicht so wichtig wie die Frage, ob er liebevoll, sensibel oder engagiert ist – fähig, zu geben und zu nehmen. Jede Form des sexuellen Ausdrucks kann etwas Intimes, ja sogar Heiliges sein – oder ein wahlloser, flüchtiger, unverbindlicher Freizeitsport, ja sogar eine lieblose Form des Leidens, bei der man nur ausgenutzt wird (oder selbst andere ausnutzt) – eine Sucht nach erotischen Endorphinen, eine rasche sexuelle Adrenalinspritze.

Aufgrund unserer Sozialisation haben wir vielleicht viele sexuelle Geheimnisse – verborgene Impulse, Wünsche oder Phantasien. Das ist unser sexueller Schatten. Viele Menschen haben sogar vor ihrem intimsten Partner (oder gerade vor ihm) sexuelle Geheimnisse. Dabei geht es häufig um sexuelle Phantasien, Wünsche oder Ängste. Ein wichtiger Aspekt sexueller Erleuchtung besteht darin, unseren sexuellen Schatten ins Licht des Bewußtseins zu heben und uns voller Mitgefühl so zu akzeptieren, wie wir sind.

Test: Deine sexuellen Geheimnisse

Um dir über dein verborgenes sexuelles Leben klarzuwerden, überlege dir einmal eine oder mehrere Phantasien, die du nur ungern jemandem anvertrauen würdest. Und dann beantworte dir folgende Fragen:

- Warum möchtest oder mußt du deine sexuellen Phantasien geheimhalten?
- Was fürchtest du, was die anderen Leute sonst von dir denken

könnten? Ist es möglich oder vielleicht sogar wahrscheinlich, daß andere Menschen die gleichen Phantasien oder Wünsche haben?

- Kann deine Phantasie einem anderen Menschen schaden oder ihn verletzen? Wenn ja: wen, warum und wie?
- Glaubst du, daß an irgendeiner Phantasie etwas Schlechtes sein kann? Wenn ja, was? Wenn nicht: warum nicht?
- Wenn du deinem Partner von deiner sexuellen Phantasie erzähltest, was würde er dann deiner Ansicht nach tun? Würde sie ihn beunruhigen? Warum? Was könntest du dabei gewinnen, wenn du sie ihm anvertraust? Was könntest du verlieren?
- Ist es deine innere Anspannung oder eine Einschränkung deiner Freiheit für dich, dieses Geheimnis für dich zu behalten? Beeinträchtigt es das vertraute Verhältnis zu deinem Partner?

Das bedeutet nicht, daß du deinem Partner alle Phantasien anvertrauen oder dein inneres sexuelles Leben vor ihm ausbreiten sollst oder mußt. Dieser Test zur Selbsterforschung soll dir vielmehr helfen zu verstehen, was in dir vorgeht, wenn du aus Angst oder Schamgefühl sexuelle Geheimnisse hast.

Die gleichen Überlegungen kannst du auch auf dein wirkliches Sexualleben anwenden und über die Geheimnisse nachdenken, die du in diesem Bereich vielleicht vor deinem Partner hast; sie können sich vom Harmlosen (heimliche Selbstbefriedigung) bis hin zu gravierenderen Dingen (Ehebruch) erstrecken. Überlege dir, was du gewinnst und was du verlierst, indem du deinem Partner diese Dinge nicht verrätst (oder doch verrätst) – und auch, was dein Partner dadurch gewinnen oder verlieren könnte. Gib dir Mühe, dich in beide Seiten hineinzudenken.

Nun, da du ein paar Auswirkungen deiner kulturellen Vorprogrammierung, religiösen Sozialisation und anderer Faktoren auf dein Sexualleben kennengelernt hast, erscheint es dir vielleicht höchste Zeit, offen über deine sexuellen Geheimnisse nachzudenken und Licht in diesen Schattenbereich zu werfen. Wir wollen mit zwei weitverbreiteten Geheimnissen beginnen: Selbstbefriedigung und sexuelle Phantasien.

Selbstbefriedigung in den neunziger Jahren – Sünde oder Geschenk Gottes?

Aus Büchern und Zeitschriften zum Thema Sexualität wissen wir, daß Selbstbefriedigung etwas ganz Normales und Weitverbreitetes ist, selbst unter verheirateten Männern und Frauen. Warum ist es dann trotzdem immer noch so vielen Menschen peinlich? Masturbierst du? (Aha! Ich habe dich erwischt!) Wenn nicht – liegt es daran, daß man es dir verboten hat? Weil du dabei ein ungutes Gefühl hast? Weil du glaubst, daß Gott dich deswegen bestrafen oder zurückweisen wird? Und wenn du masturbierst und einen Partner hast oder verheiratet bist, macht es dir dann nichts aus, mit ihm darüber zu sprechen, oder behältst du es lieber für dich?

Da einige der wichtigsten Religionen Millionen von Menschen auf der ganzen Welt die Selbstbefriedigung verboten haben – eine sexuelle Praktik, die angenehm, leicht durchführbar und absolut ungefährlich ist –, lohnt es sich schon, diesem Thema einen oder zwei Absätze zu widmen.

In dem Film *Los Angeles – ich liebe dich* bewundert der Mann, der von Steve Martin gespielt wird, den Busen seiner Freundin und sagt: «Wenn ich solche Brüste hätte, würde ich den ganzen Tag zu Hause bleiben und an ihnen herumspielen.» Und dann gibt es ja noch die uralte Frage: «Warum lecken Hunde sich zwischen den Beinen?» Die Antwort lautet: «Weil sie es können.» (Würdest du es nicht auch tun, wenn du es könntest?) Es macht Spaß, sich selbst sexuell zu stimulieren. Das bedeutet nicht, daß wir nun stundenlang nichts anderes mehr tun, aber wir sollten uns schon mit der Frage beschäftigen, warum wir eine so zwiespältige Einstellung zu einer eindeutig harmlosen Aktivität haben, die soviel Spaß macht.

Früher verdammte man die Selbstbefriedigung (und die Homosexualität) als Verschwendung von Sperma, das einer Frau zur Fruchtbarkeit verhelfen könnte. Doch in unserer heutigen Welt der Bevölkerungsexplosion, wo AIDS, unerwünschte Schwangerschaften, Abtreibungen und kurzlebige sexuelle Abenteuer an der Tagesordnung sind, müßte man die Selbstbefriedigung eigentlich als harmlose, angenehme Methode schätzen, angestaute sexuelle Energien abzureagieren. Und in einer Ehe, in der ein Partner einen sehr starken Sexualtrieb hat und jeden Tag seinen Orgasmus braucht, während der andere nur einmal pro Woche das Bedürfnis danach hat, erfüllt sie ebenfalls einen sinnvollen Zweck.

Für Singles (oder Verheiratete, die gerade auf Geschäftsreise sind) ist Selbstbefriedigung sicherlich sinnvoller, als sich in einer Bar irgendeinen Partner für eine Nacht zu suchen, was unangenehme, unter Umständen sogar lebensgefährliche Konsequenzen haben kann. Natürlich ist Selbstbefriedigung kein Ersatz für eine liebevolle, enge Beziehung zu einem anderen Menschen, doch in bestimmten Situationen kann sie ein wahres Geschenk Gottes sein. Manche Wahrheiten gelten für immer und ewig. Andere sind lediglich willkürliche Dogmen, die nur bedingt und nur in einer ganz bestimmten Epoche Gültigkeit haben; doch sobald die Zeiten sich ändern, sind sie nicht mehr relevant. Letzten Endes muß jeder Mensch sein eigenes Leben leben, frei von Idealismus, Schamgefühl oder Dogmen, die unserer Ganzheit oder unserer Realität nicht dienlich sind. Fürchte dich nie zu fragen: Warum? Und fürchte dich auch nie zu antworten: Warum nicht?

Sexuelle Phantasien

Für Männer oder Frauen mit ausgeprägtem Sexualtrieb oder einem Hang zu häufig wechselnden Geschlechtspartnern ist es vielleicht besser, sich beim Masturbieren Sex mit vielen verschiedenen Partnern vorzustellen, als das tatsächlich auszuprobieren. Und da es für dein Unterbewußtsein keinen großen Unterschied macht, ob du etwas tatsächlich mit deinen physischen Sinnen erlebst oder es dir nur vorstellst, kannst du solche Bedürfnisse durch entsprechende Phantasien beim Masturbieren leicht befriedigen, ohne Komplikationen heraufzubeschwören oder irgend jemanden zu verletzen.

Für die Kirche mag so etwas dem Ehebruch gleichkommen, doch ich halte sexuelle Phantasien für die empfehlenswertere Alternative. Wenn ich mir vorstelle, jemanden umzubringen, macht mich das noch lange nicht zum Mörder; wenn ich mir ausmale, ein Physiker zu sein, der den Nobelpreis gewinnt, macht mich das nicht zum Wissenschaftler; und wenn ich mir Sex mit einem Gorilla vorstelle, bin ich deshalb immer noch nicht pervers. Vielleicht wäre es besser, immer nur positive, glückliche, gesunde Phantasien zu haben. Aber wer entscheidet, was gesunde Phantasien sind? Nach welchen Kriterien? Und wie kann man seine eigenen Gedanken unter Kontrolle bringen?

Phantasien können uns nicht schaden, solange wir uns ihretwegen keine Sorgen machen, keine Schuldgefühle entwickeln und sie nicht zur fixen Idee werden lassen – und solange wir Phantasie nicht mit Realität verwechseln oder in die Realität umsetzen. Im folgenden Brief und meiner Antwort darauf – einer der vielen seltsamen Botschaften, die ich per E-Mail erhalte – geht es vor allem um das Thema sexuelle Phantasien:

> Ich bin eine verheiratete Frau mittleren Alters und in meinem Denken und meinen sexuellen Aktivitäten ziemlich konservativ. Ich mache mir Sorgen wegen einer Phantasie, die ich schon öfters hatte und bei der ich gezwungen werde, mit mehreren Männern hintereinander Geschlechtsverkehr auszuüben. Wenn das tatsächlich passieren würde, fände ich es grauenvoll, doch in meiner Phantasie erregt es mich sehr. Ist das normal?
> *Anne K.*

> Sehr geehrte Frau K.,
> Es gibt keine falschen oder schlechten Phantasien. Wenn Ihnen Phantasien, bei denen Sie zum Sex gezwungen werden, Vergnügen bereiten (was übrigens vielen Frauen so geht), bedeutet das nicht, daß Sie sich so etwas wirklich wünschen. Viele Frauen stellen sich bestimmte Situationen vor, um sich in erotische Stimmung zu bringen und bis zum Orgasmus zu stimulieren. Ob Sie in Ihren Phantasien von mehreren Männern vergewaltigt werden, mit einer ganzen Fußballmannschaft – oder nur mit dem Trainer – schlafen, spielt keine Rolle: Alles, was Sie erregt, ist völlig in Ordnung. Phantasien sind eine ganz normale, gesunde Möglichkeit, unsere erotische Vorstellungskraft auszuleben. Je offener Sie der erotischen Seite Ihrer Persönlichkeit gegenüberstehen, um so besser wird Ihr Sexualleben funktionieren.

Dieser besorgte Brief und meine Antwort darauf zeigen, wie sehr wir dazu neigen, unsere Phantasien mit wirklichem Verhalten zu verwechseln und uns dann Sorgen darüber machen, ob wir normal sind (als würde Normalität automatisch Sicherheit bedeuten und uns zu tugendhaften Menschen machen). Unser *Verhalten* kann durchaus abartig, pervers, unpassend oder gar schädlich für uns und andere Menschen sein, doch im Reich der Phantasie ist alles erlaubt. Menschen, die ihre eigenen Phantasien oder die anderer Menschen als schlecht abtun, sollten einmal darüber nachdenken, wo diese Vorstellung herkommt und ob sie einer eingehenden Prüfung wirklich standhält.

Von allen sexuellen Verirrungen
ist Keuschheit
vielleicht die merkwürdigste.

Remy de Gourmont

Selbst wenn wir uns alle unsere sexuellen Geheimnisse offen eingestehen, wird es uns vielleicht trotzdem schwerfallen, zu einem erleuchteten sexuellen Gleichgewicht zu gelangen, und zwar einfach deshalb, weil wir bestimmte angeborene Neigungen haben. Im Bereich des Verhaltens und der Moral neigen viele Menschen entweder zum Puritanismus oder zum Hedonismus – zu Selbstverleugnung oder Genußsucht. Solange wir auf diesem Gebiet nicht den goldenen Mittelweg finden, ist sexuelle Erleuchtung für uns unerreichbar.

Das Dilemma zwischen Puritaner und Hedonist

Von allen Polaritäten in unserem Denken stehen der Puritaner und der Hedonist wohl im schärfsten Gegensatz zueinander. Und doch ist keiner von beiden dem anderen überlegen.

Puritanismus – die ständige Angst,
daß irgendwo irgend jemand glücklich sein könnte.

H. L. Mencken

Wenn du zu puritanischem Verhalten neigst, bringst du Opfer, arbeitest und versagst dir Vergnügungen, um langfristige Ziele zu erreichen, du bist tugendhaft, nimmst alles ganz genau und hältst dich an die Vorschriften. Du bemühst dich, gesund zu leben, aber auf Partys bist du vielleicht nicht gerade eine Stimmungskanone – falls du überhaupt hingehst.

Wenn du eher zu hedonistischem Verhalten neigst, lebst du für den Augenblick, für das Vergnügen, und gibst deinen spontanen Impulsen und Neigungen nach. Dein Motto lautet: «Das Leben ist kurz, deshalb sollte man zuerst den Nachtisch essen.» Von Puritanismus hältst du nicht viel. «Wenn man auf Sex, Fleisch, Zucker, Nikotin, Alkohol und Tanzen verzichtet, lebt man tatsächlich gar nicht länger», meinst du vielleicht. «Es fühlt sich nur länger an.»

Bist du eher ein Hedonist oder ein Puritaner? Kann man auch den goldenen Mittelweg gehen – das heißt, je nach Situation beide Lebenshaltungen zu ihrem Recht kommen lassen? Wenn du diese Frage auf den Bereich deiner Sexualität anwendest, ist das bereits der erste Schritt zu einem harmonischen Gleichgewicht. Probiere einmal folgende Übung aus, sie wird dir beim Bewußtmachungsprozeß helfen:

Rollenspiel: Der Puritaner und der Hedonist

Das folgende Rollenspiel macht nicht nur Spaß, sondern wird dir auch Klarheit darüber verschaffen, ob du eher zum Hedonismus oder zum Puritanismus neigst. Außerdem bietet es dir eine Chance, spielerisch die andere Seite der Verhaltensskala auszuloten. Du brauchst dazu nur einen Partner, der bereit ist, sich vier oder fünf Minuten Zeit zu nehmen:

- **Das Drehbuch der Handlung:** Stellt euch vor, daß ihr gemeinsam durch eine Wohngegend geht. Da ruft euch vom Fenster einer Villa jemand etwas zu und lädt euch ein, an einer Orgie teilzunehmen, die gerade in vollem Gang ist – mit lauter faszinierenden, begeisterten, lebenslustigen Gästen. Drinnen werdet ihr spärlich bekleidete oder völlig nackte Menschen finden, die sich hemmungslos ihrer Lust hingeben; aus einem Fenster fliegt Unterwäsche. Ihr hört Lachen, Jubelschreie und Lustgestöhn. Und nicht nur das: Diese Menschen genießen die erlesensten Liköre und Zigarren, das feinste Gebäck, köstliche Schokolade und andere Süßigkeiten. Auch sonst werden hier alle sinnlichen Genüsse geboten, die man sich nur vorstellen kann.

- Du diskutierst mit deinem Partner darüber, ob ihr an dieser Orgie teilnehmen sollt oder nicht. (Die Leute wollen, daß ihr entweder beide teilnehmt oder gar keiner. Das macht es für dich noch wichtiger, deinen Partner von deinem Standpunkt zu überzeugen.)
- Ungefähr zwei Minuten lang spielst du nun die Rolle eines strengen Puritaners, während dein Partner die Rolle des ausschweifenden Hedonisten übernimmt. Jeder von euch beiden hat die Aufgabe, den anderen von seiner Meinung zu überzeugen, ob ihr an dieser Party teilnehmen sollt oder nicht. Versetze dich hundertprozentig in deine Rolle hinein.
- Nach zwei Minuten tauscht ihr die Rollen und versucht wieder, den Partner von eurem jeweiligen Standpunkt zu überzeugen.

Ein Mensch, der eher zu puritanischer Enthaltsamkeit neigt, beschwört jetzt vielleicht das Schreckgespenst AIDS (oder die Gefahr irgendeiner anderen Geschlechtskrankheit) herauf und führt die Gesetze der Moral, des guten Geschmacks und der Gesundheit ins Feld. Ein eher genußfreudiger Mensch schwört daraufhin wahrscheinlich, ein Kondom zu benutzen, und singt ein Loblied von Leidenschaft, Liebe und Lebensfreude. Sicherlich werden beide Parteien kreative Argumente finden.

Durch diese Übung bekommst du ein gutes Gespür dafür, welche der beiden Rollen dir mehr liegt. Wenn du deinem Partner insgeheim am liebsten zustimmen würdest, weißt du, auf welcher Seite du stehst. Natürlich kann es auch sein, daß du in sexueller Hinsicht ein Hedonist und im Hinblick aufs Essen und auf deine Gesundheit eher ein Puritaner bist – oder umgekehrt. Auf jeden Fall werden die Erkenntnisse, die du durch diese Übung gewinnst, mehr Klarheit in dein Leben bringen. Die Lösung des Problems besteht darin, zu einem natürlichen Gleichgewicht zu finden, so daß du dich manchmal ungehemmtem (gesundem) Vergnügen und sexueller Lust hingeben kannst, in Situationen, wo es angemessen ist, hingegen lieber Selbstdisziplin und Willenskraft walten läßt. Wie steht es mit deinen sexuellen Verhaltensweisen und Wertvorstellungen? Verhältst du dich eher wie ein Puritaner oder wie ein Hedonist?

Es gibt sowohl gesunde als auch kranke Puritaner und Hedonisten. Wenn du deinen angeborenen inneren Wert zu schätzen weißt, wirst du auf jeden Fall auf deine Gesundheit achten – ob du nun Hedonist oder Puritaner bist. Als *gesunder* Hedonist genießt du das Leben, ohne jedoch Raubbau mit deiner Gesundheit zu treiben, du bist offen für Spaß und Vergnügen und genießt die Früchte des Lebens. Als *gesunder* Puritaner hast du gelernt, die Befriedigung deiner Triebe und Bedürfnisse auf später zu verschieben, hast eine hohe Arbeitsmoral, wenn es darum geht, Ziele zu erreichen, und glaubst an den Grundsatz: «Erst die Arbeit, dann das Vergnügen». Irgendwann wirst du die Früchte deiner Bemühungen und deiner Selbstdisziplin ernten können; aber du bist nicht zu streng mit dir, gönnst dir auch hin und wieder ein Vergnügen und verurteilst Hedonisten nicht. Wenn du kein hohes Selbstwertgefühl hast, wirst du eher ein ungesunder Hedonist oder ein ungesunder Puritaner sein. Als *ungesunder* Hedonist ißt du zuviel, läßt dich wahllos auf ein riskantes sexuelles Abenteuer nach dem anderen ein, übertreibst mit Alkohol, Nikotin oder anderen Drogen oder frönst anderen selbstzerstörerischen oder gesundheitsschädlichen Aktivitäten. Als *ungesunder* Puritaner verweigerst du dir alle Freuden des Lebens (wie beispielsweise Tanzen, ein gelegentliches Dessert und ein intimes, ungehemmtes Sexualleben mit dem eigenen Partner) und bist womöglich auch noch stolz auf deine eigene Reinheit.

Manche Menschen gehen mit der Sexualität und mit dem Vergnügen ganz allgemein so um wie der Prediger, der jedesmal, wenn er mit seiner Frau schlief, ans Beten dachte – und jedesmal, wenn er betete, an Sex mit seiner Frau. Dieser Mann war niemals erfolgreich – weder als Puritaner noch als Hedonist. Und Gott konnte sich bestimmt auch keinen Reim auf dieses merkwürdige Verhalten machen. Das gilt für die meisten Menschen: Nur wenige von uns sind hundertprozentig lebensfrohe, von Schuldkomplexen freie Hedonisten oder hundertprozentig disziplinierte Puritaner ohne alle Phantasien und Obsessionen. Das Pendel schwingt immer hin und her.

Wenn du dir die puritanischen und hedonistischen Seiten deiner Persönlichkeit bewußt machst, kannst du sie miteinander vereinbaren und ins Gleichgewicht bringen. Dadurch – und indem du den goldenen Mittelweg zwischen Maßlosigkeit und Selbstverleugnung findest – kommst du dem Ziel, deine Sexualität beherzt, liebevoll und verantwortungsbewußt anzunehmen, einen Schritt näher. Die Lösung des sexuellen Dilemmas besteht nicht in einer einseitigen Entscheidung für Fleisch oder Geist, sondern in der heilenden Umarmung und Integration von beidem. Das bringt dich der Erfüllung der Aufgaben des zehnten Tores und dem Weg der Erleuchtung im Alltag wieder einen Schritt näher.

Vereinigung von Fleisch und Geist: die erhabenste sexuelle Praktik

Der Höhepunkt unserer sexuellen Entwicklung besteht darin, unseren Körper und unsere physischen Sinne mit unserem emotionalen und spirituellen Leben zu verbinden. Eine Methode, mit der sich diese sexuelle Vereinigung erreichen läßt, ist der Gebrauch tantrischer Praktiken.

Vergeistigte Sexualität: Herz und Genitalien miteinander verbinden

Die meisten Menschen assoziieren Kung-Fu mit Kampfsport, doch in Wirklichkeit bedeuten diese Worte «kunstvolles Üben» und beziehen sich auf alle möglichen Aktivitäten. Ebenso bringen viele Menschen Tantra ausschließlich mit sexuellen Techniken in Verbindung. Doch tantrische Praktiken beschränken sich keineswegs nur auf die Sexualität. Tantra ist eine heilige spirituelle Übung, die die Grundbedürfnisse unseres Lebens, Sexualität, Ernährung, körperliche Betätigung und all unsere Sinne einschließt. Sie ist weder Hemmungslosigkeit noch Selbstverleugnung, sondern lehrt uns den richtigen, ausgewogenen Umgang mit unserem sinnlichen Erleben, gelenkt von unserem höheren Selbst.

In der folgenden Übung wirst du die Quintessenz des tantrischen Yoga kennenlernen, indem du unter Einsatz deiner ganzen Aufmerksamkeit eine Bewußtseinsbrücke zwischen deinen Geschlechtsteilen, deinem Herzen und deinem ganzen Körper herstellst. Dieser Akt der Bewußtheit und Aufmerksamkeit steigert, bereichert und vertieft den Genuß der sexuellen Umarmung nicht nur und verleiht ihm eine ganz neue Dimension; gleichzeitig verklärt er die menschliche Sexualität zu einem Akt des Einswerdens, einer Art Gottesdienst. Du hältst nicht nur deinen Geliebten oder deine Geliebte in den Armen, sondern du umarmst das Göttliche.

Du kannst diese Quintessenz des tantrischen Yoga in deinen sexuellen Beziehungen folgendermaßen praktizieren: Wenn du das nächste Mal Geschlechtsverkehr ausübst (oder masturbierst, falls du gerade keinen Partner hast), richte deine Aufmerksamkeit nicht ausschließlich auf die Lustempfindung in deinen Genitalien, sondern konzentriere dich gleichermaßen auf dein Herz, deine Geschlechtsteile und deinen ganzen Körper.

Wir alle sind zu diesem einfachen Akt fähig, unsere Aufmerksamkeit muß nur frei dafür sein. Nur allzu oft blockiert unsere Befangenheit unser Bewußtsein. Du kannst nicht deine ganze Aufmerksamkeit darauf richten, Genitalbereich, Herz und Körper zu integrieren, wenn du dabei gleichzeitig auf irgendwelche Bilder achtest, die an deinem inneren Auge vorüberziehen, oder dich fragst, wie gut du im Bett bist, wie du aussiehst, was dein Partner von dir denkt und so weiter. Um wirklich aufmerksam sein zu können, mußt du zunächst einmal frei von Gedanken werden. Dich für deine Sexualität zu öffnen, erfordert (und fördert gleichzeitig auch) die Fähigkeit, den Verstand zu verlieren und zum Bewußtsein zu kommen.

Diese tantrische Praktik, Herz und Genitalien beim Geschlechtsverkehr miteinander zu verbinden, ist ein wichtiges Element der Erleuchtung im Alltag. Um diese Übung auch nur hin und wieder in dein Leben integrieren zu können, mußt du deine Willenskraft einsetzen. Willenskraft und Gefühls-Aufmerksamkeit (oder Aufmerksamkeit mit einer emotionalen, ja sogar andächtigen Komponente) dienen dazu, dein Herz zu erwecken. Das ist das Thema des nächsten, elften Tors, das dich nun bald erwartet.

Sex, Liebe und Willenskraft

Wenn einer von euch beiden – du oder dein Partner – nur selten Lust auf Sex hat oder wenn euch die Energie dazu fehlt, steht eurer Intimität etwas im Wege – dann ist irgend etwas nicht in Ordnung oder aus dem Gleichgewicht geraten, was ihr in Liebe und beiderseitigem Verständnis gemeinsam besprechen und klären müßt.

Doch bevor ihr euch in endlosen psychologischen Diskussionen und Analysen verliert (was das Beziehungsproblem, an dem ihr arbeitet, womöglich sogar noch verstärken kann), solltet ihr euch vielleicht erst einmal vornehmen – euch einfach dazu *zwingen* –, ein bißchen öfter miteinander zu schlafen, selbst wenn einer von euch beiden oder ihr alle beide keine Lust dazu habt.

In der orthodoxen jüdischen Tradition ist Freitagabend, der Beginn des *Shabbat* (Sabbat), der Zeitpunkt, an dem man vom Mann erwartet, daß er seiner Frau sexuelle Erfüllung schenkt. Wenn es in dieser Hinsicht irgendwelche Probleme gibt, müssen sie aufgearbeitet werden. Wenn bei diesem Umgang mit Sex auch Spontaneität zu fehlen scheint, so liegt doch vielleicht eine große praktische Weisheit darin, daß zwei Menschen, die sich lieben, am Ende der Woche zusammenkommen, um ihre Intimität und ihre liebevolle Verbundenheit zu feiern. Ist das nicht besser, als nur dann mit deinem Partner zu schlafen, wenn dir zufällig gerade danach zumute ist?

Normalerweise meint man, daß man seine Willenskraft einsetzen muß, um *nicht* mit jemandem ins Bett zu gehen – nicht spontan seiner Begierde nachzugeben, sondern Selbstbeherrschung, Zurückhaltung oder Enthaltsamkeit zu üben. Aber du kannst deinen Willen auch dazu einsetzen, selbst dann sexuell aktiv zu sein, wenn du gar nicht in der Stimmung dazu bist – als eine Art tantrische Übung. Sexuelle Intimität kann die verschiedensten Formen annehmen und für die verschiedensten Zustände stehen – von Lust über Geborgenheit bis hin zu Trost und Verbundenheit. Sexuelle Intimität ist auch eine Möglichkeit, Liebe zu erschaffen, die gegenseitige Zuneigung wiederzuerwecken und auszuleben.

Vielleicht bist du manchmal müde oder ein bißchen verärgert darüber, was dein Partner gesagt oder getan hat, und wendest dich körperlich von ihm ab. Ob dein Partner nun im Recht ist oder nicht – wenn er sich Liebe, Zuneigung oder einfach nur körperliche Befriedigung von dir wünscht, kannst du dich, statt ihn abzuweisen, auch überwinden und dich ihm freundlich, mitfühlend und verständnisvoll zuwenden. Erinnere dich dabei an die Gründe, warum ihr zum ersten Mal in Liebe zueinander gefunden habt. Diese liebevolle Berührung muß nicht unbedingt zum Geschlechtsverkehr führen, aber sie kann eine emotionale Kluft überbrücken, die sich zwischen euch aufgetan hat, und deinem Partner die ersehnte Gewißheit geben, daß er dir noch wichtig ist und daß du ihn noch liebst. Viele Menschen sagen, daß sie hin und wieder mit ihrem Partner schlafen, ohne in der Stimmung dazu zu sein, einfach weil er es von ihnen erwartet oder weil er es sich wünscht. Aber wie oft tun wir das wirklich als Akt der Willenskraft *und* der herzlichen Zuneigung, wie oft heilen wir unsere Beziehung im Dienst am GEIST und in der Hingabe an den GEIST unseres Partners?

Liebe kann zu sexueller Intimität führen, umgekehrt kann sexuelle Intimität aber auch die Glut der Liebe neu entfachen. Selbst wenn du nicht unbedingt zum gleichen Zeitpunkt Lust auf Sex hast wie dein Partner, gehe trotzdem auf seinen Wunsch ein, und du wirst den Sinn der umgangssprachlichen Redewendung «Liebe *machen*» begreifen. Manchmal dürfen wir beim Sex nicht an unser eigenes Vergnügen denken, sondern müssen ihn unserem Partner als eine Form der Heilung anbieten. Das ist ein spiritueller, tantrischer Akt des Dienstes an unserem Mitmenschen.

Streitet euch, wenn es sein muß. Aber versöhnt euch immer wieder, berührt und umarmt euch – in welcher Form auch immer –, selbst wenn ihr euch manchmal dazu überwinden müßt. Auf diese Weise wird das Band, das euch beide eint, mit der Zeit immer vollkommener werden. Einen Seelengefährten findet man nicht, man *erschafft* ihn sich.

Liebe, Begierde und sexuelle Verbundenheit

Manchmal ißt du etwas, obwohl du eigentlich gar keinen Hunger hast. Wenn ein Mensch, den du liebst, etwas besonders Gutes für dich gekocht hat, ißt du es vielleicht, um ihm einen Gefallen zu tun, obwohl du in Wirklichkeit keinen besonders großen Appetit hast. (Vielleicht schmeckt es dir am Ende sogar, vielleicht auch nicht; aber es bleibt ein Akt der Gefälligkeit.)

Ebenso übst du manchmal Geschlechtsverkehr aus, ohne wirklich den Wunsch danach zu verspüren. Wenn ein Mensch, den du liebst, Sex von dir will, schläfst du vielleicht mit ihm, um ihm einen Gefallen zu tun, obwohl du keine besondere Lust dazu hast. (Vielleicht macht es dir am Ende sogar Spaß, vielleicht auch nicht; aber es bleibt ein Akt der Gefälligkeit.)

Im täglichen Leben ist es besser, nur dann zu essen, wenn man Hunger hat, und nur dann Geschlechtsverkehr auszuüben (und einen Orgasmus zu erleben), wenn man das Bedürfnis danach verspürt. Natürlicher Hunger ist ein Ausdruck deines körperlichen Bedürfnisses nach Kalorien und Nährstoffen. Ebenso ist die natürliche sexuelle Begierde (nach einem Orgasmus) ein Ausdruck deines körperlichen Bedürfnisses, dich sexuell abzureagieren. Doch sich seiner Sexualität zu öffnen, bedeutet auch, seine sexuellen Aktivitäten der Herrschaft seines höheren Selbst zu unterstellen.

In manchen sexuellen Augenblicken konzentrierst du dich ausschließlich auf dein eigenes Vergnügen, in anderen konzentrierst du dich ausschließlich auf das Vergnügen eines anderen Menschen. Die meisten von uns haben sicher schon die Erfahrung gemacht, daß der beste Sex eine Kombination, ein Zusammenspiel von beidem ist, ein Tanz des eigenen Ichs mit dem anderen, bis beide miteinander verschmelzen. Nehmen ist gleichzeitig Geben, und Geben ist gleichzeitig Nehmen. Irgendwann gelangt ihr bei eurer geschlechtlichen Vereinigung an einen Punkt, wo es gar nicht mehr so wichtig, ja sogar nebensächlich ist, wer gerade der Gebende und wer der Nehmende ist. Dieser Energiekreislauf entsteht, wenn zwei Menschen einander Liebe schenken, die Geschenke ihrer Berührungen, ihrer Sensibilität und Zuneigung miteinander austauschen. Ist das letzten Endes nicht das Höchste, was man einem anderen Menschen geben kann?

Tantrische Liebespraktiken im täglichen Leben

Etwas über die Vorteile von Vergnügen und Lebensgenuß zu lesen und darüber zu sprechen, wie wichtig es ist, sich selbst zu lieben, ist eines. Aber gestattest du dir wirklich, das auch zu tun? In der folgenden Übung wirst du dir einen schönen Abend in der Stadt gönnen. Nimm dir ruhig einen ganzen Tag oder so viel Zeit, wie du zu geben bereit bist, um deine eigene Gesellschaft zu genießen und zu tun, was dir Spaß macht (selbst wenn du das normalerweise mit einem Partner zusammen tust):

Solo-Tantra

- Gehe ins Kino oder einkaufen, zum Volksfest oder zu irgendeiner anderen Veranstaltung.
- Spendiere dir ein üppiges Mittag- oder Abendessen, zu dem du normalerweise einen guten Freund oder einen Liebhaber/eine Geliebte einladen würdest.
- Erfülle bei dieser Verabredung mit dir selbst nach Möglichkeit all deine Wünsche und Bedürfnisse.
- Beende den Tag mit einem intimen Abend, an dem du dir selbst sexuelles Vergnügen schenkst.
- Wenn du einen Partner hast, der diese Übung auch machen möchte, schlage ihm vor, ebenfalls zu einer solchen Solo-Verabredung zu gehen.
- Falls du in einer festen Beziehung lebst, verbringe in der nächsten Woche genau (oder fast genau) den gleichen Abend mit deinem Partner/deiner Partnerin und überschütte ihn/sie mit der gleichen liebevollen Aufmerksamkeit (und den gleichen sexuellen Genüssen, falls ihr bereits intim miteinander seid).

Tantra zu zweit

Wenn du einen Sexualpartner hast, probiere einmal folgende einfache, aber sehr wirkungsvolle tantrische Übung mit ihm aus. Wenn ihr Kinder habt, ist es vielleicht besser, diese Übung erst zu machen, wenn die Kinder schon im Bett sind oder wenn ihr einmal allein verreist:

- Duscht gemeinsam und praktiziert anschließend eine Viertelstunde Yoga oder Dehnungs- und Atemübungen.
- Meditiert zehn Minuten lang gemeinsam (am besten bei Kerzenlicht). Schaltet dazu eine leise Musik ein, die ihr beide mögt.
- Umarmt und berührt euch vor dem Geschlechtsverkehr mindestens zehn Minuten lang. Streichelt Arme, Beine, Gesicht und Füße des Partners – eine liebevolle Massage.
- Liegt während des Geschlechtsverkehrs bei Kerzenlicht mindestens fünf Minuten lang still und regungslos da und schaut euch

einfach nur tief in die Augen. Denke dabei an deine Liebe zu deinem Partner/deiner Partnerin.

- Gestehe dir die Befangenheit ein, die du dabei vielleicht empfindest, löse dich davon und versenke dich voller Liebe in die Augen deines Partners. Registriere alles, was an Gedanken und Empfindungen in dir aufsteigt, lasse es los und konzentriere dich wieder auf dein Gefühl der Liebe.
- Spüre das Geheimnis in den Augen deines Partners.
- Dabei siehst und empfindest du deinen Partner vielleicht irgendwann als göttliches Wesen und erlebst deine tiefe – persönliche und zugleich überpersönliche – Liebe, die im Streß des Alltagslebens oft untergeht.
- Achte darauf, ob bei dieser Übung irgendwelche Schlüsselprobleme oder -erkenntnisse in dir aufsteigen, und sprich hinterher mit deinem Partner darüber.

Du kannst viel über deine Prioritäten, deine Beziehung zum Genuß, dein Selbstwertgefühl und den Grad an Intimität lernen, den du momentan verkraftest, wenn du diese beiden Übungen nicht machst und dich dann respektvoll fragst: Warum nicht? und dir die Antwort reiflich überlegst.

Ein paar abschließende Worte

Da Sexualität für uns eine so große emotionale und moralische Bedeutung hat, hast du dich beim Lesen dieses Kapitels sicherlich öfters getroffen gefühlt, wenn meine Worte deine Ansichten und Überzeugungen mit Füßen traten. Wenn das so ist und du trotzdem bis hierher weitergelesen hast, beglückwünsche ich dich dazu und respektiere deine Anschauungen und Wertvorstellungen. Ich bin überzeugt davon, daß jeder Mensch zu seinem eigenen Weg, seiner eigenen Religion und seiner eigenen Sexualität finden muß. Im sexuellen Bereich muß – ebenso wie in der Politik, der Religion und bei den verschiedenen Geschmacksrichtungen von Eiscreme – schließlich jeder selbst entscheiden, was am besten für ihn ist. In der Zwischenzeit erforsche die Realität deines jetzigen Lebens, respektiere deinen Entwicklungsprozeß und lerne die Lektionen, die sich aus deinen Erfahrungen ergeben.

Beim Verlassen dieses Tors möchte ich noch einmal an seinen Titel erinnern: *Öffne dich für deine Sexualität.* Respektiere den Menschen, der du bist – ein einmaliger Persönlichkeitsausdruck in dieser Welt. Setze deine Reise leichteren Herzens fort, im Vertrauen darauf, daß deine Gedanken und Phantasien dazu beitragen, dich zu diesem einmaligen Menschen zu machen. Und denke daran, daß der höchste Ausdruck der menschlichen Sexualität ein Schritt auf dem Weg der Erleuchtung im Alltag sein kann.

Blicke nun einmal auf die zehn Tore zurück, die du schon durchschritten hast, und mache dir bewußt, daß du das Leben jetzt aus einer umfassenderen Perspektive betrachtest. Nachdem du die Herausforderungen und Wunder des liebevollen Verkehrs mit deinem Partner und deiner Welt erkundet hast, bist du jetzt bereit, die Tiefen deines Herzens zu erforschen.

Das elfte Tor:

Erwecke dein Herz

Die Liebe ist das große Geheimnis des Lebens. Sie überwindet Angst und Isolation und führt dich durch die Untiefen der Sentimentalität ans Ufer grenzenlosen Seins. Liebe lebt nicht von Worten oder Gefühlen allein, sondern vom Handeln, das dich über die Interessen deines individuellen Ichs, über alle Gründe oder Motive hinausträgt zu einer liebevollen Umarmung aller Menschen, Dinge und Lebensumstände. Herzensgüte beginnt mit kleinen Dingen, in Augenblicken der Demut und Einsicht, mit der Sehnsucht deiner Seele nach der innigen Verbundenheit der Liebe, die hinter dem Tor deines Herzens auf dich wartet. Du bist nicht hier, um mit deinem höheren Selbst Kontakt aufzunehmen – du bist hier, um es zu werden.

Die heilende Kraft der Liebe

Die Liebe ist nicht einfach da
wie ein Stein; man muß sie *machen*,
wie einen Laib Brot –
immer und immer wieder neu.

Ursula K. LeGuin

Landkarte:
Vorschau auf kommende Attraktionen

Unsere spirituelle Entwicklung hat etwas Geheimnisvolles: Sie erwächst aus einer Verschmelzung von persönlichem Bemühen, Zeit und Gnade. Aber eines ist dennoch klar: Um die Verheißung deiner menschlichen Möglichkeiten zu erfüllen, mußt du dein Herz erwecken. Aber was bedeutet das? Wenn die Liebe von Natur aus in deinem Herzen wohnt, was wirst du dann im Herzen der Liebe finden? Was ist die Quintessenz und der Ursprung der Liebe – Gott? Der GEIST? Ein Mysterium? Ein bloßes Produkt unserer Phantasie? Nichts weiter als ein paar chemische Vorgänge in unserem Gehirn? Brian Swimme, ein Kosmologe mit sehr viel Herz, hat einmal gesagt, Liebe sei Schwerkraft – die universale Anziehungskraft, die jeder einzelne Körper in unserem Universum auf jeden anderen Körper ausübt, der alles vereinende Leim, der den Kosmos zusammenhält und uns alle unweigerlich zur Quelle allen Seins zurückzieht.

Das symbolische Bild dieses Dichters – diese überweltliche Vision der Liebe – ist ein guter Ausgangspunkt, denn ohne diese umfassendere Sichtweise lassen wir uns nur allzu leicht von den Hochstaplern blenden, die sich nur als Liebe ausgeben – von der Sentimentalität und den romantischen Wünschen kitschiger Liebesfilme, den verwelkenden Rosen und launischen Phantasiegebilden der Lust und Verliebtheit. Dein Herz zu erwecken, bedeutet nichts anderes, als Gefühle, die an bestimmte Bedingungen geknüpft sind, in bedingungslose Güte zu verwandeln – die heilenden Kräfte deines Herzens zu wecken, die dich über dein eigenes Ich hinausheben können, zu einer Liebe ohne Angst, ohne Grenzen, ohne Grund und ohne Verstand.

An diesem Tor werden wir neue Wege erforschen, wie man Liebe verstehen und leben kann. Je nachdem, wie gut du die Prinzipien der ersten zehn Tore verstanden hast (die die Rückeroberung deines Willens, die Bezähmung deines Geistes, das Akzeptieren deiner Gefühle, die Konfrontation mit deinen Ängsten und die innere Öffnung für deine Sexualität einschließen), bist du nun auf den großen Sprung mitten ins Herz vorbereitet – jenen Ort, wo Fleisch und Geist zusammentreffen. Der mythische Sprung des Liebenden ist kein Sprung nach unten, sondern nach oben, in eine intensivere Lebenserfahrung hinein.

In dem Maße, in dem du die Lektionen der bisherigen Tore, die alle zum Herzen hinführen, verinnerlicht hast, bist du nun bereit, eine neue Art des Liebens zu verkörpern, die nicht auf wechselhaften Gefühlen, sondern auf dauerhaftem Verhalten basiert. Du hast den Garten deiner Seele bestellt, den Boden bereitet und die Samen hineingelegt, so daß jetzt die Liebe in ihr erblühen kann. Niemand kann lernen oder einen anderen Menschen lehren zu lieben, denn unser Geist hat kein Herz, und unser Herz hat keinen Verstand. Ich kann euch hier nur einen kleinen Liebesbrief schreiben, meine lieben Freunde und Leser, und euch die Wahrheiten enthüllen, die ich im Herzen des Lebens gefunden habe. Ich bin kein Heiliger – außer in den Augenblicken der Liebe, in denen wir alle Heilige sind –, aber die Fürsorge zwingt mich dazu, euch zu zeigen, wie ihr Liebe auf die Welt bringen könnt, so wie eine Hebamme ein neugeborenes Kind auf dieser Erde willkommen heißt.

Wenn wir von Liebe sprechen, kann sie sich als romantische Liebe oder als Liebe zu einem Kind, einem Bruder, einer Schwester, einem Vater oder einer Mutter, einem Freund, als Liebe zur Menschheit oder zu Gott manifestieren. Die höchste Weisheit aller Zeitalter läuft letzten Endes immer wieder auf eines hinaus: in allen Menschen und Dingen und durch alle Menschen und Dinge Gott zu lieben, ihm zu dienen und seiner zu gedenken. Liebe bedingungslos, von ganzem Herzen – das ist alles, was du je lernen, tun und werden mußt – an diesem Tor, in diesem Buch, in diesem Leben. Was für Fragen du auch haben magst – Liebe ist die Antwort. Aber Lieben ist nicht so einfach, diese Erfahrung hast du in deinem Leben auch schon gemacht. Unzählige Dichter, Philosophen, Psychologen und Romantiker haben die Liebe gepriesen und über sie diskutiert, von ihr geschwärmt und sie analysiert. Doch solange unser Herz nicht erwacht, ist Liebe nur ein leeres Wort, ein Rätsel, ein wünschenswertes Ziel, aber keine lebendige Realität. Oder wie Bill Moyers einmal gesagt hat: «Selbst die Bibel ist ein verschlossenes Buch, wenn wir uns ihr nicht mit offenem Herzen nähern.»

Aber wie erweckt man sein Herz? Das ist die Frage. Willkommen am elften Tor. Der Gipfel ist in Sicht. An diesem Tor werden wir darüber nachdenken, warum man Mut braucht, um auf dieser Welt jemanden zu lieben. Wir werden der Frage nachgehen, wie und wann die Liebe ganz von selbst erblüht und auf der Basis dessen, was du bereits gelernt hast, Wege erkunden, wie man die Liebe am Leben erhalten kann – das heißt, wir werden nach dem Schlüssel zu dauerhaft liebevollen Beziehungen suchen. Im Mittelpunkt dieses Kapitels stehen

- die Frage, wie du mit Hilfe deiner Willenskraft eine neue Art des Liebens erschaffen kannst, unabhängig davon, wie liebevoll deine Gefühle im Moment gerade sind;
- Methoden, dein Herz zu erwecken und mehr Liebe in die Welt zu bringen;
- und schließlich eine Vorausschau auf kommende Veränderungen im globalen Bewußtsein, die sich in allen Bereichen der Gesellschaft auswirken werden, wenn unsere Herzen erwachen.

Liebe als Mut

Das ist nun einmal die bittersüße Wahrheit des menschlichen Lebens: Der Weg zur Liebe ist nicht nur mit Rosenblättern, sondern auch mit Dornen übersät. Am Ende deiner Reise wirst du alle Menschen und Dinge verlieren, die du je geliebt hast, deshalb erfordert es Mut, auf dieser Welt jemanden zu lieben. Du wirst die Liebe in der Sicherheit suchen, bis du entdeckst, daß es in der Liebe keine Sicherheit gibt und auch nicht zu geben braucht. Nur wenn du bereit bist, den Kummer und Schmerz des Verlustes zu riskieren, hast du genügend Vertrauen, um dein Herz der Freude zu öffnen.

Manche Menschen glauben, sich einen Seelengefährten, eine intime Beziehung zu wünschen, doch ein anderer Teil unserer Persönlichkeit möchte lieber sicher und geborgen in der Zitadelle der Isolation verharren. Als Einzelgänger kann man Distanz wahren, per Anhalter durch verschiedene Partnerbeziehungen reisen und sich beim ersten Anzeichen von Schwierigkeiten gleich wieder zurückziehen. Es erfordert Mut, den steinigen Landstraßen unserer Beziehungen zu trotzen. Es erfordert Mut, Kinder in die Welt zu setzen und zu lieben. Wir leiden unter jeder Krankheit, Verletzung und Enttäuschung, die einen geliebten Menschen trifft. Wir können nicht schlafen, wenn unsere Kinder Probleme haben, so intensiv fühlen wir ihren Schmerz mit.

Es ist viel sicherer, niemals jemanden zu lieben, denn dein Herz ist ein schlafender Riese voller Leidenschaft und Schmerz, Freude und Angst. Es ist sicherer, sich in der Rüstung deiner Einsamkeit zu verbergen wie eine Schildkröte in ihrem Panzer. Der einzige Preis, den du dafür bezahlst, ist deine Menschlichkeit.

So erfolgreich, mächtig oder reich du auch sein magst – ein Leben ohne Liebe ist nur eine Schattenwelt. Als Psychologen erstmals wissenschaftliche Studien über Gewaltverbrecher durchführten, stellten sie fest, daß diese Kriminellen in ihrer Kindheit fast ausnahmslos keine elterliche Liebe erfahren und nicht einmal ein Tier gehabt hatten, um das sie sich kümmern konnten. Ohne Liebe verkümmern wir wie eine Blume ohne Wasser. Ob du verheiratet bist oder nicht, ob du mit anderen Menschen zusammen oder allein lebst, du brauchst in deinem Leben jemanden, den du lieben kannst, um die Verheißung des elften Tores zu erfüllen. Ob das nun ein Ehepartner oder Freund ist, Kinder, Eltern oder Haustiere, spielt keine Rolle, sie alle können als Werkzeug dienen, um dein Herz zu erwecken.

Test: Ein Blick in dein Herz

Denke einmal über folgende Fragen nach. Das wird dir Klarheit darüber verschaffen, was für eine Rolle die Liebe in deinem Leben spielt:

- Was wäre dir lieber, wenn du die Wahl hättest: zu lieben oder geliebt zu werden?
- Denke einmal an fünf Menschen, die du in deinem Leben geliebt hast. Ordne diese Menschen nach dem Grad deiner Liebe in eine Skala von eins bis fünf ein. Wenn dir das schwerfällt – warum? Wenn es dir nicht schwerfällt: Warum hast du sie gerade so bewertet und nicht anders?
- Kannst du auf jemanden wütend sein und ihn gleichzeitig lieben? Finde Argumente dafür – und dann dagegen.
- Wenn es keinen Sex auf der Welt gäbe, wen würdest du dann lieben, und wie würdest du diese Liebe zeigen?
- Interessiert dieses Tor dich mehr oder weniger als die anderen? Warum?
- Wann hast du das letzte Mal zu jemandem gesagt: «Ich liebe dich»?
- Wann hast du das letzte Mal jemandem deine Liebe durch dein Verhalten gezeigt?
- Wie wäre es, wenn du alle Menschen lieben würdest, denen du begegnest – den Verkäufer auf dem Markt, den Busfahrer oder die Bankangestellte, egal, ob männlich oder weiblich, jung oder alt?
- Gibt es einen Unterschied zwischen Liebe und Güte?
- Was könntest du heute tun, um mehr Liebe in deine Welt zu bringen?

Auch bei diesem Test gibt es weder richtige noch falsche Antworten. Wir alle sind menschliche Wesen in Ausbildung, die die Kunst des Liebens gerade erst lernen. Wie bei allen Toren dient die Selbsterforschung lediglich als Realitäts-Check, damit du dich von Illusionen befreien, den Horizont deines Gewahrseins und deiner Selbsterkenntnis erweitern, Wüsten in Gärten verwandeln kannst. Diese innere Wandlung beginnt mit einem festen Vorsatz, erfordert aber auch Mut, Aufopferung und Geduld, um erblühen zu können. (Das erweckte Herz ist vielleicht noch nicht unbedingt der Himmel – aber du kannst ihn von dort aus sehen.)

Aufmerksamkeit und inneres Erwachen

In den alten spirituellen Überlieferungen Indiens und Chinas heißt es, daß unsere Aufmerksamkeit durch sieben aufeinander aufbauende Erfahrungs- und Bewußtseinsebenen aufsteigt. Auf der untersten Erfahrungsebene wird sie von Problemen des Überlebens, der Sicherheit und der Angst in Anspruch genommen. Sobald die Überlebensprobleme gelöst sind, steigt unsere Aufmerksamkeit zur zweiten Ebene auf: zwischenmenschliche Beziehungen, Vergnügen und Kummer. Auf der dritten Erfahrungsebene konzentriert sie sich auf Dinge wie Macht, Selbstdisziplin und Zorn. Um diese drei Erfahrungsebenen kreisen die Dramen unseres täglichen Lebens, denen wir auch im Film und in der Literatur immer wieder begegnen: Überleben (Angst), Beziehungen (Kummer) und Macht (Zorn). Erst wenn du deine Probleme auf diesen drei Schauplätzen gelöst hast, kann deine Aufmerksamkeit zur vierten Ebene menschlicher Erfahrung – Liebe und Dienst an der Welt – und in die mystischen Bereiche aufsteigen, die jenseits davon liegen.

Wenn du deine Aufmerksamkeit auf die unterste Ebene des Überlebens und der Angst richtest, manifestiert Liebe sich als Lust, zwanghafte Begierde und Ausnutzung. Sobald deine Aufmerksamkeit sich auf die zweite Ebene (Beziehungen und Kummer) konzentriert, manifestiert Liebe sich als romantische Sentimentalität und Sensibilität, als Wechselbad von Schmerz und Vergnügen, Streit und Versöhnung – der Stoff, aus dem die Liebesromane und Kitschfilme sind. Wenn sich die Aufmerksamkeit auf die dritte Ebene der Macht und des Zorns konzentriert, manifestiert Liebe sich als die Frage, wer von beiden Partnern in einer Beziehung dominiert und als Kampf um Selbstdisziplin, aber auch als Pflicht und Treue. Wahrscheinlich hast du alle drei Formen der Liebe schon irgendwann einmal in deinem Leben kennengelernt.

In den seltenen Augenblicken, in denen deine Aufmerksamkeit frei ist, kann dein Bewußtsein in dein Herz aufsteigen und sich dort als selbstloses Geben manifestieren – als jene Art bedingungsloser Liebe, wie Eltern sie manchmal für ihre Kinder empfinden. Aber die Aufmerksamkeit zentriert sich so selten fest und unerschütterlich in unserem Herzen (ohne immer wieder zu den Fragen und Problemen der unteren drei Ebenen zurückgezogen zu werden), daß man Menschen, die anderen eine solche bedingungslose Liebe zeigen, als «Heilige» bezeichnet. Dieser Sprung der Aufmerksamkeit von den unteren drei Zentren ins Herz hinein ist es, was ich meine, wenn ich vom *Erwecken deines Herzens* spreche. Eigentlich ist ein solches Erwachen gar kein Sprung, sondern eher eine allmähliche Einkehr: Je mehr Augenblicke befreiter Aufmerksamkeit du erlebst, um so häufiger werden Wellen der Liebe dein Herz überfluten.

Denke daran zu lieben

Die Weisheit, die Kraft, der Mut, die Liebe, das Himmelreich – sie alle liegen in unserem eigenen Inneren. Wir vergessen es nur immer wieder: Wir vergessen, Zutrauen zu uns selbst zu haben. Wir vergessen zuzuhören, und wir vergessen, auf die Stimme des Höchsten und Besten in uns zu achten. Wir vergessen es, weil wir die ganze Zeit geschlafen, geträumt, gewünscht und gehofft haben, während die Liebe uns rief, schüttelte und aufzuwecken versuchte, die Jalousien hochzog und das Licht des Bewußtseins einließ. Jetzt ist es an der Zeit, unser Leben anzupacken und unsere gegenwärtige Realität zu akzeptieren, selbst wenn wir dabei gleichzeitig unseren höchsten Idealen nachstreben.

Das Erwecken deines Herzens versetzt dich in einen natürlichen, anmutigen, euphorischen Zustand vorbehaltloser Liebe, die an keinerlei Bedingungen geknüpft ist. Das bedeutet, daß du gar nicht anders kannst, als zu lieben, selbst wenn die anderen deine Liebe nicht erwidern. Es bedeutet nicht, daß du nun immer Liebe empfindest oder alle Menschen liebst, sondern nur, daß du die Willenskraft in dir entdeckt hast, deine Mitmenschen mit Güte und Mitgefühl zu behandeln – unabhängig von deinen Gefühlen.

In deinen höchsten Augenblicken spürst du vielleicht tatsächlich ein tiefes Mitgefühl mit anderen Menschen; doch du kannst nicht auf wechselhafte Gefühle warten, die kommen und gehen wie ein launischer Liebhaber. Auf so etwas kann man sich nicht verlassen. Die romantische Liebe verwelkt wie eine Blume, es sei denn, du pflegst sie sorgfältig durch liebevolles Verhalten, so daß sie immer wieder neu erblüht.

Die Liebe beginnt bei dir selbst

Einer der seltsamsten Irrtümer, dem viele Menschen erliegen, besagt, daß es gut sei, andere Menschen zu lieben, während Eigenliebe etwas Schlechtes sei. Ich finde, daß eher das Gegenteil der Fall ist: Je mehr du diesen Aspekt des GEISTES, der dir aus dem Spiegel entgegenschaut, sehen, lieben und akzeptieren kannst, um so intensiver wirst du den GEIST auch in deinen Mitmenschen lieben können. Wenn wir alle ein und dasselbe Bewußtsein sind, das in Milliarden individueller Formen und Gestalten erstrahlt, dann beginnt jede Liebe mit der Liebe zum eigenen Ich. Wenn das Herz erwachen soll, kann es keine einzige Seele aus seiner allumfassenden Liebe ausschließen – auch nicht dich selbst. Wenn du dich selbst nicht liebst, wie kannst du dann den Raum in dir finden, um andere Menschen zu lieben?

Sich selbst zu lieben ist die Liebesübung für Anfänger, die Ausgangsbasis, um ein anderes Wesen – Mutter oder Vater, Haustier, Freund oder Partner – lieben zu lernen. Und von da aus geht es immer weiter: von der Familie bis hin zu Freunden, Kollegen, Geschäftspartnern und der größeren Welt. Am besten beginnt man bei sich zu Hause, sich in Liebe zu üben, denn zu Hause wohnt das Herz, und dort sind normalerweise auch alle Schwierigkeiten und Probleme angesiedelt. Was gibt es für einen besseren Ort, uns in grundloser Liebe zu üben, als jenen, wo wir manchmal keinen Grund zum Lieben finden können?

Wenn es für dich momentan noch keine Priorität ist, dich in Liebe zu üben – wenn du dich lieber erst einmal mit anderen Toren beschäftigen möchtest, die dir dringlicher erscheinen und dir unmittelbarer am Herzen liegen –, dann tue es. Auch das ist ein Werk deines Bewußtseins. Liebe dich selbst genug, um dir deine Menschlichkeit zu verzeihen, und laß dich einfach so sein, wie du bist. Dann wird die Liebe ganz von selbst wachsen. Liebe intensiv genug, um auf den Entwicklungsprozeß deines Lebens zu vertrauen.

Wie man die Liebe am Leben erhält

Manchmal lieben wir – und manchmal nicht. Da das Leben nur eine Serie von Augenblicken ist, die vor uns auftauchen und wieder verschwinden, kann kein Mensch einem anderen wirklich und wahrhaftig versprechen: «Ich werde dich immer lieben.» Gefühle kommen und gehen, wandeln sich und verblassen – selbst das tiefste Engagement und die festesten Vorsätze. Vielleicht hast du gerade Kummer oder bist wütend, doch du vergißt diese Gefühle vorübergehend, wenn dich etwas zum Lachen bringt oder du dir über irgend etwas Gedanken machst, was du gerade siehst oder hörst. Akzeptiere einfach die Realität, daß wir nur von Augenblick zu Augenblick existieren. Mache dir klar, daß Gefühle verblassen, wenn wir sie nicht immer wieder neu beleben, und nutze diese Erkenntnis. Vermeide es, unerwünschte Gefühle immer wieder neu zum Leben zu erwecken. Wenn dich ein geliebter Mensch verläßt, ist es vielleicht am klügsten, das lächelnde Foto vom Schreibtisch oder von der Wand zu nehmen – zumindest so lange, bis die Zeit deine offene Wunde geheilt hat.

Es ist durchaus sinnvoll, erfolgreiche Menschen zu beobachten, um herauszufinden, was für Eigenschaften und Verhaltensweisen sie miteinander gemeinsam haben, und diesem Vorbild dann nachzueifern. Wie du in dem Kapitel *Erobere dir deinen Willen zurück* erfahren hast, kommt es im Leben nicht nur darauf an, wer du bist, sondern auch darauf, was du tust. Und wenn du das gleiche tust wie andere Menschen, erhöhst du deine Chance, ähnliche Resultate zu erreichen.

Das gilt übrigens auch für Partnerbeziehungen. Denke einmal über die Charaktereigenschaften und Verhaltensweisen von Paaren nach, die schon lange zusammen sind, vor allem, wenn sie sagen, daß sie immer noch verliebt und glücklich miteinander sind. Ältere Ehepaare wie beispielsweise meine Eltern, die inzwischen schon fast sechzig Jahre verheiratet sind, haben gelernt, daß Liebe nicht nur etwas mit Sex zu tun hat – daß man die Liebe immer und immer wieder neu erschaffen muß. Da Liebe ebenso verblaßt wie alle anderen Gefühle, kann man eine langjährige Beziehung nur dadurch nähren, daß man das Gefühl der Liebe immer wieder neu entfacht. Man kann sein Herz nicht nur ein einziges Mal erwecken, es muß immer wieder von neuem erweckt werden. Meinen Erfahrungen, Beobachtungen und Nachforschungen zufolge haben Paare, die schon lange zusammen sind, einige oder alle der folgenden Verhaltensweisen gemeinsam, mit denen sie ihre Liebe immer wieder neu zum Leben erwecken:

- Sie zeigen dem Partner ihre Wertschätzung und Anerkennung mit lieben Worten und Komplimenten.
- Sie halten sich mit Nörgeleien und Kritik zurück (und wenn sie doch einmal Kritik üben müssen, tun sie es in sanfter, behutsamer, rücksichtsvoller Form).
- Sie küssen oder berühren sich stets voller Fürsorge und Zuneigung – nicht nur beim Sex, sondern auch sonst.
- Sie sind stets treue Freunde, die sich gegenseitig unterstützen.
- Sie bringen ihre Gefühle und Bedürfnisse zum Ausdruck.
- Sie sagen oft: «Danke» oder «Es tut mir leid».
- Sie verzeihen dem anderen und bitten ihn auch um Verzeihung.
- Sie können gut zuhören und achten auf die Gefühle und Bedürfnisse ihres Partners.
- Sie betrachten sich selbst mit Humor.
- Die Bedürfnisse ihres Partners sind für sie nicht wichtiger oder weniger wichtig, sondern genauso wichtig wie ihre eigenen.
- Sie gehen im Sex liebevoll und einfühlsam aufeinander ein und sprechen auch miteinander über ihre sexuellen Wünsche und Bedürfnisse.
- Sie akzeptieren die Unvollkommenheit ihres Partners, statt ihn beherrschen oder verändern zu wollen, damit er so wird, wie sie ihn sich wünschen.
- Sie haben jeder ihre eigenen Interessen und Freunde und lassen dem Partner genügend Freiraum, um diesen Interessen nachzugehen; und anschließend lassen sie ihn an allem teilhaben, was sie dabei erlebt haben.

Aus dieser Weisheit, mit der langjährige Lebenspartner das Licht ihrer Liebe am Leuchten erhalten, ergeben sich ein paar einfache Prinzipien, die auch du in deiner Partnerschaft befolgen kannst.

- Vergiß nicht, deinen Partner (und deine Kinder) jeden Tag zu küssen oder zu umarmen.
- Wenn es angebracht ist, gönne dem (oder den) Menschen, den (die) du liebst, eine einminütige Rücken-, Nacken- oder Fußmassage. (Kannst du eine Minute erübrigen, um die Liebe am Leben zu erhalten?)
- Überlege dir für Geburtstage und Hochzeitstage und am Valentinstag immer etwas ganz Besonderes und überrasche den geliebten Menschen auch ab und zu spontan mit einer Blume, einem Briefchen, einem Gedicht oder Buch – einem konkreten Zeichen deiner Liebe.
- So beschäftigt ihr auch sein mögt, vor allem, wenn ihr Kinder habt – geht mindestens einmal pro Woche miteinander aus, und wenn es auch nur für einen Spaziergang ist.
- Wenn dein Partner böse auf dich oder vielleicht auch nur deprimiert ist, stelle ihm Fragen, lasse ihn anschließend sprechen und höre einfach nur zu.
- Suche nach schätzenswerten Eigenschaften und Verhaltensweisen bei deinem Partner und lobe sie in freundlichen, liebevollen Worten.
- Wenn du dich doch einmal über irgend etwas beschweren mußt, benutze das Wort «ich» (oder «mir») häufiger als das Wort «du» – zum Beispiel: «Es fällt mir schwer, damit zurechtzukommen» statt «Du enttäuscht mich wirklich sehr, wenn du das tust».
- Bedanke dich bei jeder Gelegenheit bei deinem Partner, und entschuldige dich auch immer sofort, wenn du etwas falsch gemacht hast, und zwar nicht in allgemeinen Formulierungen, sondern sehr detailliert – zum Beispiel: «Vielen Dank, daß du mir heute mein Lieblingsessen gekocht hast» statt «Ich danke dir dafür, daß du dir immer so viel Mühe gibst»; oder «Es tut mir leid, daß ich Bernd das verraten habe, obwohl du mich gebeten hattest, es nicht zu tun» statt «Tut mir leid – ich rede einfach zuviel».

Laut Meldungen der amerikanischen Forstverwaltung kann die Glut eines Feuers den ganzen Winter über unter der Schneedecke weiterschwelen, das gilt auch für die Glut einer Liebesbeziehung. Solange nur noch ein einziges Holzscheit glüht, kann ein Paar das Feuer der Liebe, das schon erloschen zu sein scheint, immer wieder neu entfachen. Manchmal wird die Liebe durch Kritik, Nörgeleien und ständige Herabsetzung des Partners erstickt oder durch tausend kleine Verletzungen beinahe zum Erlöschen gebracht. Dann können Worte des Dankes und der Anerkennung, die Bitte um Entschuldigung und aufrichtige Vergebung das Feuer der Leidenschaft und Hingabe wieder neu entfachen.

Liebe als Tun

Reden ist leicht, aber Lieben ist schwierig. Dein Herz zu erwecken, erfordert mehr als nur sentimentale Gefühle oder gute Absichten. Es erfordert Zeit, Energie und Aufmerksamkeit – du mußt die Menschen, die du liebst, mit der gleichen Aufmerksamkeit behandeln, wie du sie einem Ehrengast erweisen würdest. Beziehungen kann man nicht auf bloßen Worten oder Gefühlen aufbauen. Wahre Liebe erschöpft sich nicht in Emotionen oder schönen Worten, wahre Liebe bedeutet Tun. Deine Liebe ist stets nur so groß wie das, was du tust.

Du weißt inzwischen, daß du nicht mehr Kontrolle über deine Gefühle hast als über das Wetter. Du kannst dich nicht dazu zwingen, dich zu ver- oder zu entlieben. Aber dein Verhalten kannst du steuern – du kannst dich einem anderen Menschen gegenüber gütig, aufmerksam und mitfühlend verhalten, selbst wenn du in diesem Augenblick gar keine Liebe für ihn empfindest. Das ist der Beginn der bedingungslosen Liebe und des Glücklichseins ohne Grund.

Die Worte «Liebe» und «Glück» drücken denselben Seinszustand aus, sie haben den gleichen physiologischen Fingerabdruck: Das heißt, bei beiden werden die gleichen Chemikalien in den Blutkreislauf ausgeschüttet. Wenn du liebst, bist du glücklich, und wenn du glücklich bist, hast du liebevolle Gefühle. Dein Herz zu erwekken bedeutet, ohne Grund und Verstand glücklich zu sein. Wenn du deinen Willen so weit meisterst, daß du liebevoll handeln kannst – daß du deinen Mitmenschen jederzeit Freundlichkeit und Mitgefühl entgegenbringen kannst, auch wenn du vielleicht momentan etwas ganz anderes empfindest –, dann entwickelst du die Fähigkeit des bedingungslosen Liebens.

Vorbehaltlose Liebe – und Liebe mit Vorbehalten

Liebe, die an bestimmte Bedingungen geknüpft ist, bringt man nur einem einzigen Menschen entgegen. Das ist das Anfangsstadium der Liebe. Eine solche Liebe kann positive Gefühle der tiefen, zärtlichen Achtung, Leidenschaft, Zuneigung und Sorge um den anderen einschließen, die aus Hingabe, sexueller Begierde, Anziehungskraft, Sympathie oder herzlicher persönlicher Anhänglichkeit entspringen, doch all diese Gefühle können im Lauf der Zeit auch wieder verblassen.

Bei der Eheschließungszeremonie geloben wir, einander zu lieben und zu ehren, bis daß der Tod uns scheidet, doch solche Versprechungen sind unrealistisch. Frage nur einmal geschiedene Ehepaare, die meisten werden es dir bestätigen. Da die an Bedingungen geknüpfte Liebe eine *persönliche* Liebe ist – gebunden an bestimmte Eigenschaften, das Aussehen oder andere Merkmale eines ganz speziellen Menschen –, kann diese Liebe wieder verblassen, sobald die Eigenschaften, das Aussehen oder die sonstigen Merkmale des geliebten Menschen sich verändern oder verschwinden.

Solange wir uns nicht von dieser «Liebe mit Vorbehalten» zur vorbehaltlosen Liebe weiterentwickeln, werden die Regale der Buchhandlungen immer voller Ratgeber für leidende, mit Beziehungsproblemen kämpfende Paare sein, die sich fragen, ob sie zusammenbleiben sollen oder nicht, weil ihre Partnerschaft ihnen keine Erfüllung schenkt.

Bedingungslose Liebe hingegen kennt keine Grenzen, Einschränkungen oder Bedingungen. Sie liebt ohne Grund und Verstand, gleichgültig, ob sie auf Gegenliebe oder auch nur auf Wertschätzung stößt. Sie fordert nichts und gibt, was sie kann. Eine solche Liebe kann zäh und hartnäckig oder zart und empfindlich sein, aber sie ist stets voller Güte. Für sie ist das Leben anderer Menschen genausoviel – nicht mehr und nicht weniger – wert wie das eigene.

Diese bedingungslose Liebe umfaßt gleichzeitig die Seelen aller Menschen, selbst wenn man nur mit einem einzigen Partner zusammenlebt. Alle Menschen zu lieben, bedeutet nicht unbedingt, daß man mit allen sexuellen Kontakt haben muß. Beim zehnten Tor haben wir bereits gesehen, daß Sexualität unserer spirituellen Entwicklung am förderlichsten ist, wenn wir sie in einer festen, dauerhaften Beziehung ausleben. Aber wir können auch Freunden, Bekannten und anderen Mitgliedern unserer menschlichen Familie gleichermaßen Liebe entgegenbringen, ohne das Heiligtum unserer wichtigsten Beziehung zu gefährden – die einzige Domäne sexueller Intimität.

Der wichtigste Schauplatz und die wichtigste Schule bedingungsloser Liebe ist die Elternschaft. Jene Worte, die schon Millionen Male mit feierlichem Ernst bei der Eheschließung ausgesprochen wurden, treffen eigentlich viel eher auf unsere Liebe zu unseren Kindern zu. Unsere Kinder lieben wir heftig und leidenschaftlich, von ganzem Herzen, in Freud und Leid, egal, ob sie reich oder arm, krank oder gesund sind – bis daß der Tod uns scheidet. Unsere Kinder lehren uns das Lieben viel mehr, als wir es sie lehren können.

Wenn du auch nur einen einzigen Menschen mit inbrünstiger, aufopfernder, bedingungsloser Großmut lieben kannst, dann kannst du viele Menschen lieben. Du mußt nur lernen, das Netz deiner Liebe weit genug auszuwerfen, so daß es alle Menschen als deine Kinder, deine Brüder und Schwestern einschließt. Das ist keineswegs nur eine idealistische Wunschvorstellung, sondern ein Vorgeschmack und eine Prophezeiung deiner Bestimmung.

Überpersönliche Liebe: die erste mystische Übung

Wahre Liebe ist selten, aber es gibt sie, und zwar nicht nur im Märchen. Jeder Mensch hat schon Augenblicke bedingungsloser (selbstloser) Liebe – des reinen Altruismus – erlebt. Eine solche Liebe zieht dich zu höheren Ebenen der Erfahrung empor, wo Fleisch und Geist einander begegnen, wo du mit deinem höheren Selbst in Verbindung trittst, das in den alten Überlieferungen beschrieben wird. Deshalb ist Liebe die erste mystische Übung.

Überpersönliche Liebe ist ein Widerspruch zwischen zwei Ideen, die auf den ersten Blick unvereinbar zu sein scheinen. Überpersönlich bedeutet ja «über das Persönliche hinausgehend oder jenseits des Persönlichen liegend», während wir Liebe normalerweise als etwas sehr Persönliches empfinden. (Wie würde es klingen, wenn du deinem Partner erklärtest: «Ich liebe dich, aber das hat nichts mit dir persönlich zu tun?») Überpersönliche Liebe läßt uns über unser Ich – unsere von allen anderen Menschen getrennte Individualität – hinauswachsen. Aus der Perspektive dieses Bewußtseins betrachtest du alle Seelen mit Liebe und hüllst sie in einen Mantel der Güte und des Mitgefühls ein. In deiner Frau liebst du alle Frauen, in deinem Mann alle Männer, in deinen Kindern alle Kinder, in deinen Freunden alle Menschen dieser Welt. In solchen Augenblicken, in denen dieses Gewahrsein dein Herz erweckt, entdeckst du in dir die Willenskraft, trotz deiner wechselnden Stimmungen, Gefühle oder Neigungen stets liebevoll zu handeln.

Liebe und Willenskraft

Die Brücke deiner Willenskraft verwandelt die Liebe aus etwas, wonach du suchst, in etwas, was du anderen Menschen schenkst. Statt von wechselhaften Gefühlen abhängig zu sein, baust du dein Leben auf mitfühlendem Verhalten auf. Denn wie du inzwischen schon weißt, sind Gefühle wankelmütig und unbeständig. Empfindungen der Leidenschaft, des inneren Engagements und der sexuellen Begierde können in Gleichgültigkeit, Eifersucht, ja sogar Feindseligkeit umschlagen. Wahre Liebe kann nicht warten, bis du in der richtigen Stimmung dafür bist, sie wird durch das Feuer deines Handelns entfacht. Wenn du anderen Menschen Liebe zeigen und sie gütig und mitfühlend behandeln kannst, ob dir nun danach zumute ist oder nicht, so hast du den Gipfel menschlicher Reife erlangt. Das bedeutet nicht, daß du dich dann wie ein Heiliger benimmst und nur noch süße Worte von deinen Lippen strömen, sondern daß selbst dein Zorn, deine Kritik, deine Traurigkeit und andere ganz normale Gefühle, die du vielleicht äußerst, in aufrichtiger Liebe wurzeln. Wenn deine Frau, dein Kind, dein Freund oder Partner dich anschreit oder dir Vorwürfe macht, wirst du wahrscheinlich in diesem Augenblick weder Liebe noch Mitgefühl für sie empfinden, trotzdem hast du dann immer noch die Kraft, dich ihnen gegenüber gütig und freundlich zu verhalten.

Wenn du den Weg der Erleuchtung im Alltag gehst, sind Liebe, Glück und das Erwecken deines Herzens keine passiven Gefühle mehr, auf die du hoffst oder wartest oder die du dir wünschst. Denn dann verwandelt Liebe sich in Tun, Glück wird zu einer Verhaltensweise. Du liebst ohne Grund und verhältst dich wie ein Mensch, der unvernünftig glücklich ist.

Natürlich muß man sich an ein solches Verhalten erst einmal gewöhnen. Ich kann nur wiederholen: Um dein Herz zu erwecken, brauchst du nicht dauernd liebevolle Gefühle zu haben (und das kannst du auch gar nicht) – du mußt dich nur liebevoll und gütig *verhalten.* Auch die Heiligen haben manchmal Zorn, Kummer und Angst empfunden, da kein Mensch seine Gefühle unter Kontrolle hat, aber sie sprachen und handelten stets mit Liebe, und das machte sie zu Heiligen. Immer wenn du dich gütig verhältst, obwohl dir gar nicht danach zumute ist, hast du dich für diesen Augenblick in den Zustand der Heiligkeit erhoben.

Darin besteht das große Geheimnis der Liebe: Treue und Ergebenheit ist nichts, was man empfindet, sondern etwas, was man tut – und Güte, Freundschaft und Ehrlichkeit ebenso. Deshalb ist Liebe die erhabenste und schwierigste spirituelle Disziplin, die es gibt.

Es ist schon ein bißchen peinlich,
sich ein Leben lang mit dem Problem des Menschseins
beschäftigt zu haben,
nur um am Ende herauszufinden,
daß man den Menschen nur einen einzigen Rat geben kann:
«Versuche, ein bißchen gütiger zu sein.»

Aldous Huxley

Liebe als spirituelle Übung

Ohne Herzensgüte gibt es keine Spiritualität. Allein in deinem Zimmer zu sitzen und über ein blaues Licht oder die höchste Wahrheit zu meditieren bringt dir viel weniger, als von Augenblick zu Augenblick eine offene, aufgeschlossene Beziehung zum Leben herzustellen. Erleuchtung im Alltag ist in erster Linie eine liebevolle Umarmung des gegenwärtigen Augenblicks. Eine solche Liebe kann man im täglichen Leben praktizieren – beim Einkaufen oder Busfahren, bei der Zubereitung des Abendessens oder bei der Zusammenarbeit mit Kollegen oder Kunden.

Am fünften Tor – *Bezähme deinen Geist* – hast du gelernt, daß du es bis zu einem gewissen Grad unter Kontrolle hast, wohin du deine Aufmerksamkeit lenkst. Diese Fähigkeit kannst du auch dazu einsetzen, deine Stimme, deinen Tastsinn, dein Sehen, dein Hören, ja sogar deine Gedanken zu einer Form der spirituellen Übung im Alltag zu machen.

Dein Herz ist nicht einfach nur ein Muskel in deiner Brust, es ist gleichzeitig auch das mystische Zentrum der Liebe. Natürlich kannst du mit und aus deinem ganzen Körper und Sein heraus lieben, doch alle Kulturen, die ich kennengelernt habe, assoziieren Liebe mit dem Herzen. Dieser gleichmäßig schlagende Muskel, der das Leben durch deinen Körper pumpt, ist das Zentrum der Liebe. Selbst Kinder wissen das schon. Vor ein paar Jahren saß ich bei einem gemeinsamen Abend mit Freunden einmal neben einem dreijährigen Jungen. Wir lauschten der Musik eines Cellovirtuosen aus China. Einem plötzlichen Impuls folgend, fragte ich den Jungen, wo er diese Musik spüre. «Hier», sagte er ganz klar und berührte seine Brust. «Ich spüre sie hier.»

Das Herz ist die Visitenkarte Gottes. Es schlägt im Rhythmus des Geheimnisses von Leben, Hoffnung, Inspiration und Liebe. Normalerweise richtest du deine Aufmerksamkeit nicht auf dein Herz, sondern auf deine Gedanken und dein Tun. Wenn du deine Aufmerksamkeit beim Sprechen, Sehen, Hören, Berühren oder Denken auf dein Herz konzentrierst, so ist das bereits eine einfache Form der Meditation, um dein Herz zu erwecken.

Von Anfang an war die Befreiung deiner Aufmerksamkeit ein wichtiges Thema dieses Buches. Darin besteht das Ziel der zwölf Tore – nicht nur als Selbstzweck, sondern damit die befreite Aufmerksamkeit in dein Herz aufsteigt, so daß du ganz natürlich aus dem Herzen heraus sprechen, denken, hören, berühren und handeln kannst. Solange du solche Augenblicke nicht spontan erlebst, kannst du den Weg der Erleuchtung im Alltag gehen, indem du deine Aufmerksamkeit auf dein Herz richtest und erlebst, wie die Liebe erwacht.

- Statt dich auf diese Buchseite oder auf deine Gedanken zu konzentrieren, richte deine Aufmerksamkeit gleich jetzt in diesem Augenblick auf dein Herz. Spüre dein Herz. (Vielleicht hilft es dir am Anfang, wenn du die Hand darauf legst.)

- Spürst du eine feine, kaum merkliche Veränderung in der Qualität deines Gewahrseins, wenn du dir deines Herzens bewußt wirst? Achte einmal auf diese geläuterte Form des Fühlens, die über Angst, Kummer und Zorn hinausgeht.
- Denke daran: Das ist keine schwierige oder esoterische Übung, sondern ein ganz einfacher Akt des Gedenkens, zu dem du jederzeit und in jeder Situation in der Lage bist.

Es ist in vielen alten spirituellen und mystischen Traditionen überliefert, daß wir die Liebe und Inspiration unseres höheren Selbst zuerst im Herzzentrum erfahren und dort mit ihr in Verbindung treten – nicht in den darunterliegenden Körperregionen. Wie schon gesagt: Die Liebe ist der Beginn aller mystischen Übungen. Wenn wir lieben, regt sich in uns zum ersten Mal ein Gespür für die Einheit, für das überpersönliche Leben, und die Sprache der spirituellen Lehren – von der Bibel bis hin zur Bhagavad-Gita – beginnt plötzlich einen Sinn zu ergeben. Deshalb kann diese einfache Übung die Qualität deines Lebens verändern – wenn du daran denkst, sie regelmäßig zu machen.

Nachdem du ein paarmal geübt hast, deine Aufmerksamkeit auf dein Herz zu richten, bist du bereit für die folgenden mystischen Übungen, die dir helfen sollen, dein Herz zu erwecken.

Aus dem Herzen heraus sprechen

Wenn du zwei Gitarren (oder andere Saiteninstrumente) nebeneinanderlegst und an einer Gitarre beispielsweise die D-Saite zupfst, beginnt auch an der Gitarre daneben die D-Saite zu vibrieren. Dieses Phänomen, das man als Resonanz oder Mitschwingung bezeichnet, existiert auch bei der menschlichen Stimme, und zwar folgendermaßen: Wenn du aus dem Kopf heraus sprichst (das heißt, deine Aufmerksamkeit auf deine Gedanken richtest), versetzt du damit das Denken anderer Menschen in Resonanz. Wenn du dagegen aus dem Herzen heraus sprichst (das heißt, wenn deine Aufmerksamkeit sich auf dein Herz konzentriert), bringst du das Herz deiner Mitmenschen zum Schwingen. Dieser bewußte, wohlüberlegte Akt – daß du daran denkst, beim Sprechen, Visualisieren, Sehen, Berühren oder Zuhören deine Aufmerksamkeit auf (oder in) dein Herz zu richten – spiritualisiert deine Sinne. Dieser Akt der Gefühlsaufmerksamkeit ist eine der wichtigsten Übungen zur Erleuchtung im Alltag.

Es ist überhaupt nichts dagegen einzuwenden, aus dem Verstand heraus zu sprechen. Wenn dich zum Beispiel jemand um eine Information bittet, wirst du wahrscheinlich darüber nachdenken (das heißt, deine Aufmerksamkeit auf deinen Verstand richten) und auch aus dem Verstand heraus antworten.

Doch wenn du aus dem Herzen heraus sprichst, baust du eine Brücke der Liebe und des Verständnisses zwischen dir und einem anderen Menschen auf, du verbindest dein höheres Selbst mit dem seinen. Dieses Sprechen aus dem Herzen heraus ist nicht etwa nur etwas Sentimentales oder Persönliches, sondern eher etwas Überpersönliches. Du brauchst dabei keinen besonderen Tonfall anzunehmen, du kannst ganz normal, nüchtern und sachlich mit den Leuten sprechen. Die Qualität deiner Gefühlsaufmerksamkeit bewirkt den Unterschied. Das ist zwar eine ganz einfache Übung, aber für viele Menschen ist sie neu, und deshalb möchte ich die wichtigsten Punkte an dieser Stelle noch einmal zusammenfassen:

- Richte deine Aufmerksamkeit auf dein Herz – spüre dein Herz.
- Sprich ganz normal, und bleibe dir dabei deines Herzens bewußt.
- Mit anderen Worten: Während du sprichst, verbindest du deine Stimme mit deinem Herzen und erfüllst sie mit Gefühlsaufmerksamkeit.

Als ich dieses Sprechen aus dem Herzen heraus erlernte, war es für mich eine Übung oder Technik zur Erweckung meines Herzens, genau wie ich es dir jetzt empfehle. Doch inzwischen kann ich gar nicht mehr anders, als aus dem Herzen heraus zu sprechen, es ist mir in Fleisch und Blut übergegangen, da meine Aufmerksamkeit immer mehr in meinem Herzen wohnt. Wenn ich Vorträge oder Seminare halte, referiere ich zwar vielleicht Informationen, über die ich geschrieben habe, dennoch haben meine Worte eine ganz besondere Wirkung, und das liegt daran, daß ich aus dem Herzen heraus spreche – es findet eine Übertragung von Herz zu Herz statt, die weit über den eigentlichen Inhalt meiner Worte hinausgeht.

Diese mystische Übung kannst du in dein tägliches Leben und

deine tägliche Arbeit integrieren – ob du nun mit deinen Kindern, Freunden, Kunden, Nachbarn oder mit dem Verkäufer im Lebensmittelladen sprichst. Während du scheinbar nur einkaufst, Produkte oder Dienstleistungen verkaufst oder an Besprechungen teilnimmst, kann deine Stimme Teil einer geheimen, unterschwelligen spirituellen Bewegung werden, die die Herzen anderer Menschen berührt und gleichzeitig dein eigenes Herz erweckt: Du kannst dadurch mehr Liebe in die Welt hineintragen. Wenn du diese Technik beherrschst, wirst du nie wieder nur Unterricht geben, verkaufen, Menschen trainieren, managen, etwas bauen oder jemanden beraten, vielmehr wird deine Arbeit und dein Leben für andere Menschen zu einer Quelle des Lichts und der Liebe werden.

Inneres Sprechen: Aus dem Herzen heraus visualisieren

Sobald du dir deines Herzens bewußt wirst, bist du nicht mehr auf die Sprache beschränkt. Du kannst auch eine Verbindung zwischen deinem Herzen und deinen Gedanken herstellen und anderen Menschen innere Worte – beispielsweise heilende Wünsche oder einen Segen – senden. Mit diesem inneren Sprechen kannst du die Grenzen von Zeit und Raum überwinden. Du kannst einem Menschen ganz in deiner Nähe (der im selben Zimmer sitzt oder neben dir schläft) eine innere Botschaft der Liebe und des Wohlwollens senden, aber auch jemandem, der Tausende von Kilometern von dir entfernt ist, jemandem, der im Koma liegt oder sogar jemandem, der schon verstorben ist. Die Methode ist genau die gleiche wie beim verbalen Sprechen:

- Richte deine Aufmerksamkeit auf dein Herz. Spüre es.
- Stelle dir die Person (oder die Personen), die du mit deiner Botschaft erreichen möchtest, in Licht eingehüllt vor.
- Denke oder sprich innerlich Worte wie: «Ich liebe dich, ich unterstütze dich, Gott segne dich.» Auf den genauen Wortlaut kommt es dabei gar nicht so sehr an – wichtig ist nur, daß du an dein Herz denkst und es spürst, während du deine Wünsche übermittelst.

Weiß ich mit hundertprozentiger Sicherheit, daß deine Worte einen verstorbenen Menschen erreichen werden? Nein. Sicherer bin ich – aufgrund von eigenen Erfahrungen und Berichten vieler anderer Menschen, die diesen einfachen Akt der Liebe praktiziert haben – allerdings, daß lebende Menschen deine Botschaft erhalten werden, ob sie nun ganz in der Nähe sind oder am anderen Ende der Welt. Vielleicht empfangen sie sie nicht bewußt; aber ich habe schon zu oft plötzlich aus heiterem Himmel einen Anruf bekommen und zu häufig erlebt, wie schwierige Beziehungen plötzlich wieder in Ordnung kamen, um an der Wirksamkeit dieser Methode zweifeln zu können. Natürlich mußt du sie selbst ausprobieren und deine eigenen Erfahrungen damit machen.

Aus dem Herzen heraus sehen

In meinem Buch *Die Rückkehr des friedvollen Kriegers* benutzt die hawaiianische Kahuna-Meisterin Mama Chia den Begriff «mit den Augen des Herzens sehen». Für mich war das damals nur eine poetische Metapher – bis ich lernte, wie man es macht.

- Richte deine Aufmerksamkeit auf dein Herz. Spüre es.
- Und dann betrachte die Welt mit den Augen des Staunens und der Liebe.

Das kannst du gleich jetzt tun, indem du dir deines Herzens bewußt wirst und alles, was du siehst, mit den Augen des Herzens betrachtest. Das kann ein Baum, ein anderer Mensch oder ein zerknülltes Stück Papier auf dem Fußboden sein. Du kannst ein Auto oder ein Gebäude betrachten und dabei an die Mühe, Kreativität und harte Arbeit denken, die Menschen aus den verschiedensten sozialen Schichten und Berufen aufbringen mußten, um aus den Rohmaterialien, die die Erde uns liefert, solche Wunderwerke zu schaffen. Denke an den Mut, die Energie und das hingebungsvolle Engagement, die dazu notwendig waren. Und wenn du ein Werk der Natur betrachtest – einen Stein, einen Baum oder eine Wolke –, dann denke daran, wie und von wessen Hand diese Dinge erschaffen wurden.

Es gibt auch noch eine andere Methode, eine Verbindung zwischen Herz und Augen herzustellen und dadurch spirituell mit einem anderen menschlichen Wesen in Kontakt zu treten. Denke zunächst einmal darüber nach, wie kurz wir anderen Menschen normalerweise in die Augen schauen. Vielleicht werfen wir einen flüchtigen Blick zu ihnen hinüber, doch dann wenden wir unsere Augen rasch wieder ab – oder wir sehen sie an, ohne etwas dabei zu fühlen. Das ist merkwürdig, denn unsere Augen sind wirklich und wahrhaftig die Fenster unserer Seele. Um neu sehen zu lernen, solltest du einmal folgende Übung ausprobieren und beobachten, was für eine Wirkung sie hat:

- Stelle Blickkontakt mit einem anderen Menschen her. Das muß kein langer Blickwechsel sein und auch kein gekünsteltes Hinüberstarren, und du mußt dich dabei auch nicht um einen besonderen Gesichtsausdruck bemühen. Entspanne und öffne dich einfach und stelle eine Verbindung zwischen deinem Herzen und deinen Augen her.
- Wenn eure Blicke sich begegnen, laß diesen Menschen durch deine Augen dein Herz sehen. Versuche dabei nicht, Liebe oder irgend etwas anderes aus deinen Augen zu ihm hinüberzuprojizieren. Es handelt sich hier um eine rezeptive Übung, bei der du dein Herz spürst, deine Augen öffnest und einer anderen Person Einblick in die Liebe und das Mitgefühl gewährst, das du für sie als mitmenschliches Wesen empfindest. Um es noch einmal zu betonen: Dies ist kein persönlicher Flirt, sondern eine überpersönliche Übung. Es spielt keine Rolle, ob der Mensch, mit dem du Blickkontakt aufnimmst, männlichen oder weiblichen Geschlechts ist. Aus dem Herzen heraus zu sehen – andere Menschen durch deine Augen dein Herz sehen zu lassen –, schlägt eine Brücke zwischen zwei Seelen, in der sich unser gemeinsames Menschsein widerspiegelt.

Andere Menschen aus dem Herzen heraus berühren

Es ist kein Zufall, daß wir sagen, wir seien innerlich «berührt» oder «gerührt», wenn uns etwas zu Herzen geht. Der Tastsinn – unser Bedürfnis, zu berühren und berührt zu werden – spielt für unser psychisches, ja sogar für unser physisches Überleben eine wichtige Rolle. Zahlreiche Studien haben gezeigt, daß Affenbabys, die ohne Berührungen aufwachsen, verkümmern oder gar sterben, und das gleiche kann auch mit menschlichen Kleinkindern passieren. Du kannst deinen Tastsinn folgendermaßen spiritualisieren:

- Richte deine Aufmerksamkeit auf dein Herz. Spüre es.
- Bewahre dir dieses Herzensbewußtsein, während du einen anderen Menschen berührst.

Spielt es wirklich eine Rolle, ob du dir deines Herzens bewußt bist, wenn du jemandem die Hand gibst oder ihn auf andere Art und Weise berührst? Diese Frage kannst du nur aufgrund deiner eigenen Erfahrung beantworten. Ich vermute, daß du den Unterschied in deinem eigenen Herzen spüren wirst, in der Qualität deiner Aufmerksamkeit und Verbindung zu diesem anderen Menschen. Und er wird ihn ebenso spüren.

Aus dem Herzen heraus zuhören

Viele Buddhisten glauben, daß man durch intensives Lauschen – allein indem man zuhört – Leiden lindern kann. Dieses Lauschen aus dem Herzen heraus ist für viele Menschen vielleicht die wichtigste Übung. Für viele von uns ist Zuhören nichts anderes als eine Chance, darüber nachzudenken, was wir als nächstes sagen werden, während unser Gegenüber spricht. Die meisten Menschen haben schon lange, bevor sie schwerhörig werden, Probleme mit dem Zuhören. Wir vergessen die Namen anderer Leute sofort wieder, weil wir sie überhaupt nicht richtig gehört haben – weil wir mit unserer Aufmerksamkeit woanders waren. Mit der folgenden Übung kann man Beziehungen intensivieren, reparieren, ja unter Umständen sogar retten:

- Richte deine Aufmerksamkeit auf dein Herz. Spüre es.
- Stelle durch diesen Akt der Aufmerksamkeit ganz bewußt eine Verbindung zwischen deinem Herzen und deinen Ohren her.
- Richte deine Gefühlsaufmerksamkeit auf deine Ohren (statt auf deine Gedanken) – höre einfach zu.

Auch wenn die anderen Menschen es vielleicht nicht immer bewußt registrieren – ein Teil von ihnen weiß doch, ob du wirklich zuhörst oder nicht. Aufmerksamkeit, die von Herzen kommt – die Worte deines Gegenübers in diesem Augenblick als das Wichtigste auf der Welt zu betrachten –, ist eines der größten Geschenke, die du deinen Mitmenschen machen kannst. Damit bietest du ihnen Wertschätzung und Bestätigung und machst ihnen Mut, sich dir zu öffnen und dir ihre Wahrheit zu enthüllen.

Wenn du wirklich aus dem Herzen heraus zuhörst, hast du dabei keinerlei Werturteile, Erwartungen oder Meinungen. Du betrittst die Welt der anderen Menschen, ohne von ihnen zu verlangen, daß sie auch die deine betreten. Und ohne zu wissen, warum, werden sie dich wahrscheinlich als einen der charmantesten Unterhalter empfinden, den sie je kennengelernt haben.

Das heilende Herz

Diese einfachen, angenehmen Übungen, mit denen du dein Herz mit deiner Stimme, deinen Gedanken, deinen Augen, deinem Tastsinn und deinem Gehör verbinden kannst, sind spirituelle Praktiken, durch die zwischenmenschliche Beziehungen sich emotional heilen lassen. Wenn deine Aufmerksamkeit in deinem Herzen ruht, hat sie sich über Angst, Kummer und Zorn erhoben. Durch diese aus tiefstem Herzen kommenden Übungen kann deine Aufmerksamkeit sich über die Stürme deines Gefühlslebens in den unendlichen Raum der Liebe hinein aufschwingen. Ob du ihre Wirkung auf andere Menschen nun registrierst oder nicht – ihre Wirkung auf dein eigenes erwachendes Herz wirst du bald zu spüren bekommen.

Liebe heilt alle Menschen:
nicht nur diejenigen, die sie empfangen,
sondern auch diejenigen, die sie geben.

Dr. Karl Menninger

Herzen, Blumen und globale Veränderungen

Wenn dein Herz erwacht und dein Gefühl der Trennung und Isolation von anderen Menschen zu verblassen beginnt, werden dir viele Veränderungen in deiner Wahrnehmung und deinem Verhalten auffallen.

Von individuellen Unterschieden zum gemeinsamen Menschsein

Die Menschen, die du früher als Fremde betrachtet hast, werden für dich nun zu Mitgliedern der menschlichen Familie, zu der auch du selbst gehörst. Während du dir unseres vielfältigen globalen Erbes verschiedenster Religionen, Kulturen und Rassen – der Schatzkammer unserer menschlichen Weisheit – bewußt bist und es auch akzeptierst und zu würdigen weißt, wirst du doch über diese Unterschiede hinaussehen und auf den tieferen Ebenen unseres gemeinsamen Menschseins mit anderen in Verbindung treten.

Selbst wenn wir verschiedene Sprachen sprechen und unterschiedliche Sitten und Gebräuche, Religionen und Rituale haben, gibt es doch unendlich mehr Gemeinsamkeiten als Unterschiede zwischen uns. Sobald deine Wahrnehmung sich verändert, wirst du in jedem menschlichen Wesen deinen Bruder oder deine Schwester sehen – Menschen, die sich gemeinsam mit dir auf dieses Abenteuer des Lebens eingelassen haben, die nach einem Sinn und einem Ziel, nach Glück und Liebe suchen – die dieselbe Mutter Erde miteinander teilen, morgens dieselbe Sonne aufgehen und abends wieder untergehen sehen, dieselben Rhythmen der Natur und des menschlichen Lebens spüren. Menschen, die genau wie du ihre Kinder lieben, nachts unter demselben Mond und Sternenhimmel sitzen, nachdenken, träumen und an ihrer Lebensgeschichte weiterspinnen.

Von der Konkurrenz zur Kooperation

Sobald dein Herz für die Einheit zwischen allen Menschen erwacht, wirst du dich zwar nach wie vor um herausragende Qualität und Spitzenleistungen bemühen, aber du wirst die Freude am Konkurrenzdenken verlieren. Statt dessen wirst du mit wachsendem Engagement mit anderen Menschen auf gemeinsame Ziele hinarbeiten. Diese Veränderung wird dir nicht von außen aufgezwungen werden, sondern von innen heraus kommen – sie erwächst nicht aus abstrakten philosophischen oder politischen Ideen, sondern aus einem realistischen Verständnis dafür, wie wir im neuen Jahrtausend gemeinsam überleben und erfolgreich sein können. Der natürliche Impuls, uns als starke, einmalige Individuen in kooperativen Gemeinschaften zusammenzutun, wird zur Entstehung neuer Sportarten und Spiele, Institutionen, Lebens- und Handlungsweisen führen, in denen sich die Weiterentwicklung unseres Bewußtseins und Verhaltens, unserer Wahrnehmungen und Wertvorstellungen widerspiegelt.

Von der persönlichen zur überpersönlichen Liebe

So viele Lieder und Bücher über romantische Liebe kreisen um die Befriedigung des eigenen, von allen anderen Lebewesen getrennten Ichs. Die Verheißung des elften Tores – die überpersönliche Liebe – ist jedoch die Erkenntnis, daß in anderen Menschen das gleiche Bewußtsein lebt wie in dir selbst. Natürlich lieben wir nach wie vor unseren Lebensgefährten, unsere Kinder, unsere Angehörigen und Freunde, aber wir lieben unsere größere menschliche Familie nicht weniger. Unsere Liebe ist nicht mehr einigen wenigen Menschen vorbehalten, sondern wird zu einer Lebensweise.

Überpersönliche Liebe ist die Erkenntnis, daß jede Seele

- nach Glück sucht;
- Leid zu vermeiden versucht;
- wie wir Kämpfe gegen Angst, Unsicherheit und Selbstzweifel zu bestehen hat;
- nach einem größeren Sinn und Zweck und einer tieferen Verbundenheit mit der Welt und den anderen Menschen strebt;

- wie wir Berge zu erklimmen hat;
- allmählich die Wahrheit entdeckt, daß wir alle gemeinsam Schüler auf diesem Planeten Erde sind.

Eine solche Serie von Erkenntnissen erweckt das Herz aus seinem Schlaf. Die Liebe durchbricht die Mauern der Uneinigkeit und des Getrenntseins. Zersplitterung weicht der Einheit, und so entsteht eine transzendente Weltsicht, die darauf beruht, daß die ganze Schöpfung miteinander verbunden ist. Dann wirst du irgendwann alle Menschen und alles Leben als ein und dasselbe BEWUSSTSEIN wahrnehmen: das LICHT Gottes, das sich in Milliarden von Einzelgeschöpfen manifestiert und durch uns alle scheint. Du kommst endlich zu der Erkenntnis, daß du dieses LICHT bist.

Selbst nach diesem inneren Erwachen wird die Alltagswelt mit all ihren Herausforderungen sich wieder vor dir auftun. Doch mit dem elften Pfeil der Erleuchtung in deinem Köcher bist du nun bereit, der Welt alles zurückzugeben. Denn ein Herz, das die Liebe zum Leben erweckt hat, wendet sich ganz von selbst dem Dienst an der Welt zu.

Liebe und tue, was du willst.

Heiliger Augustinus

Das zwölfte Tor:

Diene deiner Welt

Dienen ist eine innere Haltung, die auf der Erkenntnis beruht, daß die Welt dich trägt, ernährt, belehrt und auf die Probe gestellt hat, ob du es nun verdient hast oder nicht. Sobald du diese einfache Wahrheit begreifst, wirst du alles tun, was du kannst, um ihr diese unendliche Dankesschuld zurückzuzahlen. Dienst ist Mittel und Zweck zugleich – denn wenn du deinen Mitmenschen etwas gibst, öffnest du dich für Liebe, Fülle und inneren Frieden. Du kannst anderen Menschen nicht dienen, ohne dich dadurch gleichzeitig selbst zu erhöhen.

Der Kreis des Lebens schließt sich

Der Sinn des Lebens besteht nicht darin, glücklich zu sein, sondern etwas auszurichten, produktiv und nützlich zu sein – damit du am Ende mit deinem Leben etwas bewirkt hast.

Leo Rosten

Landkarte: Aktive Erleuchtung

Wir kommen nun zum letzten Tor, zur letzten Stufe auf der Treppe, die zu deiner Seele führt. Du bist am Ende einer Reise angelangt, die dich auf den höchsten Weg der Erleuchtung im Alltag vorbereiten soll.

Was es bedeutet, anderen Menschen zu dienen, erfuhr ich zum ersten Mal als Turner am College. Anfangs war ich hauptsächlich mit mir selbst beschäftigt – mit meinen Fortschritten, meinem Körper, meinen Problemen –, bis ich merkte, daß es mir noch viel mehr Spaß machte, anderen beim Lernen neuer Übungselemente zu helfen, als diese Bewegungen selbst zu erlernen. Wenn ich mir eine Fähigkeit aneignete, nützte ich damit nur einem einzigen Menschen; wenn ich anderen diese Fähigkeit beibrachte, profitierten viele davon. Damals wußte ich es noch nicht – doch diese zufällige Entdekkung, wieviel Befriedigung es einem schenken kann, anderen Menschen zu helfen, war der Beginn meiner Laufbahn als Lehrer.

Viele Jahre später – nachdem ich lange Zeit nach persönlicher Erleuchtung gesucht hatte –, verlagerte der Schwerpunkt meiner Aufmerksamkeit sich wiederum: Ich begann nicht mehr nur für mich selbst, sondern für andere Menschen zu lernen. Da traten plötzlich überdurchschnittliche Lehrer in mein Leben, und es öffneten sich Tore in meinem eigenen Inneren und in der Welt.

Wenn wir unser eigenes Ich den Bedürfnissen anderer Menschen unterordnen, werden wir alle zu Helden. Es gibt unzählige Möglichkeiten, auf dieser Welt etwas zu bewirken – man kann zum Beispiel einem Menschen in Not helfen, sich bücken, um ein Stück Papier von der Straße aufzuheben, oder anderen Menschen seine Begabungen und seine Energie zugute kommen lassen – denn das bedeutet es, ein Mitglied der menschlichen Familie zu sein. Wenn du jeden Kontakt mit anderen Menschen – im Lebensmittelladen, im Kaufhaus, bei der Bank oder beim Friseur – als Chance betrachtest, dazu beizutragen, daß der andere sich hinterher ein bißchen besser fühlt, dienst du deiner Welt. Das ist aktive Erleuchtung.

Ich wiederhole noch einmal: Du bist nicht auf der Welt, um mit deinem höheren Selbst Kontakt aufzunehmen; du bist hier, um es zu *werden.* Und es gibt keinen sichereren oder erhabeneren Weg, den Mut und die Liebe deines höheren Selbst zum Ausdruck zu bringen, als aufopfernden Dienst an anderen. Den Menschen in deiner Umgebung voller Liebe zu dienen, wird zu einer Form der Erleuchtung im Alltag.

Wenn du entdeckst, wieviel Freude es macht, etwas für andere zu tun, kann dein Leben sich von Grund auf verändern, und es kann auch sein, daß du dann plötzlich zu sehr viel Geld kommst. Aber das wird dich nicht mehr interessieren, als Mutter Teresa darüber nachdachte, ob ihre Haare gut oder schlecht frisiert waren, wenn sie sich um die Kranken, Blinden oder Lahmen kümmerte. Du wirst viel zu sehr damit beschäftigt sein, auf dieser Welt etwas Positives zu bewirken, am ewigen Kreislauf des Lebens teilzuhaben.

Ich möchte in diesem Kapitel zunächst einmal den scheinbaren Widerspruch zwischen der Arbeit an der eigenen Entwicklung und dem Dienst an anderen Menschen auflösen. Dann folgen

- ein paar Betrachtungen über das Geschenk des Lebens;
- Antworten auf die Frage, wie man seine Berufung findet;
- und wie man sein Geld in Dinge investieren kann, die einem wirklich am Herzen liegen;
- und einige Beispiele dafür, daß man mit kleinen Gesten oft schon sehr viel bewirken kann.

In diesem Kapitel wirst du immer wieder lesen, wie Menschen völlig Fremden etwas Gutes getan haben. Das soll dich daran erinnern, in deinem eigenen Leben ähnliche Beispiele zu erschaffen und auch anderen Menschen von solchen Begebenheiten zu erzählen.

Was bedeutet Dienst eigentlich?

Ich möchte mit den Worten von Lynne Twist, einer Mitbegründerin des Hunger-Projekts, über die Bedeutung des Dienstes beginnen:

> Die meisten Menschen halten Dienst an anderen für eine Art Mildtätigkeit – daß die Starken den Schwachen, die Gesunden den Kranken, die Reichen den Armen, die stabilen Menschen den instabileren etwas geben.
> Für mich ist wahrer Dienst ein Erlebnis der Ganzheit und Erfüllung, der Selbständigkeit, des Selbstvertrauens und inneren Reichtums für alle Beteiligten – eine Erfahrung der Erhabenheit und der unendlichen Fähigkeit des Menschen. Wenn ich wirklich diene, verschwinde ich selbst dabei völlig. Ich habe keine Identität mehr. Ich werde eins mit der Person oder Sache, der ich diene. Eigentlich ist es eine Erfahrung Gottes, der Einheit und Ganzheit. Es gibt dabei keinen Gebenden und keinen Nehmenden, sondern nur dieses Erlebnis der Einheit. Wir beginnen zu erkennen, daß wir alle Ausdruck einer einzigen Seele sind.
> Ein Akt des Dienstes ist gleichzeitig auch ein Akt der Liebe und des Vertrauens. Und ein Akt der Verantwortung und des Mutes . . . ein Eintreten für die Integrität des menschlichen Lebens.

Test: Dienst als innere Einstellung – ein paar Anregungen zum Nachdenken

Solange deine Aufmerksamkeit, deine Energie und dein Herz nicht frei sind, ist Dienst für dich nur eine soziale Verpflichtung oder ein Versäumnis, dessen du dich schuldig fühlst. Oder vielleicht weißt du den Dienst, den du der Welt bereits leistest – auf ganz alltägliche Weise, zu Hause oder bei der Arbeit –, einfach nur nicht richtig zu schätzen. Denke einmal über folgende Fragen nach, in denen es um deine innere Einstellung zum Dienen geht:

- Wenn du den Satz «Diene deiner Welt» hörst oder liest, welche fünf Worte fallen dir dann als erstes ein? (Sprich sie ganz schnell vor dich hin, und zwar gleich jetzt.)
- Leistest du irgendeinen freiwilligen Dienst? Warum? Warum nicht?
- Zähle außer dem Dienst, den du normalerweise bei der Arbeit oder zu Hause leistest, noch drei verschiedene andere – große oder kleine – Dienstleistungen auf, die du in den letzten vierundzwanzig Stunden erbracht hast.
- Wie würdest du deine Zeit verbringen, wenn du finanziell unabhängig wärst?
- Und wofür würdest du dann dein Geld ausgeben?
- Hilfst du anderen Menschen, wenn du es gerade einrichten kannst?
- Hilfst du anderen Menschen, wenn es dir eigentlich gerade gar nicht in den Kram paßt?
- Was für ein Gefühl hattest du, nachdem du einem anderen Menschen einen guten Dienst geleistet hattest?
- Wenn du jemandem einen Gefallen tust, erwartest du dann einen Dank dafür? Könnte es auch sein, daß eigentlich eher du derjenige bist, der zu danken hat?
- Zähle drei deiner besten Leistungen auf, und dann greife eine davon heraus. Fallen dir mindestens zehn Leute ein, die dir mit ihren Fähigkeiten oder Dienstleistungen dabei geholfen haben? (Es sind viel mehr als zehn.)
- Ob du nun dafür bezahlt wirst oder nicht – deine Arbeit auf dieser Welt ist eine Form des Dienstes. Welchen Dienst würdest du auf der Welt am liebsten leisten? Was hast du bisher getan, um diesen Wunsch in die Tat umzusetzen?

Diese Fragen sollen dir als Einstieg in eine neue Form der Lebenserfahrung dienen und das zwölfte Tor in deiner Seele öffnen. Als nächstes wollen wir uns mit der Frage beschäftigen, worin der höchste Sinn und Zweck des menschlichen Lebens bestehen könnte.

Von Selbsthilfe und der richtigen Hebelwirkung

Soziale Aktivisten behaupten, in der wirklichen Welt müsse man seine Anstrengungen und Energien darauf konzentrieren, anderen Menschen zu helfen – man müsse politisch aktiv sein und versuchen, Frieden zwischen den Völkern zu stiften. Mystiker hingegen sagen, daß wir keinen Frieden auf der Welt finden werden, wenn wir ihn nicht in unserem eigenen Inneren entdecken.

Vor Jahren habe ich einmal etwas erlebt, was diesen scheinbaren Konflikt zwischen sozialem Aktivismus und Innenschau für mich löste. Es geschah in einer Zeit, in der ich sehr intensiv an meinem eigenen spirituellen Wachstum arbeitete – mit Meditation, Gebet, Kontemplation, Visualisierungen, Körperarbeit und Selbstanalyse. Als ich eines Nachmittags mit einem alten Mann namens Socrates spazierenging, entdeckten wir mehrere große Plakate an der Seitenwand eines Gebäudes. Auf einem waren die abgehärmten Gesichter hungernder Kinder zu sehen; das nächste war ein Aufruf, den unterdrückten Menschen auf der ganzen Welt zu helfen; das dritte stellte die Misere bedrohter Arten dar.

«Weißt du, Socrates», sagte ich und zeigte auf die Plakate, «eigentlich habe ich ein schlechtes Gewissen. Es kommt mir so egoistisch vor, dauernd an mir selbst zu arbeiten, wo es doch so viele Menschen gibt, die in Not sind . . .»

Da blieb Soc plötzlich stehen, wandte mir sein Gesicht zu und sagte: «Hau' mir eine.»

«Was soll das heißen: Hau' mir eine? Hast du nicht verstanden, was ich gesagt habe?»

«Na los», stachelte er mich an und bewegte sich wie ein Boxer. «Du kriegst fünf Dollar von mir, wenn du es schaffst, mir eine zu knallen.»

Ich hielt das für eine Art Test, also holte ich aus – und fand mich ein paar Sekunden später auf dem Boden wieder. Socrates hielt mein Handgelenk in einem schmerzhaften Drehgriff umklammert. Während er mir wieder auf die Füße half, erklärte er mir den Sinn dieser Übung: «Hast du gemerkt, wie wichtig die richtige Hebelwirkung sein kann?»

«O ja», sagte ich und schüttelte mein schmerzendes Handgelenk, «das habe ich gemerkt.»

«Ehe du anderen Menschen helfen kannst, mußt du sie erst einmal verstehen. Und ehe du sie verstehen kannst, mußt du dich selbst begreifen. Erst dann weißt du, wo du am richtigen Ort und zum richtigen Zeitpunkt den richtigen Hebel ansetzen kannst. Je mehr Klarheit und Mut du in deinem Handeln zeigst, um so mehr wirst du in Bewegung setzen.»

Benjamin Franklin hat einmal geschrieben: «Gott hilft denjenigen, die sich selbst helfen». *Erleuchteter Alltag* ist ein Selbsthilfebuch im besten Sinn des Wortes: Es kann dir nämlich helfen, den Mut und die Willenskraft zu entwickeln, anderen Menschen zu helfen. Wenn du über deine eigenen Grenzen und Neigungen hinauswächst, wirst du dich deinen Mitmenschen gegenüber automatisch gütig und barmherzig verhalten. Wenn dein eigenes Licht heller scheint, erleuchtest du damit die ganze Welt.

Rabbi Hillel hat einmal geschrieben: «Wenn ich nicht für mich selbst da bin, wer soll es dann sein? Aber wenn ich *nur* für mich selbst da bin, was bin ich dann?» Wenn du immer nur dir selbst hilfst und ausschließlich an dich denkst, verlierst du den Kontakt zur menschlichen Familie und zerreißt den Stoff, in dem du selbst ein kleiner Faden bist. Wenn du dagegen immer nur anderen Menschen dienst und dir selbst dabei fremd bleibst, ist dein Dienst nur Isolation und Pflichterfüllung, der keine heilende Kraft innewohnt.

Eine Geschichte vom Dienst an anderen Menschen: «Es ist gut»

James aus Texas schrieb mir:

> An einem kalten, regnerischen Sonntag vor vier Jahren hatte ich dort, wo die Hochebenen Ostafrikas in die bewaldeten Hänge des Mount Kenya übergehen, eine Motorradpanne. Es kostete mich meinen letzten Shilling, das Motorrad reparieren zu lassen. Da saß ich nun fest, fast 100 Kilometer von zu Hause entfernt, und kannte niemanden, bei dem ich hätte übernachten können. Also beschloß ich, die Nacht im Eingang einer kleinen Kirche zu verbringen.

In der Abenddämmerung kam ein älterer, ärmlich gekleideter Kikuyu-Mann vorbei, und wir kamen miteinander ins Gespräch. Njoroge war Pastor in einer winzig kleinen Kirche. Als er von meiner Notlage erfuhr, lud er mich ein, in seinem Haus zu übernachten. Er und seine Frau bewohnten ein halbverfallenes, verlassenes, einstmals europäisches Bauernhaus. Wir wärmten uns an einem Feuer auf der Veranda, und die beiden entschuldigten sich, weil sie mir keinen Tee anbieten konnten. Sie hätten ohnehin keinen Kessel zum Erhitzen des Wassers gehabt. Njoroges Frau, die weder Englisch noch Kisuaheli sprach, kochte mir eine Riesenportion Kartoffeln mit Mais und Bohnen.

Obwohl mein Kisuaheli nicht besonders gut ist, sprachen Njoroge und ich bis spät in die Nacht hinein über Religion, die weißen Siedler, Freiheit und die Not der Menschen, die so dringend Brennholz brauchten, daß sie die Wälder dafür abholzten. Njoroge und seine Frau bestanden darauf, daß ich in ihrem Bett schlief – Zeitungen und Pappe mit einer Decke darüber.

Am nächsten Morgen servierte mein Gastgeber mir Tee, den er in einer einen halben Kilometer entfernten strohgedeckten Lehmhütte gekauft hatte. Dann fuhr ich per Anhalter nach Hause. Ich war diesem alten Mann und seiner Frau dankbar, doch gleichzeitig beschämte mich das Wissen, daß sie mir mehr von ihren Habseligkeiten abgegeben hatten, als ich jemals einem anderen Menschen – Fremder oder bester Freund – geschenkt hatte.

Als ich am nächsten Wochenende wiederkam, um mein Motorrad zu holen, brachte ich dem alten Ehepaar einen Aluminium-Teekessel, ein Sieb, Tee und Zucker mit. Njoroge war nicht da, aber seine Frau begrüßte mich herzlich. Manche Menschen behaupten, die Kikuyu seien undankbare Menschen, weil es das Wort «danke» in ihrer Sprache nicht gibt. Der Ausdruck, den sie statt dessen verwenden, bedeutet soviel wie: «Es ist gut.» Mit schüchternem Lächeln nahm Njoroges Frau mein Geschenk an, und wir sagten beide: «Es ist gut.»

Wie willst du dein Leben verbringen?

Millionen von Menschen auf dieser Welt haben genug Geld verdient oder geerbt, um nie wieder für ihren Lebensunterhalt arbeiten zu müssen. Manche von ihnen widmen einen Teil ihrer Zeit und Begabung irgendeinem kreativen Dienst an der Welt. Andere, die vielleicht ihren Schatten noch nicht erkannt oder ihr Herz noch nicht erweckt haben, beschäftigen sich nur mit sich selbst, vertrödeln ihre Zeit mit Vergnügungen, esoterischen Amüsements, Reisen und dem Sammeln sinnlicher Erfahrungen; sie spielen mit ihrer Macht, ihrem Status und Einfluß. Solche Menschen sind auf dem falschen Weg und brauchen unser Mitgefühl dringender als unangebrachten Neid oder vorschnelle Werturteile. Ihr nackter Schmerz, übertüncht durch den äußeren Glanz von Reichtum und Macht, wird sie früher oder später doch zu irgendeiner Form des sinnvollen Dienstes hinführen.

Es muß doch noch etwas Wichtigeres im Leben geben,
als alles zu haben!

Maurice Sendak

Millionen von Menschen werden in eine Kultur der Armut hineingeboren. Sie sind voll und ganz mit dem Kampf ums Überleben beschäftigt, müssen sich ständig mit Sorgen herumquälen und stehen zusätzlich auch noch unter dem Druck ihrer Partnerbeziehungen. Solche Menschen besitzen nicht die Freiheit, über die Bedeutung des Dienstes an der größeren Welt auch nur nachzudenken. Für sie ist Gott Brot, und Dienst ist der Kampf, einen neuen Tag, ein neues Jahr zu überleben. Sie können nicht einmal davon träumen, so viel zu haben, daß sie es mit anderen Menschen teilen könnten. Doch auch diese Menschen werden durch ihre Lebensumstände dazu gebracht, Opfer zu bringen und zu dienen, indem sie ihre Familien ernähren und um des gemeinsamen Wohls willen zusammenhalten.

So führen die verschlungenen Wege von Armut und Reichtum beide zum Dienst – genau wie alle Wege des Lebens.

Liebe – und dann tue, was du willst

Sobald du in physischer und spiritueller Hinsicht alles besitzt, was du brauchst, und genügend freie Aufmerksamkeit, Selbstwertgefühl und Willenskraft hast, um deinen Körper in ausgewogenem, energiegeladenem Gleichgewicht zu halten; sobald du dich über die Stürme deines Denkens und deiner Emotionen erhoben hast und auf deine Intuition vertraust, deinem Schatten und deinen Ängsten ins Auge siehst, deine Sexualität und dein Menschsein akzeptierst und dein Herz erweckst – bleibt dir gar nichts anderes mehr zu tun übrig, und es gibt dann auch nichts, was dein Leben mit mehr Sinn oder Freude erfüllen könnte als der schlichte Dienst an der Welt.

Was du bist, ist Gottes Geschenk an dich.
Was du daraus machst, ist dein Geschenk an Gott.

Anthony Dalla Villa

In Anbetracht der Tatsache, daß kein Mensch jemals alle zwölf Tore perfekt meistert und daß die Arbeit an jedem einzelnen Tor zur Bewältigung aller anderen beiträgt, frage dich nun einmal: Wie könnte ich beginnen, meine Energie, meine Begabungen, mein Herz mit meinen Mitmenschen zu teilen? Was würde ich gern tun, wenn ich bereits ein ganzer, vollkommener Mensch wäre? Wie würde ich meine Zeit, mein Leben verbringen? Wofür würde ich meine Energie investieren? Was wären meine Prioritäten?

Auch wenn wir selbst erst noch den Berg hinaufsteigen – und uns manchmal auch hinaufquälen müssen –, können wir anderen Menschen trotzdem beim Aufstieg helfen. Sobald wir die Realität begreifen, daß wir selbst für unser Leben verantwortlich sind, erkennen wir auch, daß wir im weitesten Sinne für unsere ganze menschliche Familie Verantwortung tragen.

Eine Geschichte vom Dienst an anderen Menschen: Ein schlichter Akt der Herzensgüte

Susan aus Washington schrieb mir:

Mein Freund Murphy war pleite. Er gab einen Abendkurs in einem College und verdiente nicht viel Geld damit. Zu seinen Studenten gehörte ein langhaariger Bursche, der schon über Dreißig zu sein schien und mitten im Winter barfuß ging – ein nachdenklicher, fleißiger Student, in dessen Leben aber offenbar irgend etwas schiefgegangen war. In dieser Hinsicht saß er genau im selben Boot wie Murphy, der zwar einen warmen Mantel und eine gute Ausbildung hatte, aber sonst auch nicht viel.

Eines Abends kam der barfüßige Student nach dem Kurs noch zu Murphy und stellte ihm ein paar Fragen. Als die beiden zusammen hinausgingen, schneite es, und der Mann bat Murphy, ihn nach Hause zu fahren. «Klar», sagte Murphy. Unterwegs erzählte er dem Studenten von einem schönen Grundstück, das er gern kaufen würde – eigentlich war es so gut wie geschenkt, aber trotzdem überstieg es Murphys finanzielle Möglichkeiten bei weitem. Der Mann fragte ihn, wieviel es denn koste, und Murphy nannte ihm den Preis, obwohl er ein etwas schlechtes Gewissen dabei hatte. Es erschien ihm habgierig, sich dieses Grundstück zu wünschen, wenn er daran dachte, wie wenig dieser Student hatte. Immerhin besaß Murphy einen warmen Mantel, einen zwanzig Jahre alten VW Käfer, ein regelmäßiges Einkommen und ein möbliertes Zimmer. Zwar kein sehr schönes Zimmer – aber verdammt nochmal, wenigstens hatte er Schuhe!

Der Student war ein wunderbarer Zuhörer. Murphy freute sich darüber und überlegte sich schon, was für eine Unterkunft oder was für Essen er ihm anbieten könnte. Da sagte der Mann plötzlich: «Ich glaube, mit dem Grundstück kann ich Ihnen weiterhelfen.» Murphy lächelte über den Scherz, doch da erklärte der Student ihm, er besitze sehr viel Geld, und es sei ihm bisher nur noch kein guter Verwendungszweck dafür eingefallen – außer daß er manchmal Kurse belegte und Menschen weiterhalf, die wußten, was sie wollten.

Schließlich kaufte der Mann das Grundstück, ließ Murphy als

Besitzer eintragen und gewährte ihm ein zinsloses Darlehen. Murphy fuhr weiterhin seinen VW Käfer und trug seinen dicken alten Wintermantel. Er zahlte das Darlehen ab, baute sich ein Haus, heiratete, setzte Kinder in die Welt und fand einen Job, der ihm viel Freude macht. Und das alles begann mit einem schlichten Akt der Herzensgüte.

Das Geschenk des Lebens

Stelle dir ein paar Sekunden lang vor, daß du durch eine seltsame Wendung des Schicksals eines Morgens als politischer Gefangener eines unbekannten Landes aufwachst. Um Mitternacht soll deine Hinrichtung stattfinden. Du blickst durch die Gitterstäbe deines Gefängnisses auf die ersten Strahlen deines letzten Sonnenaufgangs. Das Krähen eines Hahnes in der Ferne klingt in deinen Ohren wie süße, ergreifende Musik. Du bist gierig nach jedem Anblick, jedem Geräusch, jedem Geschmack und jedem Geruch. Während die Schatten draußen allmählich immer länger werden, ißt du deine Henkersmahlzeit. Und bei Sonnenuntergang nimmst du endgültig Abschied vom Licht des Tages, denn du wirst nie wieder die Sonne aufgehen sehen. Jede Minute, die vergeht, bringt dich deinem letzten Lebewohl, deinem letzten Gebet und schließlich deinem letzten Atemzug näher.

Irgendwann kommt für uns alle der letzte Tag. Vielleicht wissen wir es im voraus, wenn das Ende naht, weil es gesundheitlich mit uns bergab geht, weil wir alt sind oder an einer unheilbaren Krankheit leiden. Oder wir haben nur ein paar Sekunden Zeit, uns darauf vorzubereiten – oder gar keine.

Wie viele Menschen würden, wenn der Sensenmann kommt, gern rufen: «Halt! Noch nicht! Nur noch einen Augenblick, bitte! Gönne mir noch einen köstlichen Atemzug! Laß mich die Menschen, die ich liebe, nur noch ein einziges Mal sehen, hören, berühren! Bitte warte! Nur ein paar Sekunden!»

Jetzt ist es an der Zeit zu sehen, zu hören und zu berühren – dem Leben unser Bestes zu geben, solange wir es noch können. Wieviel Zeit wir dazu haben, weiß niemand. Eigentlich ist das ganze Leben ein Nahtoderlebnis.

Denke nur einmal daran, wie wir aus dem Nichts heraus hierherkommen, als mikroskopisch kleine Flecken auf einem winzigen blaugrünen Ball, der sich durch die Unendlichkeit von Zeit und Raum bewegt. Unser Leben ist nur ein kurzer, flüchtiger Augenblick. Jeder Mensch ist nur eine kleine Zelle von Milliarden Zellen auf diesem Planeten, und doch streben wir danach zu lieben, zu dienen, Sinn und Erfüllung zu finden, solange wir leben. Das Leben ist eine heldenhafte Odyssee.

Darüber nachzudenken, wie wir hierhergekommen sind, ist ebenso aussichtslos, wie wenn man herausfinden wollte, wo der Weltraum aufhört. Wir finden keine Antwort auf diese Frage, nur ehrfürchtiges Staunen und Dankbarkeit dafür, daß man uns hierher eingeladen hat. Wenn wir uns ausrechnen, wie viele Wohltaten wir auf dieser Erde schon empfangen haben, regt sich automatisch der Wunsch in uns, etwas davon zurückzugeben. So beginnt der Weg des Dienstes, das Tor zur Freude, und wir ernten die Früchte unserer Reise.

Der Sinn des Lebens besteht darin,
ein sinnvolles Leben zu führen.

Robert Byrne

Eine Geschichte vom Dienst an anderen Menschen: Geben und Nehmen

Pete aus North Carolina schrieb mir:

> Ich beschloß, ihn mitzunehmen, weil ich wußte, daß es nicht leicht ist, per Anhalter zu reisen, wenn man einen Hund dabei hat. Er hieß John, trug schmutzige alte Jeans, eine Baskenmütze und kein Hemd. Sein Körper war sonnengebräunt und ausgemergelt. Ich fühlte mich unwillkürlich an den langen, schmalen Körper Jesu Christi am Kreuz erinnert.
>
> Der junge Bursche ließ seinen Schäferhund namens Sailor auf dem Rücksitz Platz nehmen. Im Rückspiegel sah ich Sailors großes, todernstes Gesicht, bei dem ein Ohr herabhing und das andere aufrecht hochstand: Es sah aus, als wache er über John – und der benahm sich auch wirklich sehr seltsam.

Ich versuchte ein kleines Gespräch in Gang zu bringen, doch die Antworten des jungen Mannes schienen überhaupt keinen Sinn zu ergeben. Als ich ihn nach seiner Kindheit fragte und wissen wollte, wo er aufgewachsen war, kniff er die Augen zusammen und blinzelte zu mir herüber. «Ich erinnere mich noch ans Bogenschießen», sagte er und setzte nach einer kleinen Pause in feierlichem Ton hinzu: «Das Rote Kreuz kann mir nicht helfen.»

Daraus entnahm ich, daß er obdachlos war, keinen Pfennig Geld hatte und wahrscheinlich gerade aus einer psychiatrischen Anstalt entlassen worden war. Er sagte, er werde bis ganz zum Schluß mit mir mitfahren.

Am Abend hielt ich bei McDonald's und fragte ihn, ob ich ihm ein paar Hamburger mitbringen könne. John verneinte, wühlte in seiner Hosentasche, zog einen Vierteldollar hervor und bat mich, ihm eine Tüte Eis zu kaufen. Ich ging hinein und beschloß stillschweigend, daß ich ein paar Hamburger mehr kaufen und dann so tun würde, als sei ich zu satt, um sie zu essen.

Als ich wieder herauskam und es gar nicht erwarten konnte, ihm meine heimliche gute Tat angedeihen zu lassen, sah ich, wie John und Sailor sich mit Heißhunger über ein paar Hamburger aus der Mülltonne hermachten.

«Wollen Sie auch einen?» fragte er, mit beiden Händen im Abfall wühlend.

Später erklärte er mir, daß bald jeder Mensch eine Zeitmaschine haben würde. Er sei unterwegs nach Kanada, um einen Vetter zu besuchen, der ihm etwas Sperrholz schenken wollte, damit er sich ein Boot bauen konnte. Dann werde er alle Waisenkinder bei sich aufnehmen.

Unter einer Brücke an der Autobahn ließ ich ihn hinaus und versuchte unbeholfen, ihm ein bißchen Geld zuzustecken, aber er lehnte ab. Statt dessen verkaufte er mir seine Baskenmütze.

Fünf Jahre später sah ich John wieder. Es war auf der Autobahn, und ich hatte den Wagen voller Kinder, deshalb konnte ich nicht anhalten. Neben ihm stand Sailor, immer noch ein Ohr oben und das andere unten. John hatte einen neuen Hut – eine bunte, goldbestickte Baskenmütze. Ich glaube, ich habe ihm an jenem Tag vor fünf Jahren ein bißchen weitergeholfen, und ich denke, er hat auch mir geholfen.

Folge deinem Herzen und finde deine Berufung

Wenn du – sei es durch Zufall oder durch Absicht und bewußte Vorausplanung – den Drang in dir verspürst, anderen Menschen zu helfen, stehst du als nächstes vor der Frage: Wie kann ich meinen Mitmenschen am besten dienen? Genau wie wir nach einem Beruf suchen oder zufällig darauf stoßen, finden wir auch Möglichkeiten, auf dieser Welt etwas zu bewirken.

Einige Leute schrieben mir, ich solle Gefängnisinsassen mein Training des friedvollen Kriegers beibringen. Andere schlugen mir vor, Jugendliche zu betreuen. Wieder andere meinen, daß ich am meisten Gutes tun könnte, wenn ich Führungskräfte schule oder Seminare für Männergruppen abhalte. Ich habe auch tatsächlich schon mit Gefängnisinsassen und Führungskräften und Jugendlichen und Männergruppen zu tun gehabt. Doch meine Berufung besteht nun einmal darin, mit Menschen aus *allen* sozialen Schichten zu arbeiten, denen meine Bücher, Vorträge und Kassettenprogramme etwas sagen. Andere Menschen mögen sich dazu berufen fühlen, mit Gefängnisinsassen, Kranken oder Sterbenden, Jugendlichen oder Managern zu arbeiten. Jeder muß seiner eigenen Mission und seinem eigenen Herzenswunsch folgen, statt sich vom Diktat der Verpflichtung oder des Schuldgefühls leiten zu lassen. Zum Beispiel ist es äußerst unwahrscheinlich, daß Mutter Teresa jemals morgens aufgestanden ist und sich sagte: «O verdammt, jetzt muß ich wieder zu diesen Aussätzigen.» Im Gegenteil: Sie hat gesagt, daß sie in jedem Menschen, dem sie dient, das Antlitz Jesu Christi sieht.

Finde eine Form des Dienstes, die dich anspricht, die deinen Fähigkeiten und Begabungen, deinem Charakter und deinen Interessen entspricht, bei der dir die Zeit wie im Flug vergeht, die deine höchsten Energien und Bemühungen in dir zutage fördert – eine Aufgabe, die dir sagt, daß du zu Hause angekommen bist und zu dir selbst gefunden hast.

Dienst und Selbstwertgefühl

Beim letzten Tor schließt sich der Kreis dieses Buches, und zwar insofern, als der Dienst an der Welt die beste Möglichkeit ist, sich ein fundiertes Selbstwertgefühl aufzubauen. Dieses Selbstwertgefühl kann sich, wie du inzwischen weißt, auf alle Bereiche deines Lebens positiv auswirken – so sehr, daß es sogar fraglich ist, wer dem anderen mehr zu Dank verpflichtet ist: derjenige, der den Dienst empfängt, oder derjenige, der ihn leistet. Der folgende Brief, den ich vor ein paar Jahren erhalten habe, ist das beste Beispiel dafür, wie man durch Dienst an seinen Mitmenschen sein eigenes Selbstwertgefühl erhöhen und seine Lebensqualität verbessern kann.

Eine Geschichte vom Dienst an anderen Menschen: Wundersame Wandlung

Todd aus Kansas City schrieb mir:

> Vor etwa zwei Jahren rief ich in deinem Büro an und wollte dich sprechen. Du warst zufällig gerade da, und wir haben uns kurz miteinander unterhalten. Und ich weiß noch, daß ich dir damals erzählte, ich sei achtundzwanzig Jahre alt und wisse nicht so recht, was ich tun solle. Meine Freundin spielte mit dem Gedanken, mich zu verlassen, und auch meine Arbeit hatte ich satt, wußte aber nicht, was ich sonst mit meinem Leben anfangen sollte. Ich weiß nicht mehr, was ich sonst noch alles gesagt habe, aber ich erinnere mich noch genau an den Vorschlag, den du mir damals machtest und der mich wirklich ärgerte: Ich solle doch einmal darüber nachdenken, irgendeinen freiwilligen Dienst zu leisten, zum Beispiel in einem Hospiz oder Krankenhaus oder bei einer Organisation, an die ich glaubte – irgendeinen Dienst an der Allgemeinheit. Auf meine Probleme, die ich dir beschrieben hatte, gingst du gar nicht ein, und deshalb hatte ich das Gefühl, du wolltest mich einfach nur mit einem billigen Ratschlag abspeisen. Ich staunte selbst darüber, wie wütend es mich machte, daß du mir mit so einem unpassenden Vorschlag kamst, der mir kein bißchen weiterhalf.
>
> Ich schreibe dir nun, weil ich ungefähr ein halbes Jahr nach unse-

rem damaligen Telefongespräch kostenlos in einem Jugendzentrum auszuhelfen begann – ich förderte Kinder beim Sport. Viele hatten keinen Vater und auch keine andere männliche Bezugsperson.
Vielleicht interessiert es dich, daß dieser freiwillige Dienst im Jugendzentrum mein Leben verändert hat. Plötzlich scheint alles viel besser zu laufen. Ich weiß selbst nicht, woran es liegt. Ich möchte dir einfach nur dafür danken.

Wie man anderen Menschen dienen kann

Wenn du dich fragst, wie du anderen helfen kannst, solltest du dich vielleicht einmal nach einer wohltätigen Organisation in deiner Gegend umsehen, die freiwillige Helfer akzeptiert. So etwas gibt es in allen größeren und kleineren Städten. Viele dieser Vereine und Organisationen können sogar nur aufgrund ihrer freiwilligen Mitarbeiter existieren. Sie brauchen deine Hilfe und werden sich sehr darüber freuen. Du könntest zum Beispiel

- bei einer Umweltorganisation mitarbeiten;
- alte Menschen in Heimen besuchen;
- junge Menschen in Freizeitzentren betreuen oder als freiwilliger Helfer soziale Einrichtungen unterstützen;
- bei einem Telefondienst für Selbstmordgefährdete mitwirken;
- ein Obdachlosenheim oder Frauenhaus anstreichen, instandsetzen oder tapezieren;
- dich an der Hausaufgabenbetreuung einer Schule beteiligen;
- aushilfsweise in einem Hospiz oder Krankenhaus mitarbeiten;
- oder dir selbst etwas ausdenken, wie du anderen Menschen dienen und helfen kannst (denn diese Liste ist nur die Spitze des Eisbergs).

In vielen deutschen Städten gibt es heute Freiwilligen-Zentren, die Interessenten als ehrenamtliche Helfer an verschiedene Institutionen weitervermitteln. Außerdem kann man im Internet oder in Stadtbibliotheken Adressen von Organisationen finden, die freiwillige Helfer suchen. Manchmal entwickelt sich aus so einer ehrenamtlichen Mitarbeit sogar eine berufliche Karriere, oder sie kann dir zumindest helfen, dir über die berufliche Richtung klarzuwerden, die du einschlagen möchtest. Und gleichzeitig tust du dabei auch noch etwas für andere Menschen.

Schon ein so einfacher Akt wie das Überreichen eines Geschenks erhöht den Serotoninspiegel in deinem Blut und setzt Endorphine (körpereigene Opiate) frei, die dich in eine natürliche Hochstimmung versetzen – du fühlst dich high und das ganz ohne Drogen. Vielleicht erklärt das die Bemerkung meines Freundes Swami Beyondananda, der wütend auf sein höheres Selbst ist, «weil es immer high ist – und mich ganz allein da unten auf der Erde läßt».

Eine Geschichte vom Dienst an anderen Menschen: Krebs und Mitgefühl waren das einzige, was sie verband

Ann aus Washington schrieb mir:

> Mein Mann Mark hatte Leukämie und mußte drei Jahre lang immer wieder ins Krankenhaus. Bei einem zweiwöchigen Krankenhausaufenthalt lag ein Mann namens Paul in seinem Zimmer, der an Lymphdrüsenkrebs litt. Am ersten Tag beobachtete mein Mann, wie Paul Wattebäuschchen in eine Lotion tunkte und sich damit sorgfältig die Haut abtupfte. Dann verrieb Paul eine Feuchtigkeitscreme in seinem Gesicht und kämmte sich das Haar mit einem süß duftenden Öl zurück. Als er dann auch noch seine Fingernägel zu polieren begann, zog Mark mit einem Ruck den Vorhang zwischen den beiden Betten zu.
>
> «Nicht genug, daß ich krank bin, jetzt liegt auch noch so ein Schwuler in meinem Zimmer», flüsterte er vor sich hin. Er wies auf den Vorhang. «Der bleibt von jetzt an zu», sagte er.
>
> Ich besuchte meinen Mann jeden Tag, und immer war der Vorhang zugezogen. Bei Pauls täglicher Gesichtsreinigungsprozedur hörte ich die Fläschchen und Tiegel aneinanderklirren, und Mark versuchte sie mit seinem Rasierapparat zu übertönen.
>
> Doch als ich am zehnten Tag zu Besuch kam, war der Vorhang offen. Es war heiß im Zimmer, und die beiden Männer dösten vor sich hin und hatten sich nicht einmal mit einem Laken zugedeckt. An Marks langen Beinen war kein Muskeltonus mehr zu spüren,

und seine Haut war von winzig kleinen Blutergüssen übersät, die aussahen wie rote Pfefferkörner. Paul war gelb im Gesicht, und aus seinem Mund sickerte Blut. Neben Marks Bett stapelten sich nasse Handtücher, schmutzige Pyjamahosen und Zeitungen, während Pauls Kleidungsstücke und Toilettenartikel sorgfältig im Regal verstaut waren. Ein seltsames Paar, dachte ich – das einzige, was diese beiden Männer miteinander verbindet, ist der Krebs.

Als Mark zur Chemotherapie abgeholt wurde, setzte ich mich zu Paul. «Letzte Nacht», flüsterte er mir zu, «mußte ich erbrechen und weinte, weil ich nach Hause wollte. Da stand Mark auf, rollte mit seinem Infusionsständer zu mir herüber und setzte sich an mein Bett, bis ich mich wieder beruhigt hatte.»

Später erzählte ich Mark, was Paul gesagt hatte, aber er wehrte ab. «War nur eine Gegenleistung. Vor ein paar Nächten habe *ich* hier alles vollgekotzt und geheult, und da hat Paul den Vorhang aufgezogen und sich zu mir gesetzt.»

Als Mark einen Monat später wieder zu Hause war, bekam er eine Postkarte von Paul. Paul schrieb, wenn er wieder ins Krankenhaus müsse, würde er wohl kaum einen Zimmergenossen finden, der so nett sei wie Mark.

Mark ist inzwischen gestorben. Paul wahrscheinlich auch. Doch die Begegnung zwischen diesen beiden Männern erinnert mich daran, daß ein einfacher Akt der Barmherzigkeit selbst das Schlimmste irgendwie erträglich machen kann.

Investiere dein Geld in Dinge, die dir am Herzen liegen

Ist es besser, zu Hammer und Nägeln zu greifen und freiwillig beim Bau eines Hauses mitzuhelfen oder aber Geld zu spenden, damit professionelle Handwerker das Haus bauen können? Die Antwort lautet: Beides ist eine wertvolle Hilfe. Um ein Haus zu bauen, mußt du Zeit und Energie investieren – um das Geld für den Scheck zu verdienen, den du ausschreibst, aber auch. Und wenn du mit deinem Geld dazu beiträgst, daß das Haus von Profis gebaut werden kann, wird es vielleicht schneller fertig und ist von besserer Qualität, als wenn du selbst in deiner Freizeit beim Bauen mithilfst.

Geld kann eine sehr sinnvolle Möglichkeit sein, anderen Menschen einen Dienst zu leisten. Geld für ein Obdachlosenheim zu spenden ist (vom Standpunkt des Spenders aus betrachtet) vielleicht nicht so befriedigend, wie wenn man selbst in den Arbeitskittel schlüpft und gemeinsam mit anderen Menschen die Wände anstreicht; doch für diejenigen, die die Spende erhalten, ist das Geld sehr wichtig. Frage nur einmal bei einer wohltätigen Organisation nach, wie wichtig ihre Spender für sie sind. Unzählige solcher Vereine schreien verzweifelt nach finanzieller Hilfe. Nur wenige können allein von freiwilliger Mitarbeit existieren, so dankbar sie dafür auch sein mögen – ohne das Herzblut der finanziellen Spenden wäre ihre Arbeit nicht möglich.

Die Menschen, denen ihre Saat der Kreativität, Intelligenz, Findigkeit und Mühe eine reiche Ernte eingebracht hat, können durch wohltätiges Engagement auf der Welt sehr viel bewirken. Wenn man viel Geld verdient, besteht eine der größten Freuden darin, es mit anderen zu teilen – nicht, weil man das tun muß oder sollte, sondern weil man begriffen hat, daß alle Wesen auf dieser Welt miteinander in Verbindung stehen, und sich über die Chance freut, seine Liebe und sein Mitgefühl durch Handeln zu zeigen.

Die Frage ist nur: Wohin mit dem Geld?

Woher weißt du, wo dein Geld am meisten Gutes tun kann? Ist es besser, nur oder hauptsächlich für eine einzige wohltätige Organisation zu spenden oder sein Geld auf viele verschiedene Organisationen zu verteilen? Soll man sich für die Armen, für die Umwelt, für Menschenrechte oder die medizinische Forschung einsetzen, sich auf regionale, nationale oder internationale Organisationen konzentrieren? Soll man jedes Jahr der gleichen Organisation spenden oder öfter einmal wechseln? Was ist besser: jemandem, der sich das sonst nicht leisten könnte, ein Studium zu ermöglichen oder den Ärmsten der Armen Nahrung und Obdach zu verschaffen?

Ich würde gar nicht erst versuchen, all diese vielen quälenden Fragen zu beantworten – aber ich weiß, was für ein schönes Gefühl es ist, eine helfende Hand auszustrecken, wenn man mit dieser Hand bedürftigen Menschen finanzielle Unterstützung bieten kann.

Wenn du eine Million Dollar zu verschenken hättest, wie könntest du mit diesem Geld wohl am meisten Gutes tun? Sicher nicht, indem du einer Million Menschen je einen Dollar schenktest. Auch hunderttausend Menschen jeweils zehn Dollar zu geben, würde nicht viel bewirken. Und wenn du zehntausend Leuten einen Hundertdollarschein in die Hand drücktest, würdest du zwar wahrscheinlich viele strahlende Gesichter sehen, aber das Geld wäre bald wieder ausgegeben. Gäbest du tausend Menschen jeweils tausend Dollar, würde das für diejenigen, die das Geschenk klug zu nutzen wissen, schon eher einen Unterschied machen. Wenn du hundert Leuten zehntausend Dollar schenkst, erreichst du mit deinem Geschenk zwar weniger Menschen, aber dafür kannst du damit tatsächlich etwas bewirken – vielleicht hilfst du einer Familie, ihre Schulden abzuzahlen oder ihre Kinder aufs College zu schicken. Und wenn du deine Million durch zehn teilst – das heißt, zehn Menschen jeweils 100 000 Dollar zukommen läßt –, kannst du ihr Leben damit von Grund auf verändern.

Teds ausgezeichnete Idee

Dem Milliardär Ted Turner zitterten die Hände, als er die Verträge unterschrieb, mit denen er über 200 Millionen Dollar für verschiedene wohltätige Zwecke zur Verfügung stellte – zur Unterstützung von Universitäten und dem Umweltschutz. «Ich wußte, daß ich jetzt keine Chance mehr hatte, der reichste Mann Amerikas zu werden», sagte er. Aber Mr. Turner hatte die Erfahrung gemacht, daß es noch viel befriedigender sein kann, Geld zu verschenken, als es einzunehmen. Und er hat die anderen Milliardäre der USA – die alten Geizkragen, wie er sie nennt – dazu aufgerufen, ihren Geldbeutel ebenfalls weiter zu öffnen. Mr. Turner hat vorgeschlagen, jedes Jahr eine Liste der großzügigsten Spender zu veröffentlichen, geizigen Multimillionären einen «Ebenezer-Scrooge-Preis» und Philanthropen ein «Goldenes Herz» zu verleihen. «Was spielt es schon für eine Rolle», sagt er, «ob man zwölf oder nur elf Milliarden besitzt? Mit einer Milliarde Dollar kann man eine Universität erbauen!»

Aber du brauchst nicht unbedingt Millionär zu sein, um Gutes auf der Welt zu tun. Schon hier und da zwanzig oder fünfzig Mark zu spenden oder zu verschenken kann wahre Wunder wirken. Selbst arme Menschen verleihen ihrem menschlichen Wert und ihrer menschlichen Würde Ausdruck, indem sie für irgendeinen guten Zweck, an den sie glauben, so viel Geld spenden, wie sie können. Wenn zehntausend arme Menschen jeweils zehn Mark für eine wohltätige Organisation stiften, von deren Sinn sie überzeugt sind, so sind das insgesamt immerhin hunderttausend Mark. Gar nicht so schlecht für arme Menschen mit einem großen Herzen!

> Wenn du viel hast, gib anderen von deinem Reichtum;
> wenn du wenig hast, gib anderen von deinem Herzen.
>
> *Arabisches Sprichwort*

Ein Geschenk, das ein Leben veränderte

Selbst Menschen mit bescheidenem Einkommen haben schon leuchtende Beispiele dafür geliefert, wie man sein Geld in Dinge investieren kann, die einem wirklich am Herzen liegen. Oseola McCarty, eine Wäscherin, die seit 1967 allein lebte, spürte im Alter von achtundachtzig Jahren, daß ihr Leben sich allmählich dem Ende näherte. Da ihre Angehörigen alle schon tot waren, beschloß sie, 150 000 Dollar – die Ersparnisse ihres ganzen Lebens, die sie Dollar für Dollar auf die Seite gelegt hatte – der University of Southern Mississippi zu spenden.

Oseola tat das einfach deshalb, weil es ihr richtig erschien und rührte mit ihrer Großzügigkeit so viele Menschen, daß sie hinterher kreuz und quer durch Amerika flog, Preise von humanitären Organisationen empfing und viele berühmte Leute kennenlernte, zum Beispiel Whoopi Goldberg, die vor ihr niederkniete, und Roberta Flack, die für sie sang. Die Harvard-Universität verlieh ihr einen Ehrentitel, Präsident Clinton ließ sich mit ihr fotografieren, und sie nahm sogar am olympischen Fackellauf teil. Inzwischen ziert Oseola McCartys Porträt die Wand des Verwaltungsgebäudes der University of Southern Mississippi – das erste Foto einer Schwarzen. Sie trat in der Sendung *Good Morning America* auf, und ihre Geschichte wurde auf der Titelseite der *New York Times* abgedruckt. Barbara Walters nahm sie in die Reihe der «Zehn interessantesten Leute des Jahres 1995» auf. Außerdem wurde in verschiedenen Zeitschriften – zum Beispiel *Ebony, People, Guidepost* und *Glamour* –

über sie berichtet. Sogar im britischen Fernsehen ist sie inzwischen schon aufgetreten.

Andere Menschen folgten Oseolas Beispiel und erweiterten ihre Spende um insgesamt 250 000 Dollar. Und das alles haben wir dem großen Herzen einer fleißigen Frau zu verdanken, die etwas für diese Welt tun wollte, ehe sie in die nächste hinüberging!

Eine Geschichte vom Dienst an anderen Menschen: Ermutigende Worte

Jim aus Washington schrieb mir:

> Als ich dreizehn oder vierzehn Jahre alt war, saß ich auf Long Island, wo ich aufgewachsen bin, draußen auf der Straße auf einer Bank und las ein Taschenbuch von Edgar Rice Burroughs, das ich mir gerade gekauft hatte. Da setzte sich ein alter Schwarzer in abgetragenem Anzug zu mir und fragte mich, was ich denn da lese. Ich zeigte ihm das Buch. Der Mann lobte mich, weil ich so gern las und ermutigte mich, nur ruhig weiterhin alle Bücher zu verschlingen, die mich interessierten. Dann sagte er, er müsse jetzt weiter. Aber wenn ich je in eine Stadt namens Wyandance käme, sollte ich ihn dort in der Schule besuchen, wo er Rektor war.
> Daß dieser Mann extra stehengeblieben ist, um mit mir zu sprechen und mich zu ermutigen, rührte mich damals, und es rührt mich auch heute noch, wenn ich daran denke. Ich lese immer noch gern und schreibe auch. Meinen Lebensunterhalt verdiene ich als Leiter einer Buchhandlung.

Kleine Gesten können viel bewirken

Als freiwilliger Helfer bei einer wohltätigen Organisation mitzuwirken, ist eine Möglichkeit, deiner Welt zu dienen. Aber du kannst auch im täglichen Leben viele kleine Dinge tun, die eine große spirituelle Bedeutung haben: zum Beispiel ein paar freundliche Worte zu einem Fremden, ein schriftliches Dankeschön an einen Kellner oder Briefträger oder einfach nur die Tatsache, daß du auf der Straße jemanden vor dich in deine Spur einfahren läßt. Solche

Dinge gehören zu den wichtigsten Formen des Dienstes an anderen Menschen im täglichen Leben.

Diese kleinen Dienste bewirken nicht nur viel für andere, sie transformieren auch unser eigenes Leben. Denn mehr noch als persönliches Glück brauchen wir sinnvolle Ziele, ein Gefühl von Verbundenheit, und dieses Gefühl entsteht durch die kleinen, alltäglichen Handlungen des Dienens.

Es gibt viele kleine Dinge, die jeder tun kann, um einem anderen Menschen weiterzuhelfen oder ihn in bessere Stimmung zu versetzen – zum Beispiel:

- freiwillig mehr für eine Dienstleistung bezahlen als berechnet wurde;
- einem Kellner, Briefträger, Müllmann, Bankangestellten, Gärtner oder anderen Menschen brieflich für eine besondere Dienstleistung danken;
- eine Münze in eine abgelaufene Parkuhr stecken;
- einem Menschen, der Hunger hat, ein Sandwich kaufen;
- Abfälle von der Straße aufheben;
- das Waschbecken in einer öffentlichen Toilette reinigen, nachdem du es benutzt hast;
- Geld spenden – entweder unter Nennung deines Namens oder anonym;
- wenn du Kino- oder Theaterkarten besorgst, ein paar zusätzliche kaufen und sie jemandem schenken;
- absichtlich an einer Parklücke vorbeifahren und sie dem Fahrer hinter dir überlassen (dann merkt der andere nicht einmal, daß du ihm einen Gefallen getan hast);
- die spirituellen Sinnesübungen praktizieren, die du am elften Tor gelernt hast – aus dem Herzen heraus sprechen, sehen, berühren und zuhören;
- jedes Jahr für hundert Mark Gutscheine für einen Besuch im Kino oder Café, für Bücher oder Süßigkeiten kaufen, die du dann entweder aufs Geratewohl verteilst oder Menschen schenkst, die dir irgendeinen Dienst leisten;
- Menschen, denen du begegnest, stumm (oder laut) segnen, sie herzlich grüßen oder einfach nur anlächeln.

Eine Geschichte vom Dienst an anderen Menschen: Die wandelnde Predigt

Sandra aus New York schickte mir die folgende Geschichte:

> Eines Nachmittags vor vielen Jahren versammelten Reporter und Regierungsbeamte sich an einem Bahnhof in Chicago und warteten auf die Ankunft eines Nobelpreisträgers. Endlich stieg er aus dem Zug – ein Riese von einem Mann mit buschigem Haar und dichtem Schnurrbart. Kameras blitzten, und die Beamten streckten dem Mann die Hände entgegen und versicherten ihm, was für eine Ehre es für sie sei, ihn kennenzulernen. Der Arzt dankte ihnen, ließ seinen Blick dann über ihre Köpfe hinwegschweifen und bat sie, ihn für einen Augenblick zu entschuldigen.
>
> Mit raschen Schritten bahnte er sich einen Weg durch die Menge und stand im Nu neben einer alten Frau, die sich mit zwei schweren Koffern abmühte. Er griff mit seinen großen Händen nach den beiden Koffern, geleitete die Frau freundlich lächelnd zu einem Bus, half ihr beim Einsteigen und wünschte ihr eine gute Reise. Dann drehte er sich zu der Menschenmenge um, die hinter ihm hergelaufen war, und entschuldigte sich, weil er sie hatte warten lassen.
>
> Dieser Mann war der berühmte Missionar und Arzt Dr. Albert Schweitzer, der sein ganzes Leben der Aufgabe gewidmet hat, den Ärmsten der Armen in Afrika zu helfen. «Das ist das erste Mal in meinem Leben, daß ich eine wandelnde Predigt gesehen habe», sagte ein Mann vom Empfangskomitee zu einem der Reporter.

Ein Lächeln kann Leben retten

Vor ein paar Jahren hielt ich einen Vortrag in einer Buchhandlung in Südkalifornien. Hinterher kam eine Frau auf mich zu und murmelte so leise, daß ich sie kaum verstehen konnte: «Entschuldigen Sie, Dan – haben Sie einen Augenblick Zeit?»

Ich sagte ja und wartete darauf, was sie mir zu sagen hatte. Nach kurzem Zögern begann sie: «Es stimmt übrigens, was Sie vorhin erklärt haben – manchmal kann eine kleine Geste tatsächlich eine ganze Menge bewirken. Ich wollte Ihnen nur erzählen – wahrscheinlich klingt das ein bißchen melodramatisch –, aber ich wollte Ihnen trotzdem erzählen, wie ein Mann mit einem Lächeln ein Leben gerettet hat – mein Leben.»

Damit hatte sie meine Aufmerksamkeit geweckt. «Ich war schon immer ziemlich schüchtern», fuhr sie fort. «Und vor ungefähr vier Jahren wollte ich mir sogar das Leben nehmen – ich hatte schon zwei halbherzige Versuche hinter mir und war fest entschlossen, es diesmal richtig zu machen. Ich glaubte nicht, daß es irgend jemandem wichtig war, ob ich lebte oder nicht, also war es mir selber auch nicht wichtig. An dem Tag, als ich mich umbringen wollte, sah ich auf dem Heimweg einen Mann – einen sehr gutaussehenden Mann – an mir vorbeigehen. Normalerweise schaue ich den Leuten nicht ins Gesicht, aber in dem Zustand, in dem ich damals war, spielte es keine Rolle mehr, also warf ich ihm einen Blick zu, und er schaute zurück und lächelte mich an.» Bei diesen Worten lächelte auch sie. «Er hatte so ein wunderschönes Lächeln – und dann war er auch schon wieder fort. Ich weiß, es klingt verrückt, aber dieses Lächeln – ich wollte es einfach ein paar Tage in meiner Erinnerung bewahren, und deshalb brachte ich mich nicht gleich an diesem Tag um, und auch nicht am nächsten. Und schließlich nahm ich mir vor, doch am Leben zu bleiben und mich in therapeutische Behandlung zu begeben. Inzwischen geht es mir besser. Ich habe einen Freund, den ich sehr liebe, und einen Beruf, der mir Spaß macht. Ich wollte Ihnen nur bestätigen, daß man mit den kleinen Dingen tatsächlich sehr viel bewirken kann. Ach, entschuldigen Sie, ich habe Ihnen ja noch gar nicht meinen Namen gesagt – ich heiße Cheryl», setzte sie hinzu und lächelte.

Die Moral von Cheryls Geschichte liegt auf der Hand: Es gibt zwar auch Menschen, die sich übertrieben wichtig vorkommen, doch die meisten halten sich nicht für wichtig genug. Wir vergessen, daß andere Menschen uns beobachten, von uns lernen und sich durch unser Beispiel beeinflussen lassen. Nur wenige von uns begreifen wirklich, wie man mit ein paar netten Worten, einem Dankesbrief, einem Lächeln oder indem man Abfall von der Straße aufhebt, andere Menschen ermutigen, ihre Laune verbessern oder vielleicht sogar ihren Tag retten kann. Und wer weiß – vielleicht rettet man damit sogar ein Leben.

VERVOLLKOMMNUNG

Der Weg der Erleuchtung im Alltag

Der Schüler begreift immer alles erst hinterher, der Lehrer weiß alles schon vorher, doch nur der Meister besitzt wahre Einsicht. Du gehst in die Schule des täglichen Lebens, um zuerst Schüler, dann Lehrer und schließlich Meister zu werden – ein Mensch, der aus der Vergangenheit lernt, die Konsequenzen seines Tuns voraussieht und schließlich nach innen blickt, um das Universum zu entdecken.

Das tägliche Leben als spirituelle Übung

Ich starb als Mineral und wurde Pflanze.
Ich starb als Pflanze und stieg zum Tier auf.
Ich starb als Tier und war Mensch.
Warum sollte ich mich fürchten?
Wann bin ich durch den Tod je weniger geworden?
Und wenn ich für das menschliche Dasein sterbe,
dann nur, um mich mit den Engeln emporzuschwingen;
und selbst als Engel muß ich sterben,
um zu werden, wovon kein Geist sich je eine Vorstellung gemacht hat.

Rumi

Der Gipfel ist erreicht

Bei der Erforschung der zwölf Tore – indem du deinen inneren Berg, die Treppe zu deiner Seele erklommen hast – bist du nun am Gipfel angelangt und hast mehr erreicht, als dir vielleicht bewußt ist. Deine Seele hat sich verändert, dein innerer Horizont hat sich erweitert, du hast einen Blick auf die größeren Zusammenhänge, den Sinn und die Verheißung des täglichen Lebens geworfen.

Und doch sind diese zwölf Tore kein Ziel, an dem man irgendwann ankommt, sondern ein Entwicklungsprozeß, eine Reise, die immer weitergeht. Ehe wir weiter in die Zukunft schauen, wollen wir erst einmal innehalten, wie man es am Gipfel eines Berges tut, und auf unseren bisherigen Weg zurückblicken.

Entdecke deinen eigenen Wert: Du bist nicht mehr oder weniger wert als jeder andere Mensch oder jeder andere Bestandteil der Realität. Dein Selbstwertgefühl wächst, wenn du wertvolle Dinge tust. Aber du mußt nicht unbedingt das *Gefühl* haben, ein wertvoller Mensch zu sein; du brauchst dich selbst nur wie einen Ehrengast oder einen geliebten Menschen zu behandeln, mußt selbstzerstörerische Verhaltensweisen und immer wiederkehrende Tendenzen zur Eigensabotage ablegen und dich den Chancen des Lebens öffnen.

Erobere dir deinen Willen zurück: Wenn deine Motivation zu wünschen übrigläßt, übernimmt deine Willenskraft die Führung. Sobald du nicht mehr wartest, bis du motiviert bist, setzt du deinen Willen ein. Schließlich ist es im Leben immer so: Die reifsten Früchte wachsen auf den höchsten Ästen. Um diese Früchte pflücken zu können, mußt du klettern – Schritt für Schritt, Tag für Tag.

Schenke deinem Körper neue Energie: Dein Körper ist das einzige, was du ein Leben lang behalten wirst. Also halte dich an die heilige Dreifaltigkeit eines gesunden Lebens: leichte Ernährung, regelmäßige Bewegung, genügend Ruhe und Erholung. Vergiß nicht, tief zu atmen – damit kannst du dein genetisches Potential verbessern, wirst gesünder, vitaler und energiegeladener und bist damit auch besser für die vielen Facetten und Abenteuer des Lebens gerüstet.

Der richtige Umgang mit Geld: Zunächst einmal mußt du über deine unterschwelligen negativen Einstellungen zum Geld hinauswachsen. Wisse es zu schätzen und gehe klug damit um, so wie du es mit jeder anderen Form von Energie auch tun würdest. Nutze deine Talente und Fähigkeiten, so gut du kannst, um dir ein regelmäßiges, ausreichendes, ja vielleicht sogar hohes Einkommen zu sichern, und dann gib aus, verschenke, spare.

Bezähme deinen Geist: Denke immer daran, daß die Welt nicht das ist, wofür du sie hältst. Blicke über die Filter deiner Wahrnehmung hinaus, um die Welt so zu erfassen, wie sie ist, in ihrer ganzen Einfachheit von Augenblick zu Augenblick. Laß deine Gedanken einfach fließen, und konzentriere dich auf das, was im Augenblick gerade vor dir liegt, dann wirst du inneren Frieden und Erleuchtung finden.

Vertraue auf deine Intuition: Du weißt viel mehr und hast Zugang zu mehr Wissen, als du je gelesen oder studiert oder von anderen Menschen erfahren hast. Vertraue auf diese tief in deinem Inneren verwurzelte, uralte menschliche Fähigkeit. Werde wieder ganz, indem du beide Gehirnhälften benutzt und respektierst und dich auf sie verläßt – aber nicht gleichzeitig. Höre auf deinen Verstand, aber vertraue deinem Herzen.

Akzeptiere deine Gefühle: Ein Leben ohne Gefühle wäre still und regungslos wie der Tod – wie eine Welt ohne Wetter. Akzeptiere deine Emotionen so, wie sie sind. Ob sie nun angenehm sind oder weh tun – sie sind etwas ganz Natürliches, und es gibt keinen Grund, sie zu korrigieren. Lasse diese wechselhaften Emotionen einfach in dir aufsteigen und wieder abklingen, aber erlaube ihnen nicht, dein Leben zu regieren.

Sieh deinen Ängsten ins Auge: Angst ist wie ein Chamäleon – manchmal kann sie ein weiser Führer sein, dann wieder ein furchtbarer Tyrann. Respektiere deine Angst, aber lasse sie niemals dein Meister werden. Wenn es um eine physische Gefahr geht, höre ruhig auf deine Ängste, doch wenn du dich psychischen Gefahren gegenübersiehst, dann tue das, wovor du am meisten Angst hast, und werde ein friedvoller Krieger.

Erleuchte deinen Schatten: Ehe du dein Licht sehen kannst, mußt du dich erst einmal mit der Dunkelheit auseinandersetzen. Das Bild von dir selbst, das du der Welt zeigst, ist nur die sichtbare Spitze des Eisbergs. Akzeptiere all deine Schattenseiten, erlöse die dunklen Möglichkeiten deiner Persönlichkeit, damit du bewußt im Licht leben und zu Ganzheit, unverfälschtem Ausdruck deiner selbst und Mitgefühl finden kannst.

Öffne dich für deine Sexualität: In deinem Umgang mit Sexualität spiegelt sich deine Beziehung zum Leben wieder. Sexuelle Erleuchtung geht über beide Extreme – Selbstverleugnung ebenso wie Hemmungslosigkeit – hinaus und findet zu einem hundertprozentigen, harmonisch ausgewogenen Ausdruck der sexuell-kreativen Energien. So entsteht ein enges, vertrautes Band zwischen dir, deinem Partner und dem GEIST.

Erwecke dein Herz: Wie du bereits gesehen hast, kommt und geht das Gefühl der Liebe wie Wogen im Ozean. Die dauerhafte Liebe des erweckten Herzens hingegen ist kein Gefühl, sondern Tun. Dann verbindest du Liebe und Willenskraft miteinander und gehst den Weg der Heiligen, indem du allen Lebewesen Güte und Barmherzigkeit zeigst – ob du nun gerade so empfindest oder nicht.

Diene deiner Welt: Sobald du alles gesehen hast, was es zu sehen gibt – sobald das Leben dir das Bild deiner selbst enthüllt hat, so wie du wirklich bist –, wirst du nach Möglichkeiten suchen, wie du der Welt am besten dienen kannst. Das Leben selbst – deine Arbeit, deine Familie und jeder Kontakt zu anderen Menschen – ist eine

Chance zu dienen, dich mit der Welt zu verbinden, einen Sinn im Augenblick und einen Zweck im Spiel zu finden.

Nun, da du den Gipfel der zwölf Tore erreicht hast, bist du bereit, den Weg der Erleuchtung im Alltag zu begreifen und zu gehen. Wir wollen nun einmal darüber nachdenken, was das bedeutet. Du weißt inzwischen schon, daß das Leben nur eine Serie von Augenblicken ist und daß kein Mensch immer nur nett, intelligent, langweilig, neurotisch oder erleuchtet ist. Das ist schlicht und einfach unrealistisch. Deshalb solltest du den Weg der Erleuchtung auch nicht zu einer Art ständiger, hundertprozentiger Vollkommenheit idealisieren, das ist ein unerfüllbarer Wunschtraum. Die Verheißung dieses Buches – *Erleuchteter Alltag* – besteht vielmehr darin, von Tag zu Tag mehr erleuchtete Augenblicke zu haben – Augenblicke, die alle zwölf Tore erhellen und vervollkommnen. Manchmal lebst und handelst du aus einem unendlich großen inneren Wert heraus, in anderen Situationen, wenn es erforderlich ist, kannst du einen eisernen Willen in dir wecken – und es gibt auch Augenblicke der frei strömenden Energie, Intuition und Echtheit, Augenblicke des Mutes, der Liebe und des Dienstes an anderen. Jeden Tag. Und mit der Zeit wirst du immer besser werden. Denke daran, daß das Leben ein Werk ist, an dem du ständig weiterarbeitest, und daß du ein MWIA bist – ein menschliches Wesen in Ausbildung. Man kann nicht alles auf einmal haben wollen – das ist so, als ob man nur ein einziges Mal essen wollte und dann nie wieder.

Nun, da du die praktischen Zusammenhänge der Erleuchtung im Alltag verstanden hast, wollen wir uns der transzendentesten spirituellen Alltagspraktik zuwenden, die du in diesem Leben vielleicht je erlernen wirst.

Das höchste Erwachen

In den spirituellen Überlieferungen wird «Erleuchtung» häufig als Endpunkt dargestellt, als höchste menschliche Bestimmung, die über alle Leistungen und Vergnügungen und selbst über Leben und Tod hinausgeht. Am häufigsten wird die Erleuchtung als Zustand der Selbstverwirklichung, Einheit, des inneren Erwachens, des Nirwana oder Satori oder der Gnade beschrieben. Das Hauptproblem mit solchen sehr wichtig klingenden Worten ist, daß sie alle keine

Beziehung zu den praktischen Herausforderungen des täglichen Lebens zu haben scheinen. Viele Menschen empfinden Erleuchtung daher als etwas Irrelevantes oder Unerreichbares, sie scheint in eine ganz andere Welt zu gehören oder am Ende eines geheimnisvollen mystischen Weges zu liegen, den nur einige wenige wandeln. Aber wozu?

Selbst in den spirituellen Überlieferungen geben hundert verschiedene Lehrer uns hundert verschiedene Beschreibungen von Erleuchtung, die von «die höchste Erkenntnis» bis hin zu «nichts Besonderes» reichen.

Folgende Geschichte im *Pfad des friedvollen Kriegers* veranschaulicht das Paradoxe an der Erleuchtung:

> Ein junger Mann, der nach Erleuchtung sucht, begegnet einem alten Mann, der mit einem schweren Sack auf dem Rücken einen Bergpfad hinabwandert. Der junge Suchende spürt, daß dieser weise aussehende Alte auf dem Gipfel gewesen ist und Erleuchtung gefunden hat.
> «Herr», bittet er ihn, «könnt Ihr mir sagen, was Erleuchtung ist?»
> Da lächelt der alte Mann, nimmt die schwere Last von seinem Rücken und richtet sich gerade auf.
> «Aha, ich verstehe!» ruft der junge Mann. «Aber was kommt nach der Erleuchtung?»
> Da lädt der alte Mann sich den schweren Sack wieder auf die Schultern und geht weiter seines Weges.

Erleuchtung verändert überhaupt nichts. Durch Erleuchtung wird alles anders. Diese Behauptungen sind beide richtig. Der chinesische Weise Lao-tse sagte über die Erleuchtung: «Derjenige, der weiß, spricht nicht; derjenige, der spricht, weiß nicht.» Doch Laotse war offensichtlich jemand, der wußte *und* sprach. Auch das deutet wieder auf den paradoxen Charakter der Erleuchtung hin.

Halte dir einmal die Ohren zu und lausche. Zuerst wirst du nichts als Stille hören. Horche weiter, dann wirst du einen hohen Ton oder ein Summen hören. Du kannst mit der Zeit auch noch mehr solche Geräusche entdecken – bis zu zwölf, behaupten manche –, die die ganze Zeit über da waren; du hattest sie vorher nur nicht bemerkt. Mit der Erleuchtung ist es genauso.

Durch Erleuchtung verändert sich alles – und nichts. Und das macht den großen Unterschied. Du besitzt die Erleuchtung schon. Du bist sie bereits. Und du mußt sie erst noch finden.

Es gibt keine höhere Wahrheit, als sich dessen bewußt zu sein, was ist.

Es gibt kein erhabeneres Tun, als zu akzeptieren, was ist.

Es gibt keine höhere Erkenntnis als diese: Du *bist* dieses Bewußtsein, das durch alle Lebewesen leuchtet.

Wenn diese Worte für dich keinen Sinn ergeben, so habe Geduld und vertraue auf deinen Entwicklungsprozeß.

Wenn diese Worte dir selbstverständlich erscheinen, lebe dein Leben und sei bewußt.

Eines Tages wirst zu zufällig entdecken, daß *du* das BEWUSSTSEIN-GOTT-GEIST bist. Dann wirst du vielleicht laut lachen, denn was dir vorher sinnlos erschien, wird nun plötzlich die naheliegendste, normalste und wunderbarste Realität für dich sein.

Wenn unsere Existenz so etwas wie ein kosmischer Scherz ist, besteht Erleuchtung vielleicht darin, die Pointe zu verstehen.

Inzwischen brauchst du nicht auf irgendeinen dramatischen Augenblick zu warten, indem du zur Erleuchtung gelangst – in dem du erkennst, was bereits der Fall ist – in dem du dir des Gewahrseins gewahr wirst. Du kannst den Weg der Erleuchtung (nur) jetzt und hier im täglichen Leben gehen.

Der Weg der Erleuchtung

Deine Reise durch die zwölf Tore hat dich auf eine spirituelle Übung vorbereitet, die eine Brücke zwischen Himmel und Erde schlägt, Körper und Denken zu einer Einheit werden läßt und die Kluft zwischen Fleisch und Geist erschließt. Ich bezeichne diese spirituelle Übung als Erleuchtungsübung. Es ist nichts Besonderes dabei. Eigentlich praktizierst du diesen Weg der Erleuchtung jeden Tag – meistens jedenfalls. Ich habe dieses Buch nur geschrieben, damit dieser Weg zu einer bewußten, wirksamen und erfolgreichen Übung für dich wird.

Ehe du diese Übung erlernst, solltest du einmal über folgende Fragen nachdenken:

- Mit wem würdest du lieber zusammenleben – mit einem Erleuchteten, der sich wie ein Verrückter benimmt, oder mit einem Verrückten, der sich wie ein Erleuchteter benimmt?
- Was wäre, wenn du dich immer wie ein Erleuchteter *verhieltest*, obwohl du weiterhin Angst, Kummer, Neid, Zorn, Zweifel und Unsicherheit empfindest?
- Was wäre, wenn du dich mit Anmut bewegtest, obwohl du dir wie ein Tolpatsch vorkommst?
- Was wäre, wenn du dich selbst gut behandeltest, obwohl du das Gefühl hast, das gar nicht zu verdienen?
- Würde es eine Rolle spielen, was du gerade fühlst oder denkst, solange sich in deinem Verhalten Güte, Barmherzigkeit und Erleuchtung widerspiegeln?
- Ist es Heuchelei oder ein Akt der Selbstüberwindung, sich wie ein erleuchtetes Wesen zu benehmen, obwohl man sich gar nicht so fühlt?

Tue einfach so, als ob

Für die meisten Menschen ist Erleuchtung eine Arbeit von innen nach außen: *Zuerst* läutert man seinen Körper und seine Seele, was einen *dann* dazu befähigt, sich wie ein Erleuchteter zu benehmen. Ich möchte dir an dieser Stelle einen ganz anderen Vorschlag machen: Du kannst auch von außen nach innen arbeiten. Das *Verhalten* kann der Erkenntnis vorausgehen. Du kannst Erleuchtung so lange vortäuschen, bis du sie wirklich erreicht hast: Tue einfach so, als ob – bis das erleuchtete Verhalten dir tatsächlich zur Gewohnheit geworden ist.

Ein Turner braucht nicht unbedingt alle Gesetze der Physik zu verstehen, um einen Salto zu erlernen. Und ein Sänger muß die Theorien der Akustik nicht begreifen, um mit seinen Liedern ein Publikum zu begeistern.

Du kannst den Weg der Erleuchtung gehen, indem du sie einfach jeden Tag lebst – indem du dich so verhältst als seist du erleuchtet, ob du nun tatsächlich begreifst, was Erleuchtung ist, und dich erleuchtet fühlst oder nicht. Natürlich gibt es dabei auch ein paar Hindernisse zu überwinden:

- Wenn du Angst hast, wütend, traurig oder voller negativer Gedanken bist, steht dir vielleicht nicht genügend freie Aufmerksamkeit zur Verfügung, so daß du dich nicht einmal an diese spirituelle Praktik erinnerst.
- Sicherlich sind die meisten Menschen der Meinung, daß Erleuchtung unter anderem darin besteht, hundertprozentig du selbst zu sein – echt und unverfälscht – und natürlich und angemessen auf alles zu reagieren, was dir begegnet. Wenn es dich wütend macht oder sonst irgendwie innerlich aus dem Gleichgewicht bringt, dich wie ein Erleuchteter zu benehmen – ist dieses erleuchtete Verhalten dann nicht bloße Verstellung?

Ja, es ist Verstellung, aber im besten Sinn des Wortes – so wie ein schüchterner Tanzstundenjüngling sich verstellt, wenn er mit gespieltem Selbstbewußtsein ein Mädchen zum Tanz auffordert; so wie die nervöse neue Mitarbeiterin sich verstellt, die bei einer Besprechung zum ersten Mal den Mund aufmacht und alle mit ihrem Wissen blendet; so wie der vor Angst wie gelähmte Soldat sich verstellt, wenn er trotz seiner Panik tapfer durch den Kugelhagel rennt und seinen verletzten Kameraden in Sicherheit bringt.

Wenn du dich so *verhältst*, als seist du erleuchtet, statt zu warten, bis du dich tatsächlich erleuchtet, friedvoll, glücklich oder weise *fühlst*, übst du einen positiven Einfluß auf deine Umgebung aus. Du setzt eine positive Kettenreaktion in Gang, und dein ganzes Leben beginnt sich zu verändern. Dich gütig zu verhalten, auch wenn du gerade nicht so empfindest, *ist* Güte; tapfer zu handeln, obwohl dir nicht danach zumute ist, *ist* Tapferkeit; entschlossen zu handeln, auch wenn du innerlich verwirrt bist, *ist* Klarsicht.

Beim Weg der Erleuchtung geht es also nicht um positives Denken, erhabene Glaubensvorstellungen oder die Verleugnung unserer inneren Realität (die manchmal chaotisch sein kann). Und Erleuchtung hat auch nichts damit zu tun, wie du dich gerade fühlst oder was für Gedanken dir durch den Kopf gehen. Es geht vielmehr darum, was für Handlungen du in die Welt hineinträgst. Du hast inzwischen schon gelernt, daß Liebe Handeln ist, daß Glück Handeln ist, daß Mut Handeln ist, daß innerer Friede Handeln ist, und daß Dienst an der Welt Handeln ist. Auch Erleuchtung ist Handeln.

Zu behaupten du seist erleuchtet, macht dich noch lange nicht zum Erleuchteten – ebensowenig, wie du zur Ananas wirst, nur weil du behauptest, eine zu sein. Der Glaube an die eigene Erleuchtung macht dich nicht zu einem erleuchteten Wesen – du mußt die Erleuchtung leben, mußt sie ausüben.

Du bist nur insoweit erleuchtet, als du erleuchtet handelst. Wenn du auf diese Weise den Weg der Erleuchtung gehst, werden deine Handlungen deine Gedanken und Gefühle prägen und nicht umgekehrt. Du akzeptierst deine Gedanken und Gefühle so, wie sie sind, ohne sie zu verleugnen, und konzentrierst dich dabei weiter auf deine Übung – das heißt, du bemühst dich nach Kräften, dich so zu verhalten, als seist du ein erleuchteter Mensch.

Aber wie kann man sich gütig oder tapfer benehmen, wenn einem gar nicht danach zumute ist? Versuche einfach so zu tun, als ob. Spiele die Rolle eines erleuchteten Wesens.

Durch Schauspielen wächst man über das eigene Ich hinaus

Schauspielerei ist eine schamanische Kunst, bei der du die Gestalt wechselst – bei der du über deine eigene Persönlichkeit hinauswächst, indem du in den Körper und das Leben eines anderen Menschen hineinschlüpfst. Du kannst dabei alle möglichen Charaktereigenschaften zum Leben erwecken, dich selbst neu erfinden, der Mensch werden, der du gern sein würdest, deine Schattenseiten erforschen und ausdrücken, deine Ansichten, Einstellungen und Verhaltensweisen ändern. Gleichzeitig ist die Schauspielerei ein Schlüssel zum Weg der Erleuchtung.

Ich bin leider kein besonders guter Schauspieler, denkst du jetzt vielleicht, aber das stimmt nicht. Du bist ein vollendeter Schauspieler, denn du hast fast dein ganzes Leben lang geübt. Du spielst ständig die verschiedensten Rollen – bei Partys und anderen sozialen Anlässen, in deiner Familie, bei der Arbeit. Jeder Mensch schlüpft im Laufe seines Lebens in unzählige Rollen – oder wie Shakespeare einmal gesagt hat: «Die ganze Welt ist Bühne, und alle Frauen und Männer bloße Spieler . . .» Doch bisher hast du die meisten deiner Rollen ganz automatisch und unbewußt gespielt. Der Weg der Erleuchtung besteht darin, deine Rollen absichtlich, wirkungsvoll, ja sogar mit Vergnügen zu spielen.

Jenseits aller Rollen, die du spielst, bist du natürlich immer noch du selbst – aber was bedeutet «du selbst»? Bist du eine statische, unveränderliche Persönlichkeit oder eine Konstellation verschiedener Rollen, die je nach deiner Umgebung ständig wechseln? Ich denke, daß letztere Beschreibung deiner Persönlichkeit näherkommt.

«Wer bist du?» säuselte die Raupe.
«Das – das weiß ich im Augenblick selber nicht so genau»,
erwiderte Alice ziemlich schüchtern.
«Ich weiß, wer ich war, als ich heute früh aufgestanden bin,
aber ich glaube, seitdem habe ich mich mehrmals verändert.»

Lewis Carroll

Menschen, die früher einmal Alkoholiker waren, schaffen sich eine neue, suchtfreie Identität; das gleiche gilt für ehemalige Drogensüchtige, Raucher oder gewalttätige Ehemänner. Wenn du dein Verhalten änderst, wechselst du damit gleichzeitig die Identität. Jedesmal, wenn du dich ungewohnt verhältst – wenn du eine andere Körperhaltung einnimmst, dich an ein neues Trainingsprogramm gewöhnst oder den Beruf wechselst –, empfindest du das zuerst als unangenehm und dann als natürlich, zuerst als schwierig und dann als ganz einfach.

Wenn deine Rolle zu deiner Realität wird, kannst du auch deine Realität verändern, indem du einfach die Rolle wechselst. Du kannst jede beliebige Rolle spielen – auch die eines hundertprozentig bewußten, mutigen, klar denkenden, weisen, erleuchteten menschlichen Wesens. Deine Zukunft muß nicht unbedingt genauso aussehen wie deine Vergangenheit.

Wer außer dir selbst hält dich davon ab zu tun, was du tun willst und mußt, oder der Mensch zu sein, der du sein möchtest? Die Frage ist nicht, ob du den Weg der Erleuchtung gehen *kannst*, sondern ob du ihn gehen *willst*. Im praktischen täglichen Leben sind erleuchtete Wesen schlicht und einfach diejenigen, die bereit sind, sich wie Erleuchtete zu verhalten.

Eine ganz besondere Rolle

Wenn du in einem Film die Rolle eines Polizeibeamten spielen müßtest, würdest du sicher versuchen, möglichst viel über das Leben eines Polizisten in Erfahrung zu bringen. Und wenn du einen Erleuchteten spielen müßtest? Wessen Verhalten würdest du dann studieren? Erleuchtete Menschen sind nämlich gar nicht so leicht zu finden. Da das Leben nur eine Reihe von Augenblicken ist, gibt es im Grunde genommen gar keine erleuchteten Menschen – nur Menschen, die mehr erleuchtete Augenblicke haben als andere. Deshalb wollen wir einen Erleuchteten als Menschen definieren, der viele erleuchtete Momente hat, so wie ein intelligenter Mensch jemand ist, der viele intelligente Momente hat.

Da du die Gedanken oder Gefühle eines anderen Menschen nicht nachahmen kannst, bleibt dir nichts anderes übrig, als das *Verhalten* dieses Menschen zu beobachten und zu imitieren – wie er oder sie sich bewegt, reagiert und spricht –, um zu einer einigermaßen realistischen Darstellung zu gelangen. Also müssen wir unserer Definition eines Erleuchteten noch etwas hinzufügen: Ein erleuchteter Mensch ist jemand, der sich erleuchtet verhält.

Das Verhalten eines Erleuchteten

Und nun kommt die wichtigste Frage: Woran erkennt man erleuchtetes Verhalten? Das ist genauso schwierig, wie wenn man Wasser in der Faust festhalten wollte. Sobald wir Erleuchtung zu idealisieren beginnen – sobald wir beispielsweise sagen: «Ein erleuchteter Mensch ist jemand, der nie wütend wird und immer ein seliges Lächeln auf den Lippen hat» –, begeben wir uns aufs Glatteis, denn erleuchtetes Verhalten ist nicht immer etwas Seliges. Es ist vielmehr flexibel und chamäleonartig, paßt sich wie von selbst an den Treibsand der wechselnden Lebensumstände an.

Erleuchtetes Verhalten hat nichts damit zu tun, seine eigene Persönlichkeit zu vervollkommnen, sympathischer oder beliebter zu werden. Um den transzendenten Charakter der Erleuchtung zu veranschaulichen, statt traditionelle Klischees zu bestätigen, möchte ich die folgende Geschichte erzählen:

Ich lernte Bud Mitte der siebziger Jahre kennen, als wir gemeinsam an einem vierzigtägigen Intensivtraining zu spirituellem Wachstum teilnahmen. Bald zeigte sich, daß Bud einen Sprachfehler hatte – er stotterte furchtbar. Da dieses Training ein ungewöhnlich breitgefächertes Übungsprogramm für Körper, Geist und Emotionen anbot – Methoden der Tiefenentspannung, Selbsterfahrung, verschiedene Meditationstechniken, Körperarbeit, Gymnastik und Atemübungen –, vermuteten oder hofften die anderen Mitschüler und ich, daß Bud als Nebeneffekt dieses Trainings vielleicht seinen Sprachfehler loswerden würde. Doch am Ende des Vierzig-Tage-Programms stotterte er immer noch. Zwei Jahre später traf ich Bud bei einem Training für Fortgeschrittene wieder. Gegen Ende des Trainingsprogramms fand ich Gelegenheit, mit Bud zu sprechen, der in den letzten Jahren viel für seine persönliche Weiterentwicklung getan hatte, aber immer noch genauso schlimm stotterte wie am Anfang.

«Aber Bud», sagte ich zu ihm, «nun hast du so intensiv an dir gearbeitet, und trotzdem stotterst du immer noch.»

«J-j-ja», sagte er ganz nüchtern und sachlich, «a-a-aber i-i-inzwischen i-i-ist m-m-mir das sch-sch-scheißegal!»

In diesem Augenblick war Bud ein erleuchtetes Wesen, das stotterte und dem sein Stottern völlig gleichgültig war.

Verhalten erleuchtete Menschen sich eigentlich immer gleich und vorhersehbar? Ja und nein.

Erleuchtetes Verhalten ist fast immer natürlich, es steht nicht mehr im Konflikt mit sich selbst oder mit dem Leben. Es begegnet den Umständen auf die bestmögliche Weise. An einem solchen Verhalten zeigt sich, daß ein Mensch den Reifeprozeß der zwölf Tore durchschritten hat: Jetzt handelt er voller Energie, Disziplin, Mut und Güte. Sein Handeln ist ein echter, unverfälschter Ausdruck seiner Persönlichkeit. Doch ob seine Güte die Form zäher, rauher Liebe oder sanfter Gefühlsseligkeit annimmt, kann man unmöglich sagen.

Aber da erleuchtetes Handeln etwas Spontanes, Intuitives ist, ist es gleichzeitig auch unberechenbar – manchmal exzentrisch, manchmal ganz normal, manchmal auch widersprüchlich. In vielen Beschreibungen erleuchteter Lehrer heißt es, daß sie der Welt überhaupt kein gleichbleibendes Gesicht zeigen. Auf diese Weise wird jede Idealisierung der Erleuchtung vermieden – zum Beispiel solche Klischees wie die Vorstellung, daß ein Erleuchteter niemals wütend wird oder immer ruhig und glücklich ist.

Wessen Verhalten sollst du also beobachten? Sind erleuchtete Wesen verheiratet oder alleinstehend, sexuell aktiv oder nicht, wirst du dich jetzt vielleicht fragen. Wenn du erleuchtete Wesen der Vergangenheit wie Jesus, Buddha, Krishna, Mohammed, Zarathustra, die heilige Theresia von Avila, Jeanne d'Arc, erleuchtete Lehrer wie Chuang-tzu, Lao-tse oder moderne Erleuchtete wie Anandamayi Ma und den Dalai Lama betrachtest, wirst du kein einheitliches Verhalten oder Vorbild finden.

Ein Suchender fragte Buddha einmal, was ihn denn eigentlich von anderen Menschen unterscheide. Buddha sagte daraufhin nur drei Worte: «Ich bin wach.» Er sagte nicht: «Ich bin gütiger, freundlicher, habe ein seligeres Lächeln, besitze besondere Kräfte, kann Wunder wirken, bin immer ruhig und glücklich, bezaubere andere Menschen mit meinem Wesen», nicht einmal: «Ich bin immer glücklich oder immer liebevoll.» Er sagte lediglich: «Ich bin wach.» Aber da das Leben aus lauter Augenblicken besteht, können wir natürlich auch nicht wissen, ob ein erleuchtetes Wesen ständig gleichbleibend wach ist – oder vielleicht in manchen Augenblicken wacher, in anderen weniger wach.

Unsere Aufgabe scheint also schon ein bißchen schwieriger zu sein, als Polizisten zu beobachten und dann einfach ihr Verhalten zu imitieren.

Eine der besten Möglichkeiten, erleuchtetes Verhalten zu begreifen, besteht darin, es mit dem Verhalten des Wassers zu vergleichen, das einen Berg hinabströmt. In einem Bach fließt das Wasser vielleicht rasch und geradlinig den Berg hinunter und bildet zwischendurch immer wieder kleine Wasserfälle; in einem anderen schlängelt es sich in Schlaufen den Abhang hinab; in einem Gebirgsbach plätschert es über ein Kiesbett; und schließlich fließen all diese Bäche zu einem reißenden Fluß zusammen.

Es ist unwahrscheinlich, daß das Wasser des einen Baches sich erleuchteter verhält als das des anderen. Es zeigt in allen Fällen erleuchtetes Verhalten, indem es hundertprozentig es selbst ist und trotzdem natürlich auf die Schwerkraft und auf seine Umgebung reagiert, seine Form verändert, sich perfekt an seine Umgebung anpaßt. Die Richtung des Wassers bleibt konstant: Es folgt dem Naturgesetz der Schwerkraft, fließt den Abhang hinunter in einen See oder ins Meer und strömt dabei mit anderen Bächen zusammen. Doch sein Verhalten und seine Funktion verändern sich ständig: Es läßt Pflanzen wachsen, wäscht den Mutterboden aus, stillt Tieren den Durst und schleift Steine glatt. Es fließt zuerst langsam und dann immer schneller, plätschert mal über Stock und Stein und strömt dann wieder rasch und ungehindert dahin, bahnt sich seinen Weg rund um alle Hindernisse.

Erleuchtetes Verhalten besteht darin, auf jeden Augenblick natürlich und realistisch zu reagieren, hundertprozentig und natürlich am Leben mit all seinen Höhen und Tiefen teilzuhaben, so wie Wasser den Berg hinunterfließt. Die beste Antwort auf die Frage: «Was ist erleuchtetes Verhalten?» lautet: *Das hängt von der Situation, den Umständen, dem Augenblick ab.* Keine Angst: Du wirst gleich noch mehr Hilfe bekommen, die dir die Vorbereitung auf deine Rolle erleichtert.

Eigentlich weißt du bereits, was du üben sollst

Obwohl ein erleuchtetes Wesen die verschiedensten Verhaltensweisen annehmen kann, hat jeder Mensch ein intuitives, archetypisches Gespür dafür, was für Eigenschaften und Verhaltensweisen man mit einem Menschen in Verbindung bringt, der wach und bewußt ist. Wenn du Zweifel an deinem intuitiven Wissen haben solltest, beantworte einmal die folgenden Quizfragen:

Würde ein erleuchteter Mensch

- konstruktiv oder destruktiv handeln?
- hastig oder eher langsam und ruhig sprechen?
- andere Menschen verurteilen oder ihnen Mitgefühl entgegenbringen?
- angespannt oder entspannt wirken?
- langsam und tief oder hastig und flach atmen?
- häufiger lächeln oder häufiger die Stirn runzeln?
- eher ernst wirken oder einen gutgelaunten Eindruck machen?

- Enthaltsamkeit üben, sich hemmungslos jedem Genuß hingeben oder den goldenen Mittelweg wählen?
- den Unnahbaren, Überlegenen spielen oder alle Menschen wie seinesgleichen behandeln?

Selbst wenn dieses Quiz fünfzig Fragen hätte, könntest du sie alle beantworten, denn ein Teil deiner Persönlichkeit weiß die Antworten – *jener Teil, der wach ist.* Trotzdem kann das tägliche Leben dich in Situationen bringen, in denen es ganz und gar nicht klar ist, wie ein erleuchtetes Wesen reagieren würde. In solchen Augenblicken kannst du dich an eines oder mehrere der folgenden vier Prinzipien halten:

- Reagiere so, als hättest du die zwölf Tore bereits gemeistert – also wie jemand, der ein großes Selbstwertgefühl, Willenskraft, Energie, genügend Geld, Klarsicht, Intuition, Leidenschaft und Mut besitzt, sich so gibt, wie er ist, Vergnügen am Leben hat, gütig ist und seiner Welt dient – jemand, dessen Aufmerksamkeit frei und dessen Bewußtsein erweitert ist. Jemand, der wach ist.
- Frage dich: «Was würde mein höheres Selbst – der mutige, selbstlose, weise Teil meiner Persönlichkeit – in diesem Augenblick wohl tun?» Und dann tue es.
- Wenn du eine starke persönliche Beziehung zu einem religiösen Führer oder irgendeinem anderen – noch lebenden oder bereits toten – Menschen hast, der für dich der Inbegriff des Göttlichen in menschlicher Gestalt ist, kannst du dich auch fragen: «Was würde dieses Wesen (beispielsweise Jesus oder Buddha) jetzt tun?»
- Oder sage einfach: «Dein Wille geschehe» – und dann habe Vertrauen und handle.

Ob du dich nun auf eines der gerade genannten Vorbilder stützt oder auf dein eigenes intuitives Wissen – gleich beginnen die Dreharbeiten. Du hast dich nun lange genug auf deine Rolle vorbereitet. Jetzt wird es ernst!

Kamera läuft!

Wahrscheinlich hast du noch niemals bewußt das Verhalten eines erleuchteten Menschen nachgeahmt, weil dir noch nie jemand eine solche Aufgabe gestellt hat. Bis jetzt.

Jetzt bist du im Begriff, die interessanteste Rolle deines Lebens zu spielen. In der ersten Szene wirst du einen Raum betreten und durchqueren, eine kleine Gruppe von Menschen begrüßen und dann mit einer Gestalt des Films sprechen, die aufgebracht ist und dir feindselig gegenübersteht.

Das Problem ist nur, daß auch du im Moment ziemlich aufgebracht und durcheinander bist. In den letzten Wochen hast du mit deiner Frau ständig wütende Diskussionen geführt, weil sie in letzter Zeit abends so oft Überstunden macht – mit einem sehr netten Assistenten. Gerade eben hat sie dir am Telefon nach einem dieser Streitgespräche gesagt, daß eure Beziehung für sie beendet ist. Da hast du einfach wortlos aufgehängt.

Es ist alles bereit für die Aufnahme. Die Worte deiner Frau klingen dir immer noch in den Ohren: «Eigentlich ist unsere Beziehung doch schon lange zu Ende.» Du spürst die Anspannung in deinem Körper – den Zorn, das Verletztsein. Aber das Leben muß weitergehen: Die Stunde der Wahrheit ist gekommen.

«Kamera läuft. Action!» ruft der Regisseur. Als du dein Stichwort hörst, versetzt du dich schlagartig in deine Rolle hinein. Du holst tief Luft, entspannst dich und trittst konzentriert und würdevoll ins Zimmer. Mit freundlichem Kopfnicken begrüßt du die Leute. Du hörst dem feindseligen Menschen aufmerksam zu und bist freundlich und gütig zu ihm. Du bist voll und ganz da, lebst hundertprozentig in diesem Augenblick, gibst dich der Situation hin, bewegst dich, sprichst und reagierst so erleuchtet auf diesen Menschen, wie du kannst – trotz der Aufregung, die du gerade hinter dir hast.

Trotz des emotionalen Aufruhrs in deinem Inneren – des Zorns und der Selbstzweifel – spielst du deine Rolle perfekt. Erst als die Dreharbeiten für diese Szene abgeschlossen sind, hörst du in Gedanken wieder die Stimme deiner Frau am Telefon.

Erleuchtung im Alltag

Und was wäre, wenn nach Ende dieser Szene niemand schreien würde: «Schnitt!»? Was wäre, wenn du dieselbe Rolle eines fehlerlosen Menschen auch hinterher weiterspielen würdest – wenn du das Filmstudio verläßt, ins Auto steigst, durch den Stoßverkehr nach Hause fährst und siehst, wie deine Frau gerade ihre Koffer packt? Und was wäre, wenn du dich entschiedest, die erleuchtete Rolle auch am nächsten und übernächsten Tag bei der Arbeit weiterzuspielen? Natürlich ist es schwerer, die Rolle eines Erleuchteten unter schwierigen Bedingungen oder in Streßsituationen zu spielen. Du wirst viele Szenen ruinieren, aus der Rolle fallen oder deinen Text vergessen. Du kannst nur immer wieder versuchen, dein Bestes zu geben. Dann wirst du dich mit der Zeit automatisch verbessern, wirst dem fließenden Wasser ähnlicher werden. Halte dir immer vor Augen, daß du nicht unbedingt wie ein Erleuchteter denken oder dich so fühlen mußt. Du brauchst dich nur wie ein Erleuchteter zu verhalten, so gut du kannst – wann immer du daran denkst. Diese Technik, die du bei jedem Tor einsetzen kannst, erweckt das Beste der menschlichen Seele zum Leben und feiert es. Auf diese Weise die Erleuchtung zu üben ist die einfachste und zugleich transzendenteste spirituelle Praktik, die ich dir empfehlen kann. Sie ist eine unendlich interessante, abwechslungsreiche Herausforderung, und du wirst dich nie langweilen, weil du immer, in jeder Sekunde, etwas zu tun hast. Wenn du alles in dir zum Leben erweckst, was du auf dieser Reise gelernt hast, kannst du das Alltagsleben zu einem Prozeß der persönlichen Weiterentwicklung machen und mit ganz neuem Sinn erfüllen.

Denn die Dinge, die wir erst lernen müssen,
ehe wir sie tun können,
lernen wir, indem wir sie tun.

Aristoteles

Während des Übens wirst du feststellen, daß dein (immer erleuchteteres) Verhalten dein Denken und deine Gefühle zu heilen beginnt. Vielleicht machst du auch die Entdeckung, daß das Leben nicht ganz so ernst ist, wie du vorher geglaubt hattest – und daß du kein Mensch bist, der sich bemüht, erleuchtet zu werden (und auch nie warst). Du bist vielmehr das Bewußtsein selbst, das gerade die Rolle eines sich bemühenden Menschen spielt.

Beginne jetzt gleich

In diesem Buch geht es um den Mut, in deinem eigenen Leben eine Hauptrolle zu spielen. Tue es gleich jetzt, solange du noch die Zeit, den Körper, das Herz und das Leben dazu hast. Die Straße ist frei, der Weg liegt vor dir. Du weißt, wie es geht. Und nun lebe es. Werde dir in jeder Situation über deine Alternativen klar. Wie willst du dich verhalten? Und dann achte auf die intuitiven Antworten, die in dir aufsteigen, und handle danach. Frage dein Herz, aus dem das höhere Selbst spricht. Und dann übe, übe, übe.

Übe alles

Wenn es einen Schlüssel zu einem gut gelebten Leben gibt – wenn es eine einzige Erkenntnis gibt, in der mein jahrelanges Studium und meine jahrelange Lehrtätigkeit gipfeln –, so ist es dies: Genau wie ein Musiker das Musizieren und ein Dichter das Dichten übt und ein Athlet regelmäßig trainiert, besteht auch der Weg der Erleuchtung darin, *alles zu üben* – Gehen, Sprechen, Atmen, Sitzen, Stehen, Essen, Schreiben, Lieben, Abwaschen – einfach alles.

Solange das Üben nicht zur gedankenlosen Routine wird, geht es automatisch mit Aufmerksamkeit und einer zunehmenden Verbesserung und Verfeinerung einher. Wenn wir etwas üben, sind wir besonders aufmerksam, und zwar mit der Absicht, eine Eigenschaft, Begabung oder Fähigkeit zu verbessern.

Denke daran zu atmen, dich zu entspannen und alles, was du tust, mit Anmut und Qualitätsbewußtsein zu tun – das ist ein wichtiger Schlüssel zur Aufmerksamkeit. Wenn du alles übst, was du tust, wirst du dein Leben auf vielerlei Art bereichern und verbessern. Worin diese Bereicherungen bestehen, wirst du bald selbst entdekken.

Alles zu üben, bedeutet aber nicht, daß das Leben nun zu einer Reihe routinemäßiger Drillübungen oder lästiger Pflichten oder gar zur Schinderei wird. Im Gegenteil: Wenn dein Interesse an der

Qualität und der fortwährenden Verbesserung deines Handelns und deiner Kommunikation wieder erwacht, wirst du innerlich viel beteiligter sein, dann kannst du das Leben zu einer Kunstform erheben und wirst zu einem Meisterathleten in Ausbildung. Dein Sport ist das tägliche Leben, und der Preis, den du gewinnst, ist ein intensiveres Erleben aller Augenblicke, aus denen das Leben besteht.

Wenn du den Weg der Erleuchtung im Alltag praktizierst, werden Spielen und Üben zu einer Einheit. Dein Üben ist ein kreatives Abenteuer, bei dem du das Wesen eines jeden Augenblicks erforschst. Und du spielst mit der intensiven Konzentration eines kleinen Kindes, das zum ersten Mal die Fähigkeiten erlernt, die man zum Leben braucht. Ich kann mich nicht daran erinnern, als junger Trampolinspringer jemals geübt zu haben – ich spielte nur, und dieses Spiel führte mich direkt bis zur Weltmeisterschaft. Also betrachte das Spiel als Übung, und übe mit der Freude und Spontaneität des Spiels.

Sei nachsichtig mit dir

Wenn diese Übung dich im Augenblick nicht interessiert, dann beschäftige dich mit etwas anderem, was dich interessiert. Mache aus meinen praktischen Ratschlägen kein masochistisches, perfektionistisches, zwanghaftes, kontraproduktives Selbstverbesserungsspiel: «Um Gottes willen! Ich habe die Beherrschung verloren! Gandhi wäre das nie passiert! Jetzt habe ich wieder alles verdorben!» Nimm es leicht. Das Leben ist dazu da, damit du es genießt. Erleuchtung bedeutet auch, dir selbst und anderen Menschen ihr Nicht-Erleuchtetsein zu verzeihen und einfach weiter zu tun, was du kannst. Denke daran, daß Erleuchtung keine Perfektion erfordert und auch nie zur Perfektion gelangt. Sie akzeptiert das Leben einfach so, wie es ist, und nimmt hundertprozentig daran teil, voller Glauben und Vertrauen. Also genieße diese Übung, gehe mit der gleichen Haltung an sie heran, wie du einen Salto oder einen neuen Tanzschritt erlernen würdest: üben, stolpern, weiterüben.

Nun hast du eine Brücke zwischen Himmel und Erde, zwischen Fleisch und Geist geschlagen, die jeden Tag, jeden Augenblick zu einer heiligen Übung macht. Üben ist der Katalysator der Veränderung. Durch Spielen feiern wir unser Menschsein. Dies ist dein

Training und gleichzeitig deine Bestimmung. Willkommen im wirklichen Leben!

Nachdem du die Hürden der zwölf Tore überwunden und alles gelernt hast, was du jetzt weißt – was wirst du jetzt tun?

Globale Veränderungen fürs neue Jahrtausend

Die Zeit ist ein wogender Fluß, der uns allen ständig neue Veränderungen bringt, Kulturen entstehen und gehen wieder unter, das Gesicht der Welt verändert sich. Die Menschheit bewegt sich vorwärts, immer schneller, entwickelt sich immer weiter – wir entwickeln keine größeren Köpfe oder Gehirne, sondern ein immer höheres Bewußtsein und ein immer offeneres Herz.

Der Schwerpunkt dieses Buches liegt auf dir, dem Individuum – auf deiner persönlichen Entwicklung und Bestimmung. Aber niemand ist eine Insel, wir alle beeinflussen uns gegenseitig. Wenn du innerlich erwachst, wirst du zum Funken, der andere Menschen in Flammen setzt. Der einzelne beeinflußt seine Gemeinde, die Gemeinde beeinflußt die umliegende Region, die Region beeinflußt die Nation, und die Nation beeinflußt die Welt.

Die individuelle Veränderung geht der globalen Veränderung voraus. Jeder Mensch zählt, jeder trägt zur Schönheit des Ganzen bei. Wir verändern die Welt, indem wir uns selbst verändern. Selbst wenn wir nicht mehr tun, als einem Fremden ein freundliches Lächeln oder einem Notleidenden ein gütiges Wort zu schenken, bewirken wir damit schon etwas. Und wenn erst einmal die ganze Menschheit die Lektionen der zwölf Tore erlernt hat, werden wir eine Bewußtseinsveränderung erleben, die einen tiefgreifenden Wandel in Politik, Medien und Unterhaltungsbranche, Medizin, Militär und auch in unserem Geschäftsleben mit sich bringt.

Allmählich entwickeln wir uns von Ausbeutern zu bloßen Plünderern und schließlich sogar zu Beschützern und Hütern der Erde. Sklaverei, Krieg, Bigotterie und Gefühlslosigkeit, die früher in manchen Kreisen durchaus akzeptiert wurden, werden von einer erwachten Menschheit bald als Zeiten betrauert werden, in denen wir verrückt waren. Allmählich entwachsen wir unseren Kinderschuhen und werden reif. Dennoch ist die Suche nach Möglichkeiten, unsere Fehler zu korrigieren und zu überwinden, bevor es Mitternacht schlägt, ein Kopf-an-Kopf-Rennen mit der Zeit. Erleuchtete Zivilisationen können nur entstehen, wenn genügend einzelne Menschen sich wie Erleuchtete verhalten. Nun bricht endlich das Zeitalter an, in dem wir unsere Bestimmung erfüllen können.

Die amerikanischen Ureinwohner sind längst in alle vier Winde zerstreut, die große indianische Kultur ist untergegangen, aber der Große Geist ist immer noch am Leben, und zwar in uns allen, und er wird allmählich immer stärker auf dieser Welt. Dieselbe Spezies, die Fertiggerichte und die Wasserstoffbombe erfunden hat, macht nun eine innere Wandlung durch, die nicht weniger umwälzend ist als die des Schmetterlings, der aus seiner Puppenhülle kriecht. Dieselbe Spezies, die es in der Hand hat, alles Leben auf diesem Planeten zu zerstören, wird vielleicht irgendwann die Weisheit und den Willen entwickeln, es zu nähren und zu erhalten.

Die Reise ist zu Ende

Seit meinem Erlebnis in jenem kleinen Wald sind viele Jahre vergangen. Manchmal kommt es mir sogar so vor, als seien seitdem ganze Leben verstrichen. Inzwischen ist Erleuchtung für mich keine weltentrückte Erfahrung mehr, nichts, was in weiter Ferne liegt. Sie ist zu einer Übung des täglichen Lebens geworden, die wir – du und ich – jederzeit machen können. Immer wenn du das vergißt – wenn das Licht verblaßt und du dich zu verirren drohst –, halte dich an folgender Vision fest:

Du befindest dich im Keller eines Gebäudes, stolperst im Dunkeln umher, stößt immer wieder mit unsichtbaren Hindernissen zusammen und holst dir am ganzen Körper blaue Flecken. Da öffnet sich oben plötzlich eine Tür, und du erblickst für den Bruchteil einer Sekunde zwölf hell erleuchtete Treppenstufen. Dann geht die Tür wieder zu. Das war ein Augenblick der Erkenntnis.

Hinterher wird es wieder dunkel, aber *inzwischen weißt du, daß diese Treppe existiert, und du weißt auch, wohin sie führt.* Du wirst zwar auch weiterhin mit Hindernissen zusammenstoßen und blaue Flekken davontragen, trotzdem ist jetzt alles anders, denn jetzt besitzt du

Hoffnung und Wissen – und die Erinnerung an jenes Licht da oben auf der obersten Treppenstufe.

Nun sind wir am Ende unserer gemeinsamen Reise durch dieses Buch angelangt. Das Ende einer Reise ist der Beginn der nächsten.

Das Üben dieser zwölf Tore – das Üben der Erleuchtung, das Üben des Lebens – ist ein Kreislauf ohne Ende, genau wie der Wechsel der Jahreszeiten. Du wirst jedes dieser Tore nicht nur einmal, sondern viele Male durchschreiten, und jedesmal wirst du mehr lernen, bis die Übung zum Spiel wird, das Spiel zum Leben und das Leben zur Erleuchtung. Vergiß nicht deinen Humor und dein schlichtes Menschsein – und vergiß nicht, die Dinge aus der richtigen Perspektive zu betrachten, während du die verschlungenen Wege entlangwanderst, die vor dir liegen.

Letzten Endes kann nichts dich bei deiner Suche aufhalten, denn nichts ist stärker als der menschliche Geist, der uns alle verbindet. Du bist das Samenkorn, in dem unsere menschliche Bestimmung verborgen liegt, und reckst und streckst dich immer weiter nach oben, dem LICHT entgegen.

Dank

Niemand steht auf der Welt allein da oder schafft irgend etwas ganz aus eigener Kraft. Zwar habe ich alle Worte dieses Buches selbst geschrieben, doch ohne die kompetente Mitwirkung von Graphikern, Setzern, Druckern, Sekretärinnen, Computerprogrammierern, Lehrern und unzähligen anderen Menschen hätte es nicht entstehen können – und auch nicht ohne die Vorarbeit von Sonne, Regen und Regenwürmern, die den Boden für die Bäume bereiteten, aus dessen Fleisch die Seiten dieses Buches bestehen. Von überallher ist mir Hilfe zuteil geworden, und dafür bin ich unendlich dankbar.

Zunächst einmal möchte ich meiner Familie für ihre Unterstützung danken – meiner Lebensgefährtin und Chefredakteurin Joy und meinen beiden Töchtern Sierra und China. Außerdem bedanke ich mich bei meinen Eltern, Herman und Vivian, die mir mit ihrer Toleranz und Großherzigkeit sehr geholfen haben.

Meiner Agentin Candice Fuhrman bin ich für ihre Beratung und die liebevolle Betreuung meines Buches zu Dank verpflichtet; Claire Zion, meiner sehr engagierten Lektorin bei Warner Books, und Maureen Egan und Larry Kirshbaum danke ich für das Qualitätsbewußtsein, das sie bei der Bearbeitung des Manuskripts bewiesen haben; und JoAnn Davis schulde ich Dank dafür, daß sie von Anbeginn an dieses Projekt geglaubt hat. Außerdem danke ich meiner Korrektorin Sona Vogel und den Redakteuren Douglas Childers, Tom Grady und Haden Blackwell, die mit viel Fingerspitzengefühl zur Konzeption dieses Buches beigetragen haben. Meine Freunde Jillian Manus und Barry Elkin, meine Tochter Holly Demé und meine Nachbarin Beth Wilson haben sich trotz eines randvollen Terminkalenders Zeit genommen, das Manuskript zu lesen und wertvolle Ratschläge und Anregungen dazu beigesteuert.

Der Autor David R. Reynolds – mein Freund, Kollege und Mentor – hat mit seinem guten Beispiel und seiner Lehre vom «konstruktiven Leben» viel zu diesem Werk beigetragen. Er hat mich in meiner Lehrtätigkeit beeinflußt und mein Leben bereichert. Freundlicherweise hat er mir auch gestattet, aus Vorträgen zu zitieren, die er im Rahmen seines «Constructive Living»-Trainings hielt. Auch Gregg Krech und Linda Anderson vom ToDo-Institut in Vermont danke ich für ihre freundliche Unterstützung, und meiner hervorragenden Recherche-Assistentin, Emily Acker, möchte ich ganz herzlichen Dank dafür aussprechen, daß sie die Quellen unzähliger Zitate für mich ausfindig gemacht hat.

Folgende Kollegen haben mir freundlicherweise erlaubt, Material, Zitate oder Auszüge aus ihren Werken für mein Buch zu benutzen: Dr. Kenneth Pelletier gestattete mir, Material aus seinem gerade im Entstehen begriffenen Buch *Longevity* in abgewandelter Form zu zitieren. Jim Chamberlain, Pete Dixon, Anne M., Susan Christian und James Chapman genehmigten den Abdruck ihrer Briefe über «die Freundlichkeit von Fremden», von denen die meisten ursprünglich im literarischen Magazin *Sun* erschienen sind. Trudy Boyle und Gottfried Mitteregger haben den Begriff «Drei-Fragen-Realitäts-Check» geprägt, den ich in einem Kapitel meines Buches verwende. Lynne Twist, eine der Begründerinnen und Leiterinnen des Hunger-Projekts, war so großzügig, mich einige kurze Passagen über «den Dienst an der Welt» und ein paar ihrer Worte über «die Seele des Geldes» (nach einem New-Dimensions-Rundfunkinterview mit Michael Toms) zitieren zu lassen. Harry Palmer gestattete mir, Auszüge von Texten zu benutzten, die erstmals im *Avatar Journal* veröffentlicht wurden.

Auch Oscar Ichazo, dem Begründer der Arica-Schule, bin ich zu unendlichem Dank verpflichtet. Leider kann ich meinen Lesern in diesem Buch nur ein paar kleine Tropfen aus dem Ozean seiner gigantischen Kosmologie vermitteln – im «achten Tor» beschreibe ich die Grundlagen einer Tiefenmassage, mit der man seinen Körper von Spannungen befreien kann, die durch Ängste entstanden sind, und das «neunte Tor» enthält einen Überblick über die Polaritäten unseres Charakters aus Professor Ichazos umfassender Kosmologie, der dazu dient, uns die universalen Schattenelemente unserer Psyche bewußt zu machen.

Ivan Smith und Cochrane Thompson, meine Englischlehrer in der neunten und zehnten Klasse, haben mich davon überzeugt, daß ich schreiben kann – und vielleicht sogar denken. Das werde ich ihnen nie vergessen. Und schließlich und endlich danke ich Hal und Linda Kramer, Nancy Carleton, Uma Ergil, Mick Laugs, Jan Philips und Monique Muhlenkamp für ihre ständige Unterstützung in unzähligen Dingen und Karie Jacobsen, Sandra Swedeen und Danielle Dayen für ihre hervorragende redaktionelle und administrative Assistenz.

Es wäre mir eine Freude, von Leserinnen und Lesern zu hören, ob dieses Buch ihr Leben in irgendeiner Weise beeinflußt oder verändert hat. Auch wenn ich eine Nachricht vielleicht nicht persönlich beantworte, werde ich sie doch auf jeden Fall lesen; jeder Beitrag und jeder Kommentar ist mir als Feedback willkommen und gibt mir neue Anregungen. Schreiben Sie bitte nach Möglichkeit auf Englisch an meine Internet-Adresse.

Dan Millman
www.danmillman.com